中国经济热点观察丛书

城市品牌与政府信息化

钱明辉　著

商务印书馆
The Commercial Press
创于1897

2011年·北京

图书在版编目(CIP)数据

城市品牌与政府信息化/钱明辉著. —北京:商务
印书馆,2011
(中国经济热点观察丛书)
ISBN 978 − 7 − 100 − 08408 − 6

Ⅰ.①城⋯　Ⅱ.①钱⋯　Ⅲ.①城市管理—研究
Ⅳ.①F293

中国版本图书馆 CIP 数据核字(2011)第 153745 号

中国经济热点观察丛书

城市品牌与政府信息化

钱明辉　著

商　务　印　书　馆　出　版
(北京王府井大街36号　邮政编码 100710)
商　务　印　书　馆　发　行
北京瑞古冠中印刷厂印刷
ISBN 978 − 7 − 100 − 08408 − 6

2011 年 11 月第 1 版　　　　开本 880×1230　1/32
2011 年 11 月北京第 1 次印刷　　印张 11⅜
定价:28.00 元

总　序

　　中国经济持续 30 多年的高速增长被国外一些人称为神话,赞叹羡慕者有之,冷静观察者有之,怀疑和"唱衰"者有之,恶意攻击者甚至也不乏其人。国内民众和研究界,在切身感受祖国日新月异变化的同时,越来越多地议论和分析我们在经济发展过程中所遇到的问题和挑战。其中大多数问题和挑战,在过去我们发展水平很低的时候,一般不会出现,或没有像今天这样严重。经过一段时期的发展,新的问题和挑战还会不断涌现出来。正像邓小平曾经预言的那样,中国发展起来以后,可能比不发展时遇到的问题还要多。

　　中国经济发展和转型,是在全球化、市场化、工业化、城市化、信息化的背景下展开的。今天,这五大趋势不断深化,对中国经济的影响比改革开放初期要明显得多,深刻得多。我国和平发展的外部环境复杂多变,不确定因素增加;中国经济社会转型所涉及的人口规模和地区范围之巨大、时间之紧迫,在世界历史上绝无仅有;中国经济发展的后发优势(例如可借鉴外国先进经验和技术)和后发劣势(例如受制于历史包袱和外部挤压)紧密交织在一起;资源环境人口压力明显加大;中国社会转型蕴含的多元利益矛盾空前复杂,公正和谐的诉求和呼声空前高涨,如此等等。这些问题和挑战是中国成长过程中不得不面对的,可以说是成长的烦恼,前进的困惑。

"多歧路，今安在？"中国人不相信什么神话和奇迹，我们更愿意运用自己的头脑和双手，经过一代又一代承前启后、披荆斩棘的努力，扫清前进道路上的障碍，化解面临的各种风险和挑战。我们不仅需要直挂云帆、长风破浪的豪情壮志，更需要慎思、明辨、笃行的严谨务实。对经济研究者来说，我们尤为需要对当前面临的热点问题进行客观冷静的观察，进行视野广阔的对比，进行有前瞻性的研究，最终都是为了增强我们经济社会肌体的免疫力，扩大中国经济和社会应对各种冲击的回旋余地。

丛书共四册，四位青年经济学者分别对中美产业互补性和贸易、城市化与金融发展、资产价格与通货膨胀、城市品牌与政府信息化等热点问题进行了比较深入的思考和有益的理论探索，为从事经济学研究的同行提供了有价值的研究成果和文献资料。四位作者注重利用现实经济素材，特别重视理论与实践相统一，发现问题与解决问题相结合，为解决中国经济发展中存在的现实问题提出了一些有创见的政策思路，让我们感受到青年经济学者对中国经济的敏锐洞见，他们对国家命运的责任感、使命感和与时俱进的实践价值取向，也是令人印象深刻的。

张丽平博士的《中美产业互补性研究》，客观分析了中美产业互补关系和贸易对两国带来的积极影响，并尖锐指出这种互补关系客观上也造成"顺差在中国、利益在美国"的双边贸易不平衡，实质上反映了利益分配的不平衡。中国的对外贸易仍以劳动密集型为主，资源环境对出口和经济发展的约束越来越突出，传统的低成本优势正在弱化。作者提出，我们应当抓住全球化、低碳经济、金融危机以及美国国内政策调整等机遇，利用自身的劳动力成本相对低廉、国内市场规模大、制造业能力强等优势，重新塑造中美之间的经济互补关系，化解风险和应对挑战。中国首先应加快外贸转型升级，力争掌握全球价值链未来发展的主动权，摆脱受制于人的局面；其次要保持与美国经贸关系的稳定，尽量避免敌对状态的出现，努力争取更加平等互利的中美产业互补关系。作者多年在国务院发展研究中心对外经济研究部从事政策研究，这本书具有开阔的国际视野，实践依据比较扎实，政策建议思路也有较强的针对性。

赵峥博士的《中国城市化与金融支持》，综合运用宏观经济学、发展经济学、空间经济学、产业经济学和城市经济学等学科的相关理论，对中国城市化进程中的金融支持问题进行了深入探讨。作者结合中国城市化的发展特点，围绕人口、产业和空间布局三大主线，研究了金融支持城市化的内在机理，提出了推动中国城市化进程的金融支持路径，为深化相关研究提供了新的思路。特别值得提到的是，作者设计了城市化指数和金融支持度指数，并构建了相应的评价指标体系。根据作者的测度，金融支持对中国城市化的推动作用非常显著，金融支持水平每提高 1 个百分点，能促进城市化水平提高 0.855 个百分点。这在金融支持与城市化的量化研究中具有一定的创新性。作者在北师大学习期间，参与了中国市场化进程的多年连续研究，把相关的数量测度方法运用到金融支持与城市化的研究中，使实证分析有更加鲜明的说服力。这种善于运用多学科方法拓宽研究视野从而深化研究内容的做法，是值得称道的。

唐斯斯博士在《资产价格与通货膨胀》一书中，分析了资产价格波动影响通货膨胀的传导机制、影响效果，政策应当如何调控等问题。作者阐明资产替代行为是资产价格波动进而影响通货膨胀的微观基础；引入资产价格因素，构建了广义的价格水平指标API，并且证明其能很好反映居民消费价格 CPI 的未来走势，也阐明了资产价格的波动对通货膨胀的作用路径。作者计算出能更为合理调控我国经济波动的规则利率值，认为规则利率应该等于均衡实际利率加上通货膨胀变动率、产出缺口率以及房价变动率的加权值，这样更能及时调控经济的冷热，也更能反映物价的变动情况。大家知道，近些年来人们对物价总水平涨幅的实际感受与CPI统计数字有较大出入，非议较多，一个重要原因在于 CPI 不包括房价。根据国际通行统计方法，房价和股价属于资产价格，不宜包括在 CPI 中。随着我国楼市和股市等资产市场的发展，资产价格与物价总水平、与宏观经济稳定的关系越来越密切，我们需要不断完善和补充更为符合经济运行复杂状况的观察方法和宏观调控依据，作者的研究成果对深化学术探讨和提供政策参考，都是有益的。

钱明辉博士的《城市品牌与政府信息化》一书，通过对中国主要城市政府网站开展实证研究，专门探讨了基于城市品牌的政府网站建设模式和建设策略，把城市品牌的研究与政府信息化建设的研究结合起来，具有一定的前瞻性。这个选题反映了我国城市化进程和政府公共管理方面的某些新动向、新趋势，在可资借鉴的研究成果不多的情况下，作者努力进行实证分析和案例研究，能够取得目前的成果，也是难能可贵的。

总体上看，丛书选题角度新颖，视野开阔，论证条理清晰，资料详实，注重专业性，同时注意运用交叉学科的研究方法；既展现了青年经济学者严谨的治学作风、良好的学术背景和研究能力，也反

映了年轻人敏捷活跃的思维和积极探索的精神。当然,中国经济
发展中的热点问题相当复杂,一些短期热点问题可能会很快变化,
而一些中长期热点问题则可能具有相对稳定性,需要不断跟踪、积
累资料和完善研究方法。丛书的选题需要反映这些进程,现有的
研究需要深化,观察问题的角度需要深入挖掘,有些观点也还需仔
细斟酌。青年学者最令人羡慕的是拥有活力和未来,最值得期许
的是立足现实,心怀天下,砥砺学养,提炼真知。

卢中原

2011 年 6 月 3 日

序

　　20 世纪末以来,随着全球化进程的加快,城市之间的资源争夺也日趋激烈,越来越多的城市不得不面对直接的全球竞争,并以各自独特的方式谋求发展。与此同时,人类对工业革命以来增长方式的反思也催生了城市发展理念的变革,而发展理念的更新则带来发展模式的日益多元,城市开始走上自我认同和自我价值发掘之路,并日益承载起让人们生活得更美好、更幸福的重要功能。

　　世界各国涌现的城市品牌化运动成为城市品牌理论萌芽、发展的源泉。当前,国内外学者对城市品牌的研究日渐深入,并且在不少方面取得了巨大的实践效益,这是十分鼓舞人心的进步。但是,城市品牌理论还远未达到完善的程度:研究视角单一、跨学科综合运用不足、城市品牌内在机理挖掘不深,尤其是缺乏对建立在中国本土特色城市发展历史、发展现状和发展模型上的城市品牌化运动的必要关注。这往往成为科学归纳现实中城市品牌化成功经验并提出有指导性的、富含哲学思辨的城市品牌理论的阻碍。

　　值得高兴的是,有很多博学之士、青年才俊开始关注这个问题,并力图通过自己的努力来发展和完善这方面的理论。钱明辉博士就是其中的一员。作为我的博士研究生,他就对品牌理论进行了非常努力的深入研究。五年前,他开始关注城市营销和城市品牌方面的实践与问题,之后的几年时间里,他便孜孜不倦地研究中外文献和城市数据,逐渐形成了具有一定创新意义的理论观点。

今天,钱博士的力作《城市品牌与政府信息化》终于瓜熟蒂落,实堪欣慰。该书以城市品牌和政府信息化为研究基点,通过对已有理论成果的系统梳理和相应的实证研究来构建其理论模型,进而对中国城市品牌发展和政府信息化建设提出了独到的见解。在书中,作者首先对城市品牌相关的基础理论进行了比较系统、全面的阐述,而后通过收集第一手的实践数据来检验理论假设,进而提出城市品牌飞轮模型(ISE 模型),开发了城市品牌影响因素量表,对城市品牌影响因素进行了辩证、系统的分析,着力研究影响城市品牌战略成功与否的关键管理要素之间的作用机制。同时,作者还以成都市城市品牌化实践为案例进行了重点考察,深入分析了成都城市品牌化的执行层要素和支撑层要素,验证了其提出的城市品牌飞轮模型。此外,基于城市品牌与政府信息化两大学科交叉领域的探索,作者还对中国主要城市政府网站开展了深入调查和实证研究,提出了基于城市品牌的政府网站建设模式和策略。其研究思路和研究方法不仅具有非常突出的新颖性,而且对实践的指导价值也获得了极好的体现。

总体看来,在钱博士的这部著作中,他运用了市场营销学、经济学、公共管理学、社会学、情报学等多学科理论,是典型的跨学科交叉研究成果。同时,作者还对理论界的观点和实务界的思考进行了系统整合,并辅之以科学灵活的研究方法,将城市品牌的宏观研究与微观探察有机地结合起来,对城市品牌理论和政府信息化理论同时做出了有相当深度的研究,极富理论创新性和实践指导价值。基于此,我很乐意向从事城市品牌和政府信息化研究的读者们推荐这本书。

"始生之物，其形必丑"。作者对城市品牌和政府信息化的理论梳理、模型构建和作用机制的系统研究均属于具有前沿性的探索和尝试，理论复杂、任务繁重，疏忽遗漏在所难免。学术在于探讨，真理成于争鸣。本书的出版，也正是想为城市品牌理论的丰富提供一些观点，为政府信息化实践带来一点思考，以求与众位读者共同探讨。

立足于本土实际，结合国际先进经验，探索符合中国国情的城市发展方式，提升城市的软实力，是时代赋予中国青年学者不可推卸的责任。期望将来可以读到更多像本书作者一样优秀的青年才俊的精彩作品！

郭国庆

2011 年早春

前　言

　　当前,日趋深刻的全球化和城市化在为城市发展提供机遇的同时,也为城市间的竞争赋予了新的内容、形式和挑战。越来越多的国家、地区和城市开始运用品牌化的技术和方法谋求竞争优势。从"激动人心之都"(Inspiring Capital,英国爱丁堡)到"无限多伦多"(Toronto unlimited,加拿大多伦多),从"首尔你好"(Hi Seoul,韩国首尔)到"我,阿姆斯特丹"(I Amsterdam,荷兰阿姆斯特丹),从"百分百纯美新西兰"(100％ Pure New Zealand,新西兰)到"非常新加坡"(Uniquely Singapore,新加坡),一个又一个城市和地区品牌营销的成功案例不断涌现出来。不仅如此,城市品牌化也开始在中国的一些城市当中变得日益流行起来。"动感之都"(香港)、"生活品质之城"(杭州)、"帆船之都"(青岛)、"浪漫之都"(大连)、"一座来了就不想离开的城市"(成都)等一大批城市品牌口号的提出,表明城市品牌已开始成为中国城市宣传自身的重要手段。

　　与此同时,日益活跃的城市品牌化实践也触动了学术界敏锐的神经。自20世纪末以来,不断有学者对城市品牌化相关课题展开研究。从城市品牌化相关概念和价值意义的探讨到城市品牌战略规划的研究,从城市品牌结构的分析到城市品牌定位的思考,从城市品牌模型的提炼构建到城市品牌沟通策略的设计,学者们在城市品牌化领域进行了积极的探索。但是,究竟哪些管理要素会影响到城市品牌化的顺利推进? 这些要素是如何对城市品牌化的成功实施做出贡献的? 这些要素之间存在着怎样的相互作用机制? 对于诸如此类的问题,就笔者掌握的资料来看,虽然有相关的观点散见于一些篇章的论述之中,但系统性的研究成果尚不多见,特别是就此类课题进行基于实践数据和案例材料的实证研究工作,还很少有人尝试。因此,本书拟在充分吸收和总结前人研究成果的基础上,运用实证研究方法对城市品牌化成功要素展开分析和探讨。

另外,就国内外城市品牌化的实践来看,城市政府一直扮演着一个极其重要的角色。特别是在中国,地方政府往往主导着整个城市的品牌化运动,城市品牌的建设和发展往往有赖于地方政府的积极推动和有力支持。近年来,随着信息技术特别是互联网技术的深入发展和广泛应用,政府信息化问题也开始受到越来越多的关注。政府信息化的过程,既包括硬件设施的应用与更新,也包括软件系统的设计与升级,还包括政府部门执政理念的创新与突破。另外,从其应用领域来看,政府信息化既包括政府内部政务活动的电子化,也包括政府公共服务的网络化。其中,政府门户网站是实现政府公共服务网络化的综合应用平台和重要展示窗口。政府网站建设的优劣、服务功能的好坏,在某种程度上直接反映了政府信息化水平的高低。如果从城市品牌的视角来看待政府信息化活动,那么政府网站更是一个城市极为重要的"网上名片",是城市在网络平台面向全球的形象展示。随着新公共管理运动的兴起,"以顾客为中心"、"强调客户满意"等企业管理思想开始在越来越多的政府部门中得到应用。因此,笔者认为在进行政府网站建设、推动政府信息化的进程中,也需要贯彻城市品牌的相关理念,一方面要以"用户为中心",考虑用户的需求,另一方面还要突破用户需求的局限,从城市发展目标出发全面考虑政府信息化活动,把政府网站建设和城市品牌化运动有机地结合起来。

为此,本书在以大量笔墨对城市品牌化的相关问题展开系统阐述,深入探讨城市品牌影响因素的作用机理,构建起城市品牌飞轮模型,并就该模型展开实证检验和案例分析的同时,更是将研究的触角延伸到了政府信息化领域的政府网站建设问题。在本书中,笔者通过对中国主要城市政府网站开展实证研究,专门探讨了基于城市品牌的政府网站建设模式和建设策略,这无论是在城市品牌的研究领域内还是政府信息化的研究视野中都具有一定的创新意义。

当然,由于本书所讨论的问题在城市品牌和政府信息化研究领域具有一定的前瞻性,可资借鉴的研究成果并不多,因而难免存在着一些不足和缺憾,并且限于个人的学识水平,书中的一些论述可能还显得较为单薄,很多的观点或许十分粗陋,甚至存在一些谬误之处,在此恳请广大读者多多批评指正。好在本书的完成才只是上述领域中相关研究的开始,许多新的问题还有待进一步的深入研究。笔者衷心希望本书能够抛砖引玉,迎来学界对城市品牌和政府信息化两个学科交叉领域中研究问题的更多关注和讨论。

作者

辛卯年春,于中国人民大学

目　　录

第一章　理念与范式 ……………………………………………… 1

　第一节　崭新课题：城市品牌与政府信息化 ……………… 3

　第二节　追根溯源：城市品牌相关概念的提出 …………… 22

　第三节　循序渐进：研究工作的实施策略 ………………… 30

第二章　城市品牌理论探索 …………………………………… 35

　第一节　国际城市品牌研究动态 …………………………… 36

　第二节　中国城市品牌研究进展 …………………………… 63

　第三节　城市品牌研究评述 ………………………………… 76

第三章　城市品牌影响因素 …………………………………… 79

　第一节　城市品牌影响因素的理论解读 …………………… 79

　第二节　城市品牌影响因素的实务观点 …………………… 111

　第三节　城市品牌概念模型的适用条件 …………………… 118

　第四节　城市品牌影响因素的概念模型 …………………… 121

第四章　城市品牌飞轮模型 …………………………………… 124

　第一节　城市品牌模型的研究假设 ………………………… 124

　第二节　城市品牌模型研究的论证目标和研究设计 …… 132

　第三节　城市品牌模型的量表设计与完善 ……………… 133

　第四节　样本设计与调查方法 ……………………………… 154

　第五节　样本数据的可靠性分析 ………………………… 157

第六节　因子构成一致性的检验：城市品牌影响因素结构
分析 ……………………………………………… 167

第七节　模型变量的关系分析：城市品牌影响因素作用机
理分析 …………………………………………… 194

第五章　城市品牌实践启示 ……………………………………… 225

第一节　城市品牌的案例说明 …………………………… 225

第二节　城市品牌的成都实践 …………………………… 229

第三节　城市品牌案例的结论与启示 …………………… 275

第六章　基于城市品牌的政府网站发展模式 ………………… 284

第一节　政府网站在城市品牌建设中的作用 ………… 285

第二节　基于城市品牌的政府网站评价指标构建 …… 287

第三节　城市政府网站测评数据的分析与讨论 ……… 294

第七章　基于城市品牌的政府信息化策略 …………………… 308

第一节　信息发布型政府网站建设策略 ……………… 309

第二节　浏览便利型政府网站建设策略 ……………… 311

第三节　服务宣传型政府网站建设策略 ……………… 314

第四节　友好交互型政府网站建设策略 ……………… 316

第五节　形象指向型政府网站建设策略 ……………… 319

第六节　形象协同型政府网站建设策略 ……………… 321

参考文献 …………………………………………………………… 326

后记 ………………………………………………………………… 346

第一章　理念与范式

　　城市代表着人们对安定、秩序、祥和、繁荣的期望和追求,人类文明的进步赋予了城市新的内涵和意义。城市演进的轨迹恰恰是人类文明内在精神的集中体现。现代社会,面对日益激烈的国际竞争和人本化观念的盛行,城市的价值和意义开始越来越多地承载了新的内涵。

　　在历史的发展中,城市逐渐具备了独特的历史积蕴和文化沉淀,形成了城市的"风格"。西方文明的摇篮和民主政治的诞生地雅典、印度教徒和佛教徒向往的圣城贝拿勒斯、伊斯兰教的第三大圣城、犹太人的精神净土耶路撒冷——这些历史名城都因其独特的人文意蕴和历史积淀成为世人向往驻足之地,在创造巨大物质价值的同时,也为人们提供了精神栖息的场所。

　　多样才能精彩,相异方显灿烂。人们多样化的需求为创造各异的城市风格提供了契机和温床,丰富多彩的世界呼吁城市在全球竞技舞台上展现自己独特的神韵。古老城市的温厚庄重、新兴城市的活力迸发、旅游城市的闲适安详、商业城市的丰富奢华、宗教城市的庄严肃穆、生态城市的健康温馨、矿产城市的磅礴伟壮——每个城市都在世界发展的过程中寻找自己的定位,完善自我、发展自我,创造着属于自己的风格。

　　而这个风格，如果用现代商业的语言和技巧加以凝练、宣传和铸造，就成了城市的品牌。品牌代表着承诺、认可、信任，品牌建设是产品进驻人们记忆的最佳利器，是产品传播与推广的推进器。若将人们印象中一件件具体的产品放大至城市这样一个复杂的系统，道理亦然。

　　我们不能左右时间，正如我们不能强行为一个城市加入历史感和沧桑感，但是，我们依然可以对城市这个人类的艺术品加以雕琢和塑造，我们依然有对之进行认识、鉴赏和发掘的责任。当前，世界主要国家正经历着规模巨大的城市品牌化运动，都在各种场合以各种形式宣扬着自己的城市风格。事实上，城市品牌塑造已经成为国际竞争的重要内容。

　　如今，在全球经济一体化和城市化进程的推动下，世界各国城市间为赢得各类发展资源和机遇的竞争早已突破了地区界限。于是，越来越多的国家、地区和城市开始运用品牌化的技术和方法来谋求竞争优势。在这个以品牌为城市竞争武器的战场上，中国不能当旁观者。中国的城市拥有着丰富的风格魅力，北京的沉稳厚重，上海的喧闹繁华，成都的闲适安逸，杭州的休闲自在；中国的城市拥有着深厚的文化积淀，从拉萨布达拉宫的庄严佛光，到厦门鼓浪屿的悠扬琴声，从西安的老古城墙，到苏州的精致园林。中国的城市在漫长的发展岁月中，已经积聚了丰富的品牌化资源，或正在寻找、定位和塑造属于自己的品牌化资源。如何整合、利用这些资源，通过什么途径和手段提升城市品牌的品味，赋予城市独特的风韵，并将城市推向更为广阔的全球竞争舞台，值得我们深入思考。

第一节　崭新课题:城市品牌与
政府信息化

20 世纪末以来,不断有学者着手对城市(地区)[①]品牌的相关课题展开研究[②]。从城市品牌相关概念和价值意义的探讨到城市品牌战略规划的研究,从城市品牌结构的分析到城市品牌定位的思考,从城市品牌模型的总结提炼到城市品牌沟通策略的设计,学者们在城市品牌领域进行了积极的探索。但是,究竟哪些管理要素会影响到城市品牌建设的顺利推进? 这些要素是如何对城市品牌战略的成功实施做出贡献的? 这些要素之间存在着怎样的相互影响? 对于诸如此类的问题,虽然有相关的观点散见于一些文献的论述之中,但系统性的研究成果尚不多见,特别是就此类课题收集实践数据和案例材料进行实证研究的工作还较少受到关注。因此,本书的一个重要议题就是在总结和吸收前人研究成果的基础上,运用实证研究方法对城市品牌影响因素及其作用机理展开分析和探讨。

在城市品牌对于城市发展的重大意义日益显现的同时,作为城市品牌建设的主导——地方政府,其信息化运动在城市品牌化中的作用也开始越来越多地被理论界和实务界所关注。政府信息

---

① 这里的"城市"和"地区"是相同的含义,可以替代使用。

② P. Kotler, D. Haider & I. Rein, *Marketing Places, Attracting Investment, Industry and Tourism to Cities, States, and Nations*. New York: Maxwell Macmillan Int. ,1993; R. Paddison,"City Marketing, Image Reconstruction and Urban Regeneration." *Urban Studies*, 1993, 30, 2:339~350.

化的开展对于提高城市科技水平,提升城市服务质量,塑造现代城市形象具有十分重要的积极意义。在政府信息化的过程中,既需要信息技术方面硬件设施的应用与更新,也需要政务办公和公共服务领域软件系统的设计与升级,更需要各个政府部门执政理念的创新与突破。而从政府信息化所涉及的政务活动领域来看,既包括政府内部政务活动的电子化,也包括政府公共服务的网络化。其中,政府网站是实现政府公共服务网络化的综合应用平台。政府网站建设的优劣、服务功能的好坏,在某种程度直接反映了政府信息化水平的高低。随着城市化进程的加快,政府网站也不再仅仅是政务信息发布和政府网上办公的平台,而逐渐成为城市外部顾客认识城市、了解城市的重要窗口,成为影响城市品牌形象的关键要素。

目前学术界关于政府网站建设管理的研究已经取得了比较丰富的成果,主要是围绕政府网站的功能和意义、政府网站的建设阶段和过程、政府网站绩效的测量与评价、政府网站的信息架构、政府网站用户体验设计等问题而展开。从已有的研究来看,尽管中国政府网站已有近二十年的发展历史,但依然存在着政府网站发展不平衡、政府网站功能定位不够明确、政府网站建设普遍缺乏有效的组织和管理、用户体验满意度低等问题。如何利用政府网站开展城市品牌建设,相关的研究成果还十分有限;相应地,把城市品牌的理念应用于政府网站建设,以更加宏观的视角来布局政府网站架构的研究也较少受到关注。因此,如何以城市品牌为基本出发点和切入点来分析政府信息化中的重要研究领域——政府网站的建设模式和建设策略,也成为本书探讨的另一个重要问题。

一、理论完善的需要

随着国际贸易和地区间贸易的发展,"原产地"(Country of Origin, COO)的概念日益为人们所认识并不断得到重视,学术界也于上世纪中期开始了早期关于原产地形象(image)的研究[1]。虽然在有关城市品牌化的理论研究中,城市形象(City Image)和城市品牌(City Brand)是两个密切联系的概念,在研究文献中也多有交叉和重叠[2],但是在早期关于原产地形象的研究中,还没有涉及地区品牌化的相关观点,不过这些研究却有助于启发理论界关于地区(城市)品牌化现实价值的认识。

近年来,随着城市营销研究的开展和深入,城市品牌的概念开始在国内外营销学者和城市管理实践者当中变得越来越流行[3]。然而,尽管有大量的研究涉及城市品牌化这个领域,但是只有少量文献是与这一课题直接相关的[4]。目前学术界关于城市品牌化的

---

[1]　R. D. Schooler, "Product Bias in the Central American Common Market." *Journal of Marketing Research*, 1965, 2, 4:394~397; R. Gaedeke. "Consumer Attitudes toward Products Made in Developing Countries." *Journal of Retailing*, 1973, 49, 2:13~24; A. Nagashima. "A Comparative 'Made in' Product Image Survey among Japanese Businessmen." *Journal of Marketing*, 1977, 41, 3:95~100.

[2]　刘彦平:《城市营销战略》,中国人民大学出版社 2005 年版,第 52 页。

[3]　M. Kavaratzis, "From City Marketing to City Branding: Towards a Theoretical Framework for Developing City Brands." *Journal of Place Branding*, 2004, 1, 1:58~73; M. Kavaratzis, "Place Branding: A Review of Trends and Conceptual Models." *The Marketing Review*, 2005, 5, 4:329~342.

[4]　T. Hauben, M. Vermeulen & V. Patteeuw (eds.), *City Branding: Image Building and Building Images*, Rotterdam: NAI Uitgevers, 2002; S. K. Rainisto. *Success Factors of Place Marketing: A Study of Place Marketing Practices in Northern Europe and the United States*, Doctoral Dissertation, Helsinki University of Technology, Institute of Strategy and International Business, 2003.

研究尚处于初始期[①]，甚至在对城市品牌化价值的认识上还存在争议[②]。具体来说，在对待城市品牌化的态度方面，主要有三类群体——绝对论者、适度论者和保守论者。绝对论者相信城市可以并且应该像一个公司或一个产品那样应用品牌化的技术和方法来实现品牌化；适度论者认为城市不能被品牌化，但品牌化的工具可以被城市用来增加其价值；保守论者认为城市并不能够因为品牌化工具的使用而改变，这是由城市的整体性本质所决定的[③]。可见，适度论者和保守论者都认为城市作为一个整体是不能被品牌化的，不过适度论者愿意使用品牌化的力量来改变城市的形象从而来增加城市里各类子品牌的价值[④]。

目前，大多数学者在看待城市品牌化时，都倾向于认同绝对论者或适度论者的观点，即城市品牌化是可行的，同时也是必要的。美国杜克大学富奎商学院凯勒（Keller）教授指出，像产品和人一样，地理位置或某一空间区域也可以被赋予品牌[⑤]。城市品牌化使得人们能够认识该地方并且会主动联系合作事宜。科特勒（Kotler）和格特纳（Gertner）指出，广告、促销等手段已无法应对当今的全球城市竞争，要实现城市营销的多元目标，包括树立积

[①]　G. Dooley & D. Bowie, "Place Brand Architecture: Strategic Management of the Brand Portfolio." *Place Branding*, 2005, 1, 4:402~419.

[②]　M. Girard, "States, Diplomacy and Image Making: What Is New? Reflections on Current British and French Experiences." 1999. cited in W. Olins. "Branding the Nation—The Historical Context." *Journal of Brand Management*, 2002, 9, 4/5:241~248.

[③]　保守论者认为，城市是由多个子系统构成的复杂系统，作为一个整体，会呈现出多种不同的风格和特征，因此此城市作为一个整体是无法被品牌化的。

[④]　H. Gudjonsson, "Nation Branding." *Place Branding*, 2005, 1,3:283~298.

[⑤]　K. L. Keller, *Strategic Brand Management: Building, Measuring & Managing Brand Equity*, New Jersey: Prentice Hall, 1998, pp. 27~29.

极、正面的形象以吸引企业、投资、游客、高素质的居民、公共机构、重要活动以及开拓出口市场等等，就必须采用战略营销规划工具，必须进行自觉的品牌建设和管理①。另外，芬兰学者瑞尼斯特（Rainisto）也认为品牌化对城市（地区）来说也是其成为外界渴望合作的城市（地区）的一个潜在工具，成功实现品牌化的城市（地区）能够吸引新的投资，并创造出良性循环②。中国学者李成勋提出城市品牌是一种文化力和巨大无形资产，认为城市品牌对于城市的发展是一种积极的力量③。余明阳和姜炜认为，城市品牌拥有巨大的价值，表现在：(1)展现城市特点，增强城市魅力；(2)增强城市居民的凝聚力；(3)推动城市精神文明建设；(4)有助于吸引人才；(5)有利于吸引外资；(6)带动旅游业的发展；(7)增强公众对政府的信任感④。本研究也认同城市品牌化的积极意义和存在的合理性，并将针对中国主要城市目前的品牌化现状展开深入的理论研究。就已有的研究成果来看，目前学术界关于城市品牌的研究主要涉及城市品牌与城市品牌化的概念界定、城市品牌结构、城市品牌模型、城市品牌定位、城市品牌战略管理过程以及城市品牌沟通等方面，但其中的大部分研究主要还是聚集在旅游营销和推广

---

① P. Kotler & D. Gertner,"Country as a Brand, Product, and Beyond: A Place Marketing and Brand Management Perspective." *Journal of Brand Management*, 2002, 9, 4/5:249~261.

② S. K. Rainisto,"Success Factors of Place Marketing: A Study of Place Marketing Practices in Northern Europe and the United States, Doctoral Dissertation, Helsinki University of Technology," *Institute of Strategy and International Business*, 2003, pp. 43~53.

③ 李成勋:《关于城市品牌的初步研究》,《广东社会科学》2003 年第 4 期,第 71~76 页。

④ 余明阳、姜炜:《城市品牌的价值》,《公关世界》2005 年第 3 期,第 26~27 页。

以及城市规划和城市管理领域,城市品牌理论研究还没有形成系统的研究框架。特别是对于影响城市品牌战略成功实施的关键要素,已有的相关文献也往往只是表达了学者们零星的观点,缺少系统而全面的探索。因此,本研究将系统地梳理理论界在这方面的种种观点和思想,并基于此展开针对中国城市品牌化现状的实证研究。

　　另外,信息技术的迅猛发展,特别是互联网技术的普及应用,使得电子政务的发展成为当代信息化的重要领域。早在 2002 年,联合国教科文组织就展开过一项针对 62 个国家(23 个发达国家和 39 个发展中国家)的调查,其中 89％的国家都在不同程度上推动着本国电子政务的发展。如今,电子政务或者说政府信息化已经被世界上绝大多数国家的政府列入其工作日程。同样,学术界也对政府信息化中的广泛议题展开了深入的探讨,比如对于政府网站建设的问题,国内外学者就从政府网站的功能、政府网站的建设阶段、政府网站的评价指标体系、政府网站的信息构建等方面展开了积极的讨论。但是这方面的研究成果大多集中于信息科学或公共管理领域,而较少有研究将其视野拓展到更加广泛的学科门类中,展开跨学科的理论思考。目前,似乎还较少有学者意识到政府网站作为传播城市品牌相关信息的主要渠道,作为城市品牌形象塑造和传播的重要窗口,作为城市顾客了解城市特色和投资机会的权威媒介,将在城市品牌化进程中发挥不可估量的作用。因此,在已有的理论研究中,既缺乏如何利用政府网站更好地开展城市品牌建设的理论成果,也缺少以城市品牌为基本出发点和切入点,运用城市品牌的相关理念来探讨政府网站建设模式和策略的研究。

　　可见,在城市品牌和政府信息化两个学科的交叉领域中探讨城市品牌的影响因素以及应用城市品牌理念来完善政府网站建设的问题,不论是对于城市品牌理论系统框架提炼需要的满足还是对于政府信息化理论研究内容拓展需求的实现,都具有十分重要的价值。

二、实践发展的呼唤

目前,全世界的城市、地区和国家都面临经济与文化全球化趋势的影响,受到全球经济、文化与社会融合的挑战[①]。由此产生的一个直接影响是城市间竞争的加剧。有关自然资源、企业布局、外国投资、游客群体等方面的激烈竞争在当今世界里日趋显著[②]。当劳动力、资本和企业变得越来越具有流动性,对于城市来说,提供一个不仅能够吸引新的发展力量,同时也能够保持现有利益相关者满意的城市环境就变得至关重要了[③]。

为了在竞争中赢得优势和机会,一些城市管理者开始在日常工作中尝试着引入企业管理的观念和方法,其中很重要的一个方面就是对市场营销技术和策略的应用。特别是 20 世纪中后期以来,现代意义上的城市营销理念和方法在全球范围内得到了越来越多城市的响应,对城市营销理论的研究也在学术界日益兴起并不断深入。一些国家和地区甚至开始形成了城市营销理论与实践

---

① M. Kavaratzis,"Place Branding: A Review of Trends and Conceptual Models."*The Marketing Review*,2005,5,4:329~342.

② P. Kotler, C. Asplund, I. Rein & D. Heide (eds.), *Marketing Places Europe: Attracting Investments, Industries, Residents and Visitors to European Cities, Communities, Regions and Nations*, London: Pearson Education Ltd.,1999.

③ M. Kavaratzis,"Place Branding: A Review of Trends and Conceptual Models."*The Marketing Review*,2005,5,4:329~342.

良性互动的局面。伴随着城市营销专业化程度的不断提升,城市品牌管理开始受到重视并在越来越多的城市和地区的营销实践中得到应用。

　　对中国城市而言,尤其 20 世纪 90 年代后,整体经济市场化程度提高,城市化进程加快。数据显示,1990 年到 2010 年,中国城市化水平由 26.23%[①]上升到 49.68%[②]。根据"纳瑟姆曲线"揭示的规律:当城市化水平超过 30% 而未达到 70% 的时候,国家经济将处于高速成长期,进入加速城市化阶段[③],目前中国的城市数量和规模正在迅速发展。这使得各城市对各种要素的竞争日趋激烈。于是,城市品牌开始在中国的一些城市当中变得越来越流行。这些地区将城市品牌的塑造从自发转变为自觉,有计划、有目的地进行城市形象的打造和建设。以香港为例,香港政府先是对城市品牌进行了系统科学的规划,然后在香港本地与外埠开展全面的推广工作。香港本地的主要公共场所和商业场所,城市品牌标志无处不在,并且还根据目标受众的特点,分别采取有针对性的形式,将城市理念传达到位。在外埠推广上,香港政府根据预先确定的目标,选定了有影响力的 12 个国家和 30 多个重点城市,做到了

---

　　① 胡英、陈金永:《1990—2000 年中国城镇人口增加量的构成及变动》,《中国人口科学》2002 年第 4 期,第 40~47 页。

　　② 2010 年第六次全国人口普查主要数据公报(第 1 号),国家统计局网站,2011 年 4 月 28 日,http://www.stats.gov.cn/tjgb/rkpcgb/qgrkpcgb/t20110428_402722232.htm。

　　③ 纳瑟姆曲线表明发达国家的城市化大体上都经历了类似正弦波曲线上升的过程。这个过程包括两个拐点:当城市化水平在 30% 以下,代表经济发展势头较为缓慢的准备阶段,这个国家尚处于农业社会;当城市化水平超过 30% 时,第一个拐点出现,代表经济发展势头极为迅猛的高速阶段,这个国家进入工业社会;城市化水平继续提高到超过 70% 之后,出现第二个拐点,代表经济发展势头再次趋于平缓的成熟阶段,这时,这个国家基本实现了现代化,进入后工业社会。

覆盖率与指向性的完美结合。

　　但是相比发达国家的城市和地区,目前中国城市的品牌化实践还处于摸索和起步的阶段,存在诸多问题和不足。曾经有学者对此进行过精炼的总结和概括:一是城市品牌定位普遍存在优势未能彰显,越位错位和定位单薄等问题;二是城市品牌推广常常忽冷忽热,一曝十寒,缺乏连贯性和稳定性;三是城市品牌建设设计缺乏国际元素、国际视野,不利于城市参与国际竞争;四是城市品牌标识设计普遍未能很好体现城市特质,也未达到专业审美的标准,明显影响到城市品牌效果;五是城市品牌化过程大多由政府绝对主导,社会和民间部门参与不足;六是城市品牌建设热衷于追求短期轰动效应,而忽视城市品牌的长期规划和扎实建设;七是城市在品牌推广时往往一味重视对外推广,而忽视内部营销;八是城市品牌化往往是谁发起,谁负责管理,或者有人发起却无人管,存在很大的随意性和局限性。①

　　中国共产党十六届五中全会通过的《中共中央关于制定国民经济和社会发展第十一个五年规划的建议》指出,要坚持以人为本,转变发展观念、创新发展模式、提高发展质量,实现中国经济社会又快又好地发展。因此,提高城市发展质量,创建城市品牌,是贯彻落实五中全会精神的必然要求。城市品牌建设可以提升市民对城市的自豪感、认同感;吸引投资者、各类人才、旅游者和一般公众对城市的关注,能够带动城市产业群的形成,对城市的招商引资、人才吸引、旅游发展及经济结构调整、城市地位的提升起到重

---

　　①　倪鹏飞主编:《中国城市竞争力报告 No.5　品牌:城市最美的风景》,社会科学文献出版社 2007 年版。

要作用。那么如何更加积极有效地抓住关键要素，创建城市品牌，克服目前城市品牌建设中出现的问题，充分发挥城市品牌的作用，便是摆在中国各级地方政府面前的一个重要课题。因此，有必要对国内外一些城市成功的品牌建设实践展开深入的研究，并进行理论总结和提炼，从而为中国广大城市的品牌化工作提供指导，为解决其在品牌化中遇到的实际问题提供参考。

另一方面，随着信息技术的飞速发展，政府网站已逐步成为政府与公众之间重要的沟通桥梁和交流平台，成为政府信息化建设的关键环节。政府网站既是政府信息公开的主要渠道，也是政府对外形象展示的重要媒介，还是政府提供在线公共服务的基本平台。通过政府网站，政府可以为公众提供多种更加便捷的公共服务，实现与公众之间的互动式沟通。经过近 20 年时间的实践，中国政府网站建设经历了从无到有、从少到多、从静态到动态的发展过程，政府网站的基本框架体系已经形成，网站的质量不断得到改进，网站绩效考评标准初步健全。不过，尽管中国政府网站建设的成绩非常显著，但存在的问题依然不容忽视：地区间政府网站发展水平不平衡，网站功能定位不明确，网站系统构建缺乏统一的标准，网站建设普遍缺乏有效的组织和管理等等。而这当中，如何合理定位政府网站，提升政府网站的使用效率和公众满意度显得尤为突出。

目前，学术界和实务界普遍认同城市品牌建设可以提升市民对城市的自豪感、认同感；吸引投资者、城市发展所需的人力资源、旅游者以及其他城市顾客对城市的关注，带动城市产业群的形成，并在城市经济结构调整和城市竞争地位提升中起到重要作用。因此，如何更加积极有效地抓住关键要素，发掘竞争优势，创建城市品牌，克服目前城市品牌化中出现的问题，充分发挥城市品牌的作用,便是摆在中国各级地方政府面前的一个重要课题。随着网络时代的到来,在一些发达国家的城市和地区,互联网已经被广泛应用于城市营销之中。通过不断的实践和探索,不少城市和地区已形成了一整套城市网络营销的思路和方法,并取得了前所未有的营销效果。其中,政府网站正以其与生俱来的权威性而成为城市网络营销的主要载体。通过政府网站,城市的风土人情、社会习俗、文化特色可以得到有效的传播,城市政府的服务理念、服务内容、服务方式可以得到充分的沟通,城市发展中的投资机会、旅游资源、宜居环境可以得到直接的展示。通过政府网站实施的各项城市网络营销活动,可以使各类城市顾客突破时空限制而获得对城市的直接感知和真切体验,因此,作为城市网络营销的核心载体,政府网站也将成为城市品牌建设的重要工具。越来越多的城市管理者开始意识到,政府网站已成为城市品牌建设的重要环节,并将在城市品牌化进程中发挥出越来越重要的作用。可见,将政府网站建设纳入到城市品牌化的过程中,通过应用城市品牌的理念来改进政府网站建设,对于开展科学的城市品牌建设和有效的政府信息化实践就变得十分必要。

　　为此,本书将以城市品牌建设中关键成功要素的讨论为切入点,在充分揭示城市品牌飞轮模型实践指导意义的基础上,进一步展开基于城市品牌理念的政府网站建设模式的探讨,并对比思考不同模式下的政府网站建设策略,以期响应中国城市品牌建设和政府信息化实践发展的呼唤。

三、研究实施的意义

　　本书的研究思路是在综合梳理前人研究成果并借鉴城市经济

学、市场营销学、公共管理学等相关学科理论的基础上形成的。同时,本书中所讨论的几项研究还密切结合了中国城市品牌化实践的现状。因此,本书相关研究的实施将具有理论和实践的双重意义。

(一)理论意义

目前学术界关于城市品牌理论的研究,往往是借鉴品牌管理理论范式,针对城市品牌化实践个案的经验进行总结和提炼。虽然已有的研究涉及了城市品牌的定位、结构、模型、战略、沟通等方面,但对于城市品牌建设中关键管理要素的研究还有待深入。因此,本书中所涉及的研究工作,其体现的理论意义可以概括为以下几个方面:

1.有助于丰富城市品牌理论的研究内容。

从已有的研究成果看,目前在城市品牌领域的讨论主要集中于对城市品牌内涵的理解和界定、对城市品牌化作用和意义的探讨、对城市品牌战略管理过程的描述和分解、对城市品牌化效果的测量与评价等方面,并且这其中的很多研究还是属于探索性、尝试性或描述性的。比如对于究竟哪些管理因素是真正能够影响城市品牌化成功与否的关键要素,这些因素的作用效果如何评价,对城市品牌化效果的测评如何能够更加直截了当,从而可以更好地解释或指导实际操作,诸如此类的问题,学术界还缺乏深入而富有成效的研究。因此,本研究的开展,将有助于拓展现有城市品牌理论的研究内容,赋予城市品牌前沿理论问题更加深入而清晰的洞察。

2.有助于推动城市品牌理论框架的系统化。

虽然目前已经有学者对城市品牌建设的影响因素进行了探

讨,但就笔者所掌握的材料来看,这方面的成果往往只是研究者在实践现状分析的基础上提出的经验式的观点和总结。这些观点既不成体系,也没有实际的数据支持,甚至对于一些观点的认识在不同的学者之间还存在疑虑。而本书的研究工作立足学科发展的最前沿,借助文献检索、专家访谈、问卷调查、案例研究等方法,收集第一手的数据资料,总结中国城市品牌建设的实践经验,比较系统地识别了城市品牌建设的成功要素并探讨了其作用机理。从这个意义上说,本书的研究工作对于推进营销理论创新、完善城市品牌的理论框架具有重要的学术价值。

3.有助于推动城市品牌研究中定量分析方法的应用。

目前城市品牌领域相关命题的研究方法大多是文献研究与案例研究相结合,通过对现实经验的总结和分析,来发展理论的概念框架。而采用定量分析方法来对理论假设提供数据验证的研究工作,还只是个别学者的尝试与探索。虽然案例研究方法目前已发展得相对比较成熟,并且就城市品牌这一研究对象的特点来看,也比较容易开展案例研究。但对于构建严谨的理论框架体系而言,仅仅采用案例研究还是不够的。本书的研究工作则是在对前人相关研究进行总结回顾的基础上,通过严谨的逻辑分析提出研究假设和模型,然后再以中国主要城市的品牌建设实践为背景,借助本研究开发的量表来收集数据,通过对数据的分析和处理来对研究假设进行验证,获得研究发现。因此,本书所开展的研究工作,将有助于推动城市品牌化理论研究中定量分析方法的应用,为后续的研究提供更多的借鉴和参考。

4.有助于丰富和拓展政府信息化理论体系。

从已有的研究成果来看,目前政府网站建设、管理领域的研究主要集中在对政府网站内涵的理解和界定、对政府网站作用和意义的探讨、对政府网站建设过程的描述和分解、对政府网站绩效的测量与评价等方面,这其中的大部分研究都是基于信息科学或公共管理学的学科背景而展开的,较少有学者从更加宽泛的理论视野,比如从市场营销学的理论视角来对包括政府网站建设在内的政府信息化问题展开探讨。因此,本书所开展的研究工作将有助于拓宽现有政府信息化领域的研究内容,赋予政府信息化中政府网站建设问题更加宽广而深入的洞察,由此而取得的研究成果也将有助于进一步丰富和拓展政府信息化理论体系,为政府信息化领域的研究工作带来新的思考。

(二)实践意义

当前,关于城市(地区)品牌的讨论是在多个不同范围的地理层面展开的,有国家层面的、有区域层面的、有城市层面的,还有县域层面的。科特勒等学者认为,在城市管理当中使用品牌化的工具可以达到三个主要的目标:一是保护企业和其品牌免受政府、政治或其他国内外非必要或消极活动的影响;二是支持企业及其品牌参与全球竞争;三是创建繁荣以及提高城市内在生活标准[①]。因此,概括地说,本书中开展城市品牌和政府信息化的研究对于城市发展实践的意义主要体现在以下四个方面:

1.有助于城市经济活动的繁荣。

城市给商业活动提供劳动力、土地、基本生活条件和工业基础设施,给居民提供住房、商场、休闲及其他愉悦身心的事物、还有社

---

① P. Kotler, S. Jatusripitak & S. Maesincee (eds.), *The Marketing of Nations: A Strategic Approach to Building National Wealth*, New York: Free Press, 1997.

会生活环境。那么从这个角度，城市可以被看作是"产品"。而且，大多数学者认为城市可以像一般的产品与服务一样应用品牌化的策略。在现代市场营销中，品牌是非常重要的，它是无数组织获得长期成功的基础[1]，品牌所有者把握着打开财富宝箱、通向成功的钥匙[2]。

　　城市品牌化运动可以教育城市的顾客，并在他们的心目中建立起有关城市更加积极的想法和观点[3]。如果一个城市想要在她的目标顾客中处于主导地位，就需要通过使城市品牌特征的唯一化来实现其特殊性[4]。城市品牌化使得人们能够认识该城市并且会主动联系合作事宜。[5]在城市管理当中，应用品牌化的手段，可以更好地实现城市的经济发展目标。比如，城市品牌建设将有助于实现城市旅游业所期望的增加游客数量的目标，因为它不仅帮助旅游者提高他们游玩的兴趣，也给了他们一个前往某个城市旅

　　① I. Rein, P. Kotler & M. Stoller, *High Visibility: How Executives, Politicians, Entertainers, Athletes, and Other Professionals Create, Market, and Achieve Successful Images*, New York: Dodd, Mead and Company, 1987.

　　② D. Aaker, *Building Strong Brands*, New York: Free Press, 1996.

　　③ J. R. Freire, "Geo-branding, Are We Talking Nonsense? A Theoretical Reflection on Brands Applied to Places." *Place Branding*, 2005, 1, 4: 347~362.

　　④ J. van der Meer, *The Role of City-Marketing in Urban Management*, European Institute for Comparative Urban Research (EURICUR-Erasmus University), Rotterdam, 1990; M. Trueman, M. Klemm, A. Giroud & T. Lindley, "Bradford in the Premier League? A Multidisciplinary Approach to Branding and Repositioning A City." Paper submitted to European Journal of Marketing, Working Paper, No. 1/4, Bradford University School of Management, Bradford, 2001; A. J. Killingbeck & M. Trueman, "Redrawing the Perceptual Map of A City." Working Paper No. 02/08, Bradford University School of Management, Bradford, 2002.

　　⑤ K. L. Keller, *Strategic Brand Management: Building, Measuring & Managing Brand Equity*, New Jersey: Prentice Hall, 1998.

游的理由①。

这些城市经济发展目标的实现,最终会不断转化为城市资产并带来城市经济发展的繁荣。成功的城市品牌将成为城市资产的关键要素②。而未实施品牌化的城市则会在吸引来自外部经济和政治社会的关注方面遇到困难③,从而削减其城市资产的价值。因此,开展城市品牌化研究并建设城市品牌,将有助于保持城市经济发展、繁荣的影响因素。

2. 有助于城市在全球竞争中获得优势。

在今天这个全球化、网络化的世界里,每一个城市都与任何一个其他城市相竞争,因为它们需要分享全球的消费者、旅游者、贸易、投资、资本以及尊敬和关注④。而城市正变得相对可替代,这种可替代性使得城市品牌化变得必不可少⑤,这是由于商业投资不断趋向于全球化并且在不同城市间展开吸引投资企业、主办重大运动会或文化活动、成为旅游产业中心的竞争⑥。

---

① J. R. Freire,"Geo-branding, Are We Talking Nonsense? A Theoretical Reflection on Brands Applied to Places." *Place Branding*, 2005, 1, 4:347~362.

② W. Olins, *Trading Identities: Why Countries and Companies Are Taking Each Others' Roles*, London: Foreign Policy Centre, 1999.

③ P. van Ham,"The Rise of the Brand State: the Postmodern Politics of Image and Reputation." *Foreign Affairs*, 2001, 80, 5:2 - 6.

④ G. Ashworth & H. Voogd, *Selling the City*, London: Belhaven, 1990; R. Kanter. "Thriving Locally in the Global Economy." *Harvard Business Review*, 1995, 73, 5:151~161; G. Warnaby,"Marketing UK Cities as Shopping Destinations: Problems and Prospects." *Journal of Retailing and Consumer Services*, 1998, 5, 1:55~58; S. Anholt,"The Anholt-GMI City Brands Index How the World Sees the World's Cities." *Place Branding*, 2006, 2, 1:18~31.

⑤ R. West,"Slicker Cities." *Marketing Business*, 1997, May:10~14.

⑥ R. Miller,"Sales from the City." *Marketing*, 1997, 11th September:31~34.

就像著名的公司,著名的城市也更容易销售城市产品和服务,更容易吸引到最好的人力资源、游客和投资等等,也更容易走进良性的发展循环当中,并在国内和国际事务中扮演更重要的角色①。因此,品牌化一个城市可以帮助她吸引投资者和旅游者,将她与其他的城市区别开来并且因此极大地促销城市产品②。城市品牌化最特别的地方就是增加城市的吸引力③。特别是对于一些发展中的城市和新兴市场经济体,可以通过城市品牌化在全球经济中获得竞争优势,避免仅仅成为发达城市和地区的资源"供应商"④。另外,一个强大的城市品牌向目标顾客提供了一个独特的形象,这为对相同水平的城市产品质量索取更高的价格提供了可能⑤,换句话说,依靠城市品牌的力量,城市在日益激烈的国内外竞争中可以获得更多的资源和发展机会。因此,开展城市品牌化的研究将能够帮助城市找到更好的谋求竞争优势的方法。

---

① M. S. Allan,"Leadership—Key to the Brand of Place." Spirit in Business—Forum 2004—Great Leaders,Good Leaders,2004,28th September.

② R. Bennett & S. Savani,"The Rebranding of City Places: An International Comparative Investigation." *International Public Management Review*,2003,4,2:70~87.

③ S. K. Rainisto,"Success Factors of Place Marketing: A Study of Place Marketing Practices in Northern Europe and the United States,Doctoral Dissertation,Helsinki University of Technology," *Institute of Strategy and International Business*,2003.

④ S. Anholt,*Brand New Justice: The Upside of Global Branding*,Oxford:Butterworth-Heinemann,2003.

⑤ P. Kotler,S. Jatusripitak & S. Maesincee (eds.),*The Marketing of Nations: A Strategic Approach to Building National Wealth*,New York:Free Press,1997.

3. 有助于城市的可持续和谐发展。

城市的可持续和谐发展,要求协调城市的各个利益相关者,包括政府部门、非营利组织、企业、本地居民、游客、投资者、流动劳务人口等的需求,整合城市发展所涉及的各个软件和硬件方面的影响要素,使之凝聚到城市的发展目标上来,使城市能够达到这样一个"物理实体和思维状态的结合点,在这个点上,社会有了动力和方法可以追求更好的生活"[①]。而这也正是对一个优秀城市品牌的生动描述。事实上,城市品牌的概念将是对本地可持续发展问题最明智的回答[②]。只有建立起城市的形象和象征,一个城市才会有意义、有稳定性、独特性以及和谐性[③]。而城市品牌在这方面最能够发挥积极的作用。

城市品牌可以将公共政策方针、公共外交、地方规划、私人和国内投资、品牌战略、有效营销以及沟通的执行和工具等方面的发展有机地结合起来。城市品牌可以使城市的利益相关者改变他们固有的观点,并彼此分享新的观念,使他们愿意为城市更加美好的愿景投资和努力。在合作关系中创建的城市品牌让所有的利益相关者能够向共同的方向努力,并使得城市能够通过拥有利益相关者之间积极的分享意愿而获得更好的竞争力和运作效率[④]。

---

① P. Kotler, S. Jatusripitak & S. Maesincee (eds.), *The Marketing of Nations : A Strategic Approach to Building National Wealth*, New York: Free Press, 1997.

② J. R. Freire, "Geo-branding, Are We Talking Nonsense? A Theoretical Reflection on Brands Applied to Places." *Place Branding*, 2005, 1, 4: 347~362.

③ J. Urry, *Consuming Places*, Cornwall: Routledge, 1995.

④ M. S. Allan, "Leadership—Key to the Brand of Place." Spirit in Business—Forum 2004—Great Leaders Good Leaders, 2004, 28th September.

城市品牌帮助城市的领导层在政策、计划、组织机构、基础设施投资、教育、住房、文化遗产保护、重大活动、服务以及其他与市场联系最紧密的活动等方面进行正确的抉择,进而推动地方的发展[①]。特别是通过加强传统仪式和象征意义以及通过使城市差异化,城市品牌将为保护本地识别做出贡献,并有助于承认和维持世界多样化。所以,城市品牌化不仅仅是可行的,而且对于帮助构建一个更加美好的社会也是一件积极的事情[②]。从这个意义上说,城市品牌化研究的开展和深入,将使得城市在可持续和谐发展的道路上阔步迈进。

4.有助于城市品牌和政府网站建设获得新的思路。

基于城市品牌和政府信息化的跨学科研究,将拓展城市品牌在网络环境下的建设思路。城市网络营销的开展,使得政府网站在城市品牌化中的作用愈发突显。这给城市品牌化运动带来了新元素。在城市品牌化的过程中,城市品牌形象将会因此而变得更加丰满,城市品牌沟通策略也将会因此而变得更加丰富。

另一方面,对于政府信息化过程中的政府网站建设问题,本书所开展的研究工作将使其获得不同以往的新思路。以往有关政府网站的建设理念和建设策略都是基于公共管理和信息科学的理论框架。而本书的研究成果将会为此提供一个与之不同的新视角。

[①]　M. S. Allan,"Leadership-Key to the Brand of Place." Spirit in Business—Forum 2004—Great Leaders,Good Leaders, 2004, 28th September.

[②]　J. R. Freire,"Geo-branding, Are We Talking Nonsense? A Theoretical Reflection on Brands Applied to Places." *Place Branding*, 2005, 1, 4:347~362.

尽管目前中国政府网站建设取得了很大的成绩,关键性政务信息数量大幅度增加,网站信息更新的及时性、准确性都获得了前所未有的提高,但是网站在顾客导向、服务水平、用户体验等方面与发达国家的政府网站相比仍然存在一定的差距。本书将以城市品牌的相关理念作为思考政府网站建设的基本出发点,以此来探讨改进政府网站建设的相关策略,将为政府网站建设以及政府信息化活动提供新的思路。

第二节　追根溯源:城市品牌相关概念的提出

　　对研究讨论中将涉及的主要概念进行梳理和分析,并对其内涵和外延给予必要的界定和说明,是任何一项研究工作的基础。本节就将对本书后续的讨论中将反复提及的城市品牌、城市品牌化以及城市品牌指数三个概念进行一一阐述,结合已有研究中对上述三个概念的理解的基础上,逐一给出本书对这三个概念的定义。

一、城市品牌

　　企业品牌的出现以及其他企业层面营销概念的使用,使得品牌不再如其产生之初那样,依附于一定的物质产品,这启发了品牌在国家、区域、城市领域的应用①。因此,一些国际学者在界定城

---

　　① M. Kavaratzis,"Place Branding: A Review of Trends and Conceptual Models."*The Marketing Review*,2005,5,4:329~342.

市品牌的概念时,往往从营销学中的品牌定义出发来录求解答①。英国莱斯特大学的卡夫拉迪斯(Kavaratzis)认为,如果把阿克(Aaker)对品牌定义②中的"品牌"替换成"城市品牌",就可以很好地表达"城市品牌"的概念③。阿克对"品牌"的定义是:"品牌是(关于产品、服务或企业等的)在公众头脑中共同作用并生成一系列独特联想的功能性、情感性、相关的和关键的(识别)要素的多层次组合。"④这一系列独特联想使得"品牌"在公众头脑中形成了一个"品牌形象",比如人们关于品牌的观念、感受和态度⑤。而这些观念、感受和态度总结了公众眼中品牌所体现的含义或寓意⑥。

　　在进一步讨论学术界对城市品牌本质的理解时,伦敦大都会商学院的汉金森(Hankinson)通过对文献的回顾,总结了有关"城

---

　　① 市场营销学关于品牌的定义有多种,美国市场营销学会(AMA)定义委员会在1960年对品牌的定义是:品牌是一个名称、术语标记、象征或设计,或它们的联合体,目的在于确定一个卖方或一群卖方的产品或服务,并将其与竞争者的产品或服务区分开来。广告专家琼斯认为品牌就是指能为顾客提供顾客认为值得购买的功能利益及附加价值的产品。凯勒认为品牌就是区别一个产品与别的产品的特征。特拉维斯认为,品牌除了识别功能外,还有其他的意义,而且这些意义也许比识别功能更重要。品牌是体现产品内在价值的一种不成文的契约;品牌是人们对产品性能的期望;品牌是与其使用者一起做出的保证优良品质的承诺;品牌是一种可预知性;品牌是一种不成文的被担保事物;品牌是一种品质保证;品牌是可信赖和风险小的标志;品牌是信誉的体现;品牌是一种记忆收集;品牌的含义可能比(一定比)所有这些部分的总和还要多。

　　② D. Aaker, *Building Strong Brands*, New York: Free Press, 1996.

　　③ M. Kavaratzis,"Place Branding: A Review of Trends and Conceptual Models."*The Marketing Review*, 2005, 5, 4:329～342.

　　④ 原文的表述如下:"A brand is a multidimensional assortment of functional, e-motional, relational and strategic elements that collectively generate a unique set of as-sociations in the public mind."

　　⑤ B. Gardner & S. J. Levy,"The Product and the Brand." *Harvard Business Review*, 1955, 33, 3/4:33～39.

　　⑥ M. Patterson, "Re-appraising the Concept of Brand Image." *Journal of Brand Management*, 1999, 6, 6:409～426.

市品牌"的四种观点：城市品牌是一种沟通手段；城市品牌是一个感知实体或形象；城市品牌是一个价值增值手段；城市品牌是一种关系的集合体(表 1-1)。不过,他也承认他的分析并非百分百的全面详尽以及公正客观,当然,这也是任何文献回顾特征之一。

表 1-1 学术界对城市品牌的理解

品牌作为 感知实体	品牌作为 沟通手段	品牌作为 关系集合	品牌作为价值 增值手段
Woodside and Lyonski (1989)	Hall(1999)	Westwood et al. (1999)	Thode and Masulka (1998)
Walmsley and Jenkins (1993)	Morgan et al. (2002)	Sirgy and Su(2002)	Westwood(2000)
Echtner and Ritchie (1991, 1993)	Kotler and Gertner (2002)	Morgan et al. (2002)	
Young(1995)	Pride(2002)	Kotler and Gertner (2002)	
Walmsley and Young (1998)	Gnoth(2002)		
Nickerson and Moisey (1999)			
Leisen(2001)			

资料来源：G. Hankinson,"Relational Network Brands：Towards A Conceptual Model of Place Brands."*Journal of Vacation Marketing*,2004,10,2：109~121.

此外,中国学者也对城市品牌的概念提出了自己的见解。李成勋将城市品牌定义为一个城市的历史文化、地理资源、经济技术等要素被公众广泛认同的某种最具典型意义的称谓[①]。吉福林认为城市品牌是指体现一个城市丰富的经济文化内涵和精神底蕴,并与其他城市相区别的独特标志[②]。王化认为城市品牌是一个城

---

① 李成勋：《关于城市品牌的初步研究》,《广东社会科学》2003 年第 4 期,第 71~76 页。

② 吉福林：《论打造城市品牌》,《商业研究》2004 年第 24 期,第 122~123、127 页。

市向其目标公众所展示和传达的能表现其城市核心价值、核心定位和核心特色的名称、术语、标记或符号①。方丽对城市品牌的定义是：蕴涵城市独特个性及受众效用的城市名称和标记②。罗月领认为城市品牌就是城市个性在城市顾客心中形成的品牌积淀，其中：城市个性是城市所具有的各种比较优势和竞争优势，或者说是城市的某种特色，这种特色对于形成城市品牌特别重要；城市顾客包括城市的内部顾客和外部顾客两个方面，前者包括城市的治理者和市民，后者包括旅游者、投资者以及其他各类利益相关者；品牌积淀是城市个性在城市顾客心目中形成的总体印象和评价，是城市顾客对客观的城市个性形成的主观反应③。

从文献回顾的情况来看，目前大多数国内学者对于城市品牌的概念描述更多的是从品牌的功能角度来加以界定，将城市品牌视作具有某种与城市相关联的具有特殊含义的称谓或标识。这类表述与早期营销学术界关于品牌的定义异曲同工④。但是，目前营销学术界对品牌的理解早已突破了"功能性"的认识，强调品牌的"情感性"或"象征性"的效用⑤。因此，在对城市品牌的概念进

---

① 王化：《城市旅游与城市形象的结合——打造桂林和谐魅力城市之方略》，《中国科技信息论坛》2005 年第 17 期，第 115、134 页。

② 方丽：《城市品牌要素指标体系》，《技术与市场》2005 年第 5 期，第 54～56 页。

③ 罗月领：《城市品牌的理论初探》，《天水行政学院学报》2007 年第 4 期，第 9～11 页。

④ 比如，AMA(1960)对品牌的定义就是从品牌的功能角度来界定的。

⑤ 从已有的研究来看，对品牌效用特征的理解通常分成两个维度或三个维度。在两维模型中，品牌的效用特征被分为功能性(functional)与象征性(symbolic)，或者是功能性和代表性(representational)，这两类效用特征分别能够满足消费者的理性(reason)需求和情感(emotion)需求。而在三维模型中，则是在两维模型的基础上增加了第三个维度，即体验性(experiential)，这一效用特征主要是对消费者的感受(sense)或体验需求有吸引力(Hankinson，2004)。

行界定和表述时,也需要有更加深入的思考。

　　基于上述研究回顾,结合本研究的特点,本书对城市品牌的定义是:城市品牌是一种城市的功能性、情感性、相关的和关键的识别要素经过管理后形成的多层次要素组合体,这一要素组合能够作用于公众头脑使之形成一系列关于城市的独特认知和联想。

二、城市品牌化

　　在研究城市品牌的过程中,学者们很自然地关注到了城市品牌如何实现的问题,这就涉及对创建城市品牌过程的分析和讨论。国外学者用"城市品牌化"(City Branding)一词来表达这一过程,并且从各自的研究视角对其加以界定(表1-2)。

　　另外,在有关城市品牌化内涵的讨论中,学者们也探讨了城市

表1-2　学术界对城市品牌化的界定

研究者	概念表述
Nickerson and Moisey(1999)	城市品牌化是建立人们与其所拥有的城市形象之间的某种关系。
Hall(1999)	城市品牌化的核心目标是"提供一个一致的、集中的沟通战略"。
Cai(2002)	城市品牌化是指通过积极的形象构建来选择一个协调一致的品牌要素组合,从而获得城市作为目的地的识别和区分。品牌要素包括名称、术语、标识、标记、设计、象征、口号、包装或者是这些要素的组合,其中又以名称为第一或最先被考虑到。
Rainisto (2003)	城市品牌化是指增加城市吸引力的方法,其核心问题在于构建城市品牌识别。
Julier(2005)	城市品牌化被认为是创造和丰富赋予城市更多内涵的一种努力。

品牌与城市品牌化之间的关系。正如大多数学者所认为的那样，"城市品牌"作为一个实体，总的来说可以视作是"城市品牌化"的输出[1]，即"城市品牌"是"城市品牌化"建设的结果。但是，也有的学者在讨论城市品牌形象的长远建设时，把"城市品牌"看作是"城市品牌化"的输入[2]，即"城市品牌化"是一项长期的工程，针对的是现有"城市品牌"的持续改善和提升。

中国学者使用"城市品牌化"这个概念的研究成果尚不多见。刘彦平在《城市营销战略》一书中提到了"城市品牌化"一词，并且解释道："对城市品牌识别和城市（品牌）形象进行设计和管理，以塑造有价值的、美好的城市品牌为目的所进行的一系列相关的计划安排和实施过程，叫城市的品牌化"，同时指出城市品牌化的核心任务就是品牌定位、品牌决策以及品牌传播[3]。倪鹏飞的研究团队在其研究报告中也使用了"城市品牌化"这一术语，并暗示城市品牌化的基本战略框架包括品牌定位、品牌规划、战略推广与战略保障这四个领域，但也还是没有准确定义"城市品牌化"的概念[4]。此外，还有的中国学者在讨论城市品牌化相关的问题时，依然倾向于使用"城市品牌"一词来指代"城市品牌化"。比如杜青龙等认为城市品牌（化）是指城市管理者利用城市所具有的独特的自

① L. de Chernatony & F. Dall'Olmo Riley, "Defining a 'Brand'：Beyond the Literature with Expert Interpretations." *Journal of Marketing Management*，1998，14，7：417~443；M. J. Louro & P. V. Cunha. "Brand Management Paradigms." *Journal of Marketing Management*，2001，17，7/8：849~875.

② C. W. Park, B. J. Jaworski & D. J. MacInnis. "Strategic Brand Concept-image Management." *Journal of Marketing*，October，1986，50：135~145.

③ 刘彦平：《城市营销战略》，中国人民大学出版社 2005 年版。

④ 倪鹏飞主编：《中国城市竞争力报告 No.5 品牌：城市最美的风景》，社会科学文献出版社 2007 年版。

然要素禀赋、历史文化角色产业优势等差别化品牌要素,向目标受众提供持续的、值得信赖的、有关联的特别承诺,以提高受众对城市的反应效用,增强城市的聚积效益、规模效益和辐射能力①。张燚和张锐提出,所谓城市品牌(化)是指城市建设者分析、提炼、整合所属城市具有的独特的(地理、人造自然)要素禀赋、历史文化沉淀、产业优势等差异化品牌要素,并向城市利益相关者提供持续的、值得信赖的、有关联的个性化承诺,以提高城市利益相关者对城市的认同效应和满意度,增强城市的聚集效应、规模效应和辐射效应②。

　　基于上述分析,本书拟采用"城市品牌化"来表述城市品牌打造、培育和发展的过程。本书对"城市品牌化"的定义如下:城市品牌化就是通过一系列积极的城市品牌要素组合策略和管理方法的应用,赋予城市更多内涵,增加城市产品的吸引力,使得城市产品能够为城市顾客所识别和区分,进而达到塑造有价值的、美好的城市品牌的目标的过程。

三、城市品牌指数

　　"城市品牌指数"(City Brands Index,简称 CBI)一词最先由美国品牌专家西蒙·安霍尔特(Simon Anholt)联合全球在线市场调查公司(Global Market Insite Inc.,简称 GMI)在 2005 年 12 月发布的《世界如何看待城市:Anholt 城市品牌指数》报告中提出。

---

　　① 杜青龙、袁光才:《城市品牌定位理论与实证分析》,《西南交通大学学报》(社会科学版)2004 年第 5 卷第 6 期,第 105~108 页。

　　② 张燚、张锐:《城市品牌论》,《管理学报》2006 年第 3 卷第 4 期,第 468~476 页。

城市品牌指数是一个面向全球城市的年度排名,其调研结果源自对 18 个国家上万名 18 至 64 岁的男女参访者的网上调研。他们提出这一概念旨在对世界范围内主要城市的城市品牌进行测量和评比。

倪鹏飞所带领的研究团队也沿用"城市品牌指数"这一概念,并对其进行了界定:城市品牌指数是社会公众对城市品牌的综合认知和评价[①]。在此基础上,他们发展出了城市总体品牌指数、城市旅游品牌指数、城市宜居品牌指数、城市营商品牌指数和城市原产地品牌指数等一系列指数。虽然使用了同样的术语表达,不过倪鹏飞及其研究团队的"城市品牌指数"与安霍尔特"城市品牌指数"的内涵完全不同。前者是从城市品牌的功能感知指数和情感体验指数两大层级构建测量的指标体系,而后者则从声望地位(该城市的国际地位和名望)、地理位置(人们对每个城市自然地理方面的评价)、城市潜力(每座城市在经济和教育方面为旅游者、商人和移民者提供的机遇)、城市节奏(充满活力的都市生活方式的吸引力)、市民素质(参访者对该城市的居民、社区和安全性的印象)以及先决条件(人们对该城市基础特质的先决印象)等六个方面展开测评。

相比较而言,倪鹏飞等人的研究在一定程度上更加贴近中国城市品牌化建设的现实状况,开发的城市品牌指数在中国城市更具实用性,测量结果能够较好地反映国内城市品牌发展的实际情

---

① 由中国社科院财政与贸易经济研究所的倪鹏飞研究员主编的《2007 城市竞争力蓝皮书:中国城市竞争力报告 No.5》关注了"城市品牌"这一主题,并在报告中开发适用于中国城市的"城市品牌指数"。本人曾作为该报告的核心成员参与了"城市品牌指数"研究开发的全过程。

况。因此,本书中将使用倪鹏飞等提出的"城市品牌指数"的概念——城市品牌指数是城市产品所要服务的城市顾客对城市品牌的综合认知和评价。

第三节 循序渐进:研究工作的实施策略

研究成果的取得离不开一丝不苟的研究设计和脚踏实地的研究实施。在讨论所获得的研究结论之前,本书将首先把研究工作中所涉及的研究范围和研究对象,所采取的研究方法和研究过程,以及研究中所遵循的技术路线加以简要的介绍,以期与读者分享本书所开展研究工作的操作要点。

一、研究范围和研究对象

本书旨在通过实证研究方法探索影响城市品牌战略成功实施的关键管理要素及其内在作用机理,讨论基于城市品牌理念的政府信息化中政府网站的建设模式,并进一步分析不同模式下政府网站的建设策略。鉴于目前有关城市品牌及政府信息化的实证研究成果还比较有限,许多涉及城市课题的实证研究往往是从经济学的视角来解读城市的社会、经济、文化要素,探讨城市竞争力的培育和发展,所以在已有的二手资料中,可资借鉴的数据资料并不丰富。在此情况下,本书在考虑研究选题和范围的基础上界定了研究对象,最终选取北京、上海、重庆、天津、成都、杭州、青岛等32个城市作为城市品牌成功要素部分的研究对象,并以上述城市中从事城市品牌化相关工作的政府部门公务人员、各城市中关注并了解本地城市品牌化实践的专家学者为调查对象,了解其对本地城市品牌化现状的意见和评价。另外,本书还将选取包括上述 32 个城市在内的 100 个中国主要城市的政府网站作为政府信息化建设模式与建设策略部分的研究对象,并针对部分从事政府网站建设相关工作的公务人员、关注政府网站建设实践的专家学者开展问卷调查,从而进一步了解研究对象的实际状况。

二、研究方法和研究过程

本书采取定性研究与定量研究相结合,案头研究与问卷调研相结合的研究方法,包括文献评述、深度访谈、问卷调查、案例研究等具体研究方法。运用因子分析、相关分析、回归分析、结构方程模型建模(SEM)、聚类分析等数理统计方法,对所提出的理论假设进行检验(表 1-3)。

在具体的研究过程方面:

第一,本书将运用文献研究方法来梳理学术界关于城市品牌

表 1-3 本书所采取的研究方法与研究主题的关系

研究方法	与研究主题的关系
文献研究	吸收前人的研究成果,以开发与研究主题有关的问卷和量表,并提出本书的研究模型与假设
专家访谈	了解实务界的意见和观点,以开发与研究主题有关的问卷和量表,并提出本书的研究模型与假设
问卷调查	收集一手数据以用于检验研究模型与假设
数量分析	运用因子分析、相关分析、回归分析、结构方程建模、聚类分析等方法来检验研究模型与假设,以此作为提炼城市品牌模型和政府信息化模式的依据
案例研究	检验本研究提炼的城市品牌化模型对实践的解释能力和指导价值

和政府网站建设方面的已有研究成果,以此作为开发城市品牌影响因素量表和基于城市品牌的政府网站评价量表的重要依据。

第二,本书将通过针对行业专家的深度访谈,了解实务界关于城市品牌和政府网站建设影响因素的观点和认知,完善城市品牌影响因素的测量项目以及政府网站评价指标的设计与开发。同时,在结合文献研究与深度访谈所取得研究成果的基础上,本书将构建拟通过实证研究方法来加以检验的研究模型和假设。

第三,本书将通过问卷调查法来收集检验研究模型和假设所需要的第一手数据。

第四,本书将运用因子分析、相关分析、回归分析、结构方程建模(SEM)等数量分析方法来验证研究模型和假设,并在此基础上提炼城市品牌模型。

第五,本书将采用案例研究方法,通过深入剖析成都市城市品牌建设案例来检验依据定量研究结果提炼的城市品牌模型在实践中的适用性。

第六,本书将运用聚类分析方法来总结提炼政府信息化中政府网站的建设模式,并在此基础上提出相应的建设策略。

三、技术路线

本书以文献梳理与专家调研相结合,在查阅大量国内外参考文献的同时设计并着手针对各地城市品牌和政府信息化问题的专家进行访谈和问卷调查;以规范研究与实证研究相结合,以规范研究作为理论说明和前提设定的基础,以实证研究来检验理论假设。具体来说,本研究的技术路线如下:

1.案头研究。搜集中国城市品牌和政府信息化的文献资料,主要是国外重要学术期刊发表的关于城市品牌和政府信息化的论文、研究报告及其他文献,梳理已有成果,提出理论模型,设计调查问卷,整理国内外城市品牌化的典型案例,确定案例研究和拟访谈的专家。

2.实地调查。(1)专家访谈,拜访中国社科院、北京大学、清华大学、中国人民大学等高校和科研究机构的城市与政府问题专家以及澳门、北京、成都等城市政府相关部门的官员,就城市品牌化实施与政府信息化建设的一些问题开展咨询与探讨;(2)对一定数量的城市开展问卷调查,获得各个城市的相关数据,调查对象包括各个城市从事城市品牌和政府信息化建设相关工作的政府官员、关注和了解各地城市品牌和政府信息化状况的当地专家学者等;(3)现场参观访问若干国内实施城市品牌战略、开展政府信息化建设并取得一定实效的城市,比较其城市品牌化与政府信息化开展的环境状况、政府效率、市民协同状况等,掌握其成功实施城市品牌战略和开展政府信息化建设的关键因素。

3.数据整理与分析。验证并完善研究假设,确定评价城市品牌化成功与否的指标体系,明确影响城市品牌战略实施的因素及上述因素的作用机理,构建政府信息化中政府网站的评价量表,分析政府网站的建设模式和建设策略。

4.案例研究与验证。根据对案例城市的深入研究和分析,完善研究发现。

本章小结

随着城市化进程的加快,全球范围内城市之间的竞争日趋激烈,越来越多的城市开始尝试运用品牌化的策略来寻求发展机遇和资源。本章作为全书开篇立论的第一章,对本书中所研究问题的由来与价值,研究中所涉及的相关概念以及研究工作的一些实施要点进行了概要的介绍。本书所开展的研究工作将在总结和吸收前人研究成果的基础上,运用实证研究的方法来对城市品牌成功要素及其作用机理展开分析和探讨;并以城市品牌的相关理念为基本出发点和切入点来研究政府信息化中政府网站建设模式和建设策略。

这些研究的理论意义在于有助于丰富城市品牌理论的研究内容,推动城市品牌理论框架的系统化,推动城市品牌研究中定量分析方法的应用,丰富和拓展政府信息化理论体系;其实践意义则体现在有助于城市经济活动的繁荣,城市在竞争中获得优势,城市的可持续和谐发展以及为城市品牌和政府网站建设获得新思路提供帮助。

本章对城市品牌、城市品牌化、城市品牌指数这几个研究中所涉及的重要概念进行了界定。本书将采取定性研究与定量研究相结合,案头研究与问卷调研相结合的研究方法,力图探索影响城市品牌战略成功实施的关键管理要素及其内在的作用机理,分析影响政府信息化中政府网站建设的重要因素,探索其建设模式。

第二章　城市品牌理论探索

　　城市品牌理论是近年来在学术界刚刚兴起的研究课题,尽管有不少研究涉及城市品牌化这个领域,但是只有少量文献是与此直接相关的[①]。甚至在关于城市品牌的术语表达方面,目前学术界尚无统一的用词。从文献回顾的情况来看,这一研究领域比较常见的表达有 Place Brand、City Brand、National Brand、Country Brand、Geo-Brand、Regional Brand、Urban Brand、Destination Brand 等方式。而这些差别的造成,主要是因为研究者视角的不同[②]。所以在对城市品牌领域的研究成果进行回顾时,本书将不对上述概念的语义差别进行专门强调,而统一用"城市品牌"一词来表述,只在必要的时候加以标注。

　　基于城市品牌理论当前的研究现状,在开展关于城市品牌影响因素的实证研究之前,本书有必要对已有城市品牌理论进行系

　　[①]　T. Hauben, M. Vermeulen & V. Patteeuw (eds.), *City Branding : Image Building and Building Images*, Rotterdam: NAI Uitgevers, 2002; S. K. Rainisto, *Success Factors of Place Marketing : A Study of Place Marketing Practices in Northern Europe and the United States*, Doctoral Dissertation, Helsinki University of Technology, Institute of Strategy and International Business, 2003.

　　[②]　S. K. Rainisto, *Success Factors of Place Marketing : A Study of Place Marketing Practices in Northern Europe and the United States*, Doctoral Dissertation, Helsinki University of Technology, Institute of Strategy and International Business, 2003.

统的回顾,从而为构建本研究的理论模型奠定基础。鉴于目前国内外学者在城市品牌理论研究领域所关注的兴趣点有所差异,本章将从国际学者的研究动态和中国学者的研究进展两个方面加以回顾。

第一节　国际城市品牌研究动态

目前国际学者有关城市品牌理论的成果更多的是应用营销学中品牌理论的研究框架和范式来探讨城市领域遇到的品牌化问题。当然,对城市品牌这一新兴的研究课题,在国际学者的研究中也不乏关于城市品牌价值判断的探讨。具体来说,国际学者关于城市品牌的研究主要涉及城市品牌化的作用和意义、城市品牌形象、城市品牌模型、城市品牌定位、城市品牌战略管理过程、城市品牌沟通、城市品牌结构、城市品牌测量与评价等几个方面。

一、城市品牌的作用和意义

就像本书开篇提到的,在关于城市品牌化的讨论中就有绝对论者、适度论者和保守论者三种态度[1],个别学者在最初甚至认为讨论城市品牌意义不大[2]。不过,总的来看,大多数参与城市品牌理论探讨的国际学者对其还是持积极肯定的态度,他们对城市品

---

① H. Gudjonsson,"Nation Branding." *Place Branding*, 2005, 1,3:283～298.

② M. Girard,"States, Diplomacy and Image Making: What Is New? Reflections on Current British and French Experiences." 1999. cited in W. Olins,"Branding the Nation——The Historical Context." *Journal of Brand Management*, 2002, 9, 4/5: 241～248.

牌意义的评价大致是从对城市外部顾客的吸引力和对城市内部管理的积极效用两方面来考量的。

首先,国际学者认为城市品牌有助于吸引城市顾客,并使城市在激烈的竞争中赢得优势。城市品牌最特别的地方就是增加城市的吸引力[1]。城市品牌化可以帮助城市在其顾客心目中建立起有关城市更加积极的联想[2],使得人们能够认识和了解该城市并主动与城市相关服务提供者(如城市政府公共部门、城市旅游服务提供者、城市餐饮服务提供者、城市住宿服务提供者等)联系合作(或购买)事宜[3]。比如,品牌化一个城市可以帮助它吸引投资者,将它与其他的城市区别开来并且因此极大地促销相关的城市产品[4];城市品牌化可以增加城市的游客数量,因为它不仅帮助旅游者提高了他们游玩的兴趣,也给了他们一个前往某个城市旅游的理由[5];城市品牌化还可以推动原产地形象的塑造,由此增加城市内企业产品向城市外部地区的销售[6]。如果一个城市想要在目标顾客

---

[1]　M. Girard,"States, Diplomacy and Image Making: What Is New? Reflections on Current British and French Experiences." 1999. cited in W. Olins,"Branding the Nation——The Historical Context." *Journal of Brand Management*, 2002, 9, 4/5:241~248.

[2]　J. R. Freire,"Geo-branding, Are We Talking Nonsense? A Theoretical Reflection on Brands Applied to Places." *Place Branding*, 2005, 1, 4:347~362.

[3]　K. L. Keller, *Strategic Brand Management: Building, Measuring & Managing Brand Equity*, New Jersey: Prentice Hall, 1998.

[4]　R. Bennett & S. Savani,"The Rebranding of City Places: An International Comparative Investigation." *International Public Management Review*, 2003, 4, 2: 70~87; Rainisto(2003)认为品牌化对地区来说也是建立外界渴望合作的地区的一个潜在选项,成功的地区能吸引新的投资和创造良性的循环。

[5]　J. R. Freire,"Geo-branding, Are We Talking Nonsense? A Theoretical Reflection on Brands Applied to Places." *Place Branding*, 2005, 1, 4:347~362.

[6]　N. Papadopoulos,"Place Branding: Evolution, Meaning and Implications." *Place Branding*, 2004, 1, 1:36~49;这里,作者是从国家品牌化的层面来阐述这个观点的。

中处于主导地位,就需要通过借助城市品牌表现其差异化特征的唯
一性从而来实现竞争中的特殊优势[1]。

另外,一个强大的城市品牌向目标顾客提供了一个独特的形
象,这为相同水平的城市产品质量索取更高的价格提供了可能[2],
换句话说,依靠城市品牌的力量,城市在日益激烈的国内外竞争中
可以获得更多的资源和发展机会。特别是对于一些发展中的城市
和新兴市场经济体,可以通过城市品牌化的手段在全球经济中获
得竞争优势,避免仅仅成为发达城市和地区的资源"供应商"[3]。

其次,还有一些国际学者也非常肯定城市品牌对城市完善自
身管理,谋求可持续发展的积极效用。弗莱雷(Freire)认为应用
品牌化的手段,城市管理者可以更好地实现城市的经济发展目
标[4]。城市品牌的概念是对本地可持续发展问题最明智的回答。
只有建立起城市的形象和象征,一个城市才会有意义、有稳定性、

————————

① J. van der Meer, *The Role of City-Marketing in Urban Management*, Euro-
pean Institute for Comparative Urban Research (EURICUR-Erasmus University),
Rotterdam, 1990; M. Trueman, M. Klemm, A. Giroud &. T. Lindley,"Bradford in
the Premier League? A Multidisciplinary Approach to Branding and Repositioning A
City. " Paper submitted to European Journal of Marketing, Working Paper, No. 1/4,
Bradford University School of Management, Bradford, 2001; J. L. Nasar, *The Evalu-
ative Image of the City*, London: Sage Publications, 1998; A. J. Killingbeck &. M.
Trueman,"Redrawing the Perceptual Map of A City. " Working Paper No. 02/08,
Bradford University School of Management, Bradford, 2002.

② P. Kotler, S. Jatusripitak &. S. Maesincee (eds.), *The Marketing of Na-
tions : A Strategic Approach to Building National Wealth*, New York: Free Press,
1997.

③ S. Anholt, *Brand New Justice : The Upside of Global Branding*, Oxford:
Butterworth-Heinemann, 2003.

④ J. R. Freire,"Geo-branding, Are We Talking Nonsense? A Theoretical Re-
flection on Brands Applied to Places. " *Place Branding*, 2005, 1, 4:347~362.

独特性以及和谐性[①]。

城市品牌可以将公共政策方针、公共外交、地方规划、私人和国内投资、品牌战略、有效的营销执行以及品牌沟通工具等方面的发展有机地结合起来。城市品牌还可以协调所有的城市与内外顾客联系的途径。城市品牌可以使城市的利益相关者能够改变他们固有的观点,并彼此分享新的观念,使他们同意并愿意为城市更加美好的愿景投资和努力。在合作关系中创建的城市品牌能够让所有城市利益相关者向共同的方向转变,并使得城市能够通过拥有利益相关者的分享意愿而拥有更好的竞争力和运作效率[②]。一些学者认为,在整体社会遇到问题的时候,一个强大的城市品牌能够帮助城市的公私部门重建城市的未来发展方向,克服危机,为了共存而恢复信心[③]。

城市品牌帮助城市的领导层在政策、计划、组织机构、基础设施投资、教育、住房、文化遗产保护、重大活动、服务以及其他与市场联系最紧密的事件等方面进行正确的抉择,进而推动地方的发展。因此,城市品牌是城市社会运行和城市经济运转的一个表现,或者说更为常见的,是城市未来想要实现的目标的表现,通常表达为对未来发展愿景一种想象的但是可实现的策略[④]。特别是通过

---

① J. Urry, *Consuming Places*, Cornwall: Routledge, 1995.

② M. S. Allan, "Leadership-Key to the Brand of Place." Spirit In Business-Forum 2004 – Great Leaders Good Leaders, 2004, 28th September.

③ G. Seisdedos & P. Vaggione, "The City Branding Processes: the Case of Madrid." 41st ISoCaRP Congress, 2005, http://www. isocarp. net/Data/case_studies/658. pdf.

④ M. S. Allan, "Leadership-Key to the Brand of Place." Spirit In Business-Forum 2004 – Great Leaders Good Leaders, 2004, 28th September.

加强传统仪式和象征意义以及通过使城市差异化,城市品牌将为保护本地识别做出贡献并承认和维持世界多样化。所以,城市品牌化不仅是可行的,而且对于帮助构建一个更加美好的社会也有积极意义[①]。

二、城市品牌结构

从城市品牌研究和城市管理实践的现状来看,有关城市品牌结构的讨论主要是围绕传统品牌理论中品牌结构(brand architecture)概念在城市营销领域的应用而展开。品牌结构是用来描述管理和设计品牌组合的过程,从而使得各个子部分可以服务于品牌整体[②]。而品牌结构研究的源头则可以回溯到关于品牌组合(brand portfolio)构成的讨论[③]。这方面的开拓性研究是英国品牌大师沃利·奥林斯(Wally Olins)提出的三种品牌组合的基本构成要素:延伸式(monolithic)的构成要素、受托式(endorsed)的构成要素以及品牌化(branded)的构成要素[④]。之后有学者在他这项研究的基础上,提出了更加复杂的品牌构成要素和类型[⑤]。另外,道格拉斯(Douglas)和克雷格(Craig)可能是最先对品牌结

① J. R. Freire,"Geo-branding, Are We Talking Nonsense? A Theoretical Reflection on Brands Applied to Places." *Place Branding*, 2005, 1, 4:347~362.

② J. N. Kapferer, (Re)inventing the Brand——Can Top Brands Survive the New Market Realities? London: Kogan Page, 2001.

③ G. Dooley & D. Bowie,"Place Brand Architecture: Strategic Management of the Brand Portfolio." *Place Branding*, 2005, 1, 4:402~419.

④ W. Olins, *Corporate Identity*, London: Thames and Hudson, 1989.

⑤ S. Laforet & J. Saunders,"Managing Brand Portfolios: How the Leaders Do It." *Journal of Advertising Research*, 1994, 34, 5:64~76.

构概念的弹性和"动机"展开研究的学者①。他们倾向于认为品牌
结构是一个受到过去和现在的因素以及未来战略影响的演进过
程②。而在品牌结构方面最著名的研究成果则是阿克和约阿欣斯
达拉(Joachimsthaler)提出的称为品牌关系光谱(brand relation-
ship spectrum)的品牌结构工具。在这一研究中,他们提出了四种
品牌结构战略:多品牌组合(house of brands)战略、受托品牌(en-
dorsed brand)战略、亚品牌(sub-brand)战略以及品牌化组合
(branded house)战略③。

在城市品牌结构研究方面,摩根(Morgan)等人认为城市品牌
结构在本质上是一个能够指导品牌创建、发展和营销的蓝图,是一
个可以被所有的城市品牌管理者所使用的工具。城市品牌结构应
该反映城市品牌的所有关键构成要素,包括城市品牌定位、城市品
牌理性和感性利益及其联想以及城市品牌个性。他们从旅游目的
地品牌(destination brand)的角度,以二维表格的形式从品牌定
位、品牌理性利益、品牌感性利益和品牌个性等四个方面详细介绍
了英联邦的品牌结构,包括上级品牌(英联邦)和子品牌(英格兰、
苏格兰、威尔士和伦敦)④。

---

① S. P. Douglas & S. C. Craig, "Executive Insights: Global Portfolio Planning
and Market Interconnectedness." *Journal of International Marketing*, 1996, 4,
1:93~110.

② 同上。

③ D. A. Aaker, and E. Joachimsthaler, "The Brand Relationship Spectrum:
Key to the Brand Architecture Challenge." *California Management Review*, 2000,
42, 4:8-23.

④ N. J. Morgan, A. Pritchard & R. Pride (Eds.), *Destination Branding:
Creating the Unique Destination Proposition*, Oxford: Butterworth-Heinemann, 2002.

杜利(Dooley)和鲍伊(Bowie)则在城市品牌的研究当中应用了阿克和约阿欣斯达拉提出的品牌结构①,分别举例讨论了城市品牌中的多品牌组合、受托品牌、亚品牌和品牌化组合四种战略②。

城市品牌结构中多品牌组合战略包括一个主品牌和多个彼此独立的亚品牌的组合③,各个亚品牌彼此区别开来并各自服务于某个细分市场。这方面一个比较典型的例子是西班牙作为旅游目的地的品牌结构。西班牙在地理上被分成 17 个独立的自治区,这些区域都有各自的品牌战略,在国内外发展出独立于"旅游西班牙"(TourSpain)这一国家品牌的地区亚品牌④。

城市品牌结构中受托品牌战略不同于多品牌组合战略的地方在于主品牌与亚品牌之间被联系在了一起,以此来更好地传递一般性的价值,如可信性、声誉以及质量等⑤。不过,这种联系还没有强到会削弱各个亚品牌的核心价值(即区别各个品牌的价值)的程度。这方面的例子是在发展滑雪旅游业时,斯堪的纳维亚半岛

---

① D. A. Aaker, and E. Joachimsthaler, "The Brand Relationship Spectrum: Key to the Brand Architecture Challenge." *California Management Review*, 2000, 42, 4:8 - 23.

② G. Dooley & D. Bowie, "Place Brand Architecture: Strategic Management of the Brand Portfolio." *Place Branding*, 2005, 1, 4:402~419.

③ J. N. Kapferer, (Re)*inventing the Brand-Can Top Brands Survive the New Market Realities?* London: Kogan Page, 2001.

④ F. Gilmore, "A Country——Can It Be Repositioned? Spain-the Success Story of Country Branding." *Journal of Brand Management*, 2002, 9, 4/5:281~293.

⑤ J. Devlin, "Brand Architecture in Services: The Example of Retail Financial Services." *Journal of Marketing Management*, 2003, 19, 9/10:1043~1065; Rajagopal & R. Sanchez, "Conceptual Analysis of Brand Architecture and Relationships within Product Categories." *Journal of Brand Management*, 2004, 11, 3:233~247.

对受托品牌战略的应用①。

与受托品牌战略不同,城市品牌结构里的主品牌与亚品牌之间有了更强的联系②,并会有一些共同的品牌联想。在这一战略中,主品牌与亚品牌都是影响消费者购买动机的重要因素。1997年发起的西澳大利亚品牌化运动,是城市品牌领域亚品牌战略的很好例子③。

城市品牌结构中品牌化组合战略就是用一个单独的品牌作为支持其他品牌的主导者④。新西兰为品牌化组合战略提供了一个清晰的例子⑤。

在此分类研究的基础上,又有学者对城市品牌结构审计展开了讨论。品牌结构审计(brand architecture audit)是观察已有的品牌目录并决定哪些地方可以再加以更好地利用⑥。杜利和鲍伊总结了城市品牌结构审计五个方面的要素:城市品牌组合、影响城

---

① A. Flagstad & C. Hope, "Scandinavian Winter: Antecedents, Concepts and Empirical Observations Underlying a Destination Umbrella Branding Model." *Tourism Review*, 2001, 56, 1:5~12.

② S. van Gelder, *Global Brand Strategy-Unlocking Brand Potential Across Countries, Cultures and Markets*, London: Kogan Page, 2003.

③ S. R. Crockett and L. J. Wood, "Brand Western Australia: A Totally Integrated Approach to Destination Branding." *Journal of Vacation Marketing*, 1999, 5, 3:276~289.

④ L. Upshaw & E. Taylor, "Building Business by Building A Master Brand." *Journal of Brand Management*, 2001, 8, 6:417~426.

⑤ N. J. Morgan, A. Pritchard & R. Pride (Eds.), *Destination Branding: Creating the Unique Destination Proposition*, Oxford: Butterworth-Heinemann, 2002.

⑥ M. Petromilli, D. Morrison & M. Million, "Brand Architecture: Building Brand Portfolio Value." *Strategy & Leadership*, 2002, 30, 5:22~28; E. Phillips, "From Chaos to Constellation: Creating Better Brand Alignment on the Web." *Design Management Journal*, 2003, 14, 2:42~49.

市品牌结构的内部和外部因素、城市品牌顾客以及城市品牌结构工具(图 2 - 1)[①]。

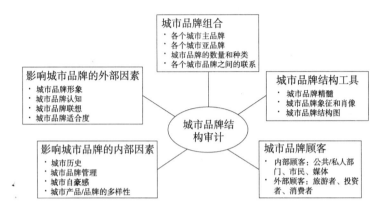

图 2 - 1　城市品牌结构审计的要素

资料来源:根据 G. Dooley and D. Bowie,"Place Brand Architecture：Strategic Management of the Brand Portfolio",*Place Branding*,2005,Vol. 1,No. 4,pp. 402 - 419 中的"Figure 7：Elements of the place brand architecture audit"修改。

三、城市品牌模型

除了对城市品牌结构进行研究之外,还有一些学者试图采用建模方法来对城市品牌与城市品牌化加以更加深入的剖析。其中一个比较知名的研究是汉金森利用来自经典品牌理论、关联交易范式和网络范式中的概念发展的一个更加一般化的地区品牌概念模型——关联网络品牌(图 2 - 2)[②]。在这个模型中,他把城市品

①　G. Dooley & D. Bowie,"Place Brand Architecture：Strategic Management of the Brand Portfolio." *Place Branding*,2005,1,4:402~419.

②　G. Hankinson,"Relational Network Brands：Towards A Conceptual Model of Place Brands." *Journal of Vacation Marketing*,2004,10,2:109~121.

牌理解为各种关系的集合。而对于他的这一理解至关重要的是：
(1)消费者是城市产品共同生产者的观念；(2)城市沟通的本质是
"体验"；(3)营销网络是整个价值增值活动中处于协作关系的所有
利益相关者之间的媒介①。

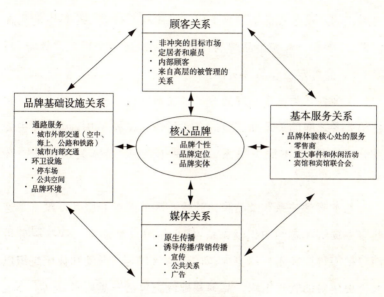

图 2 - 2　关联网络品牌

资料来源：G. Hankinson，"Relational Network Brands：Towards a Conceptu-
al Model of Place Brands"，*Journal of Vacation Marketing*，2004，
Vol. 10，No. 2，pp. 109～121.

在汉金森的模型中，城市品牌由一个核心品牌和四类品牌关
系来表现。这些关系是基于对核心品牌体验的延伸，并且是动态
发展的，会随着时间的变化加强或演进。同时，这些品牌关系的利

---

① M. Kavaratzis，"Place Branding：A Review of Trends and Conceptual Mod-
els."*The Marketing Review*，2005，5，4：329～342.

益相关者群体的构成者也会随着品牌发展和再定位而改变。特别地,汉金森提到,从核心品牌到包括基本服务、品牌基础设施、媒体和沟通以及消费者等关系的品牌延伸可以更加形象地被描述为一个波纹状的作用效果,在那里品牌关系通过一个利益相关者网络内累积的互动过程而被逐渐扩张。品牌核心代表一个城市的品牌识别、发展和沟通城市品牌的计划,可以通过三个要素来界定:品牌个性、品牌定位和品牌实体。

汉金森认为城市品牌能否最终成功取决于核心品牌通过与利益相关者之间的关系而获得的有效延伸。在模型中,他把这些关系分成四类:基本服务关系、品牌基础设施、媒体关系以及顾客关系。

基本服务关系涉及品牌体验核心环节的中心服务。没有与这些服务提供者之间的积极关系,核心品牌很难建立。这些服务可能包括零售商和零售商协会、宾馆和宾馆协会、活动和休闲组织以及历史建筑的管理组织。**品牌基础设施**包括三类要素:通路、环卫设施和品牌环境①。通路即包括前往目的地的交通也包括目的地内的交通,如通行服务、停车服务、人行道等;环卫设施包括诸如停车场、厕所、婴儿看护设施和大街清洁;品牌环境指的是构建城市环境,使得各类构成核心品牌的服务得以在其中开展。**媒体关系**涉及营销传播渠道(marketing communication channels,特别是广

---

① B. Asmussen, *The Brandscape Approach-Developing a Balanced Stakeholder-oriented Approach to Corporate Brand Management*, unpublished MA dissertation, London Metropolitan University, UK, 2002.

告、公开宣传和公共关系)和原生传播渠道(organic communica-
tion channels,特别是艺术和教育)。顾客关系涉及包括定居者和
地方组织的雇员以及目标旅游者等之间关系。

　　汉金森的城市品牌模型揭示,成功的城市品牌需要:在品牌化
和品牌基础设施上有充分的投资以使得承诺的品牌体验成为现
实;一个对核心品牌有共同愿景的强有力的利益相关者关系网络;
对目标市场进行选择,要求这些目标市场彼此之间比较一致,同时
与本地社区的特点也比较一致;用一个服务导向的方法来传递品
牌质量。

　　此外,美国普度大学蔡利平(Liping A. Cai)教授在研究城市
旅游目的地品牌化的过程中,还提出了一个目的地品牌化模型(图
2-3)。

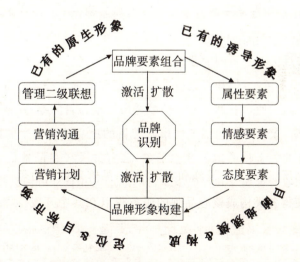

图 2-3 城市旅游目的地品牌化模型

资料来源:L. A. Cai,"Cooperative Branding for Rural Destinations",*Annals of Tourism Research*, 2002, 29, 3:720～742.

蔡教授在其模型中把城市旅游目的地品牌化看作是一个围绕着通过激活扩散(spreading activation)[①]来构建品牌识别的循环作用过程,这种激活扩散来自于品牌要素组合、品牌形象构建、由属性要素、情感要素和态度要素构成的品牌联想以及包括营销计划、营销沟通和二级联想管理等的营销活动之间的动态联系。

其中构成品牌联想的属性要素是指可感知的表现目的地特色的有形和无形特征;情感要素是指个人的价值、附着在品牌上的含义以及与属性有关的被期望的利益;态度要素是指整体的评价、对行为和活动的偏爱。而营销计划包括旅游者体验增进、吸引力发展、渠道选择、合作广告以及价值定价等,这些计划通过激活扩散来增强品牌识别。营销沟通包括选择最佳的媒体组合以及其他方面的选择(如直复广告、促销、事件营销、赞助活动等),这些营销沟通通过激活扩散来支持营销计划并增强品牌识别。当旅游者关于旅游目的地的感知不是来自于目的地营销组织的营销计划和营销沟通,并且也不为目的地营销组织所控制时,就是二级联想。尽管二级联想不可控,但却可以被借鉴、利用和管理来补充试图建立的形象的构建,使之有助于激活扩散并最终增强目的地的品牌识别。

最后,模型中还包括了城市旅游目的地品牌化发生的四个条件:已有的关于目的地的原生形象、已有的关于目的地的诱导形象、目的地的规模及其构成以及目的地定位和目标市场选择。

---

① 激活扩散,英文表达为 Spreading Activation 或 Spread of Activation,这一概念首先出现在 Collins and Loftus(1975)提出的一个语义记忆模型中。这个模型认为,人的记忆网络是根据概念之间的语义距离建构起来的。每一个包含特定概念的语词都是一个结点,结点之间的语义距离用连线的长度来表示,由此构成激活扩散模型。这个模型是说,当人们回忆某个概念时,激活过程会沿着网络扩散,首先扩散到与概念直接联系的较近的结点上,然后逐步向外延伸,随着扩散的延伸,激活状态趋于衰减。

从文献回顾的情况来看,蔡教授这一城市品牌模型的贡献在于弥补了已有的关于城市旅游目的地形象研究与品牌化营销概念之间的缝隙,并且为城市营销组织更新城市形象和创建城市品牌提供了借鉴。

四、城市品牌定位

在城市品牌的理论研究当中,城市品牌定位作为城市品牌核心部分的构成要素之一而受到学者们的较多关注。差异化的城市品牌定位可以为其在吸引投资、贸易、旅游以及城市产品输出等方面赢得优势,并推动城市对外交往的发展[①]。在那些提供相同活动的城市之中,旅游者将会选择那些定位更加"有吸引力和有灵感,能够抓住人们的心灵和头脑的城市"[②]。

诺比利(Nobili)在研究欧洲首府文化节(European Capital of Culture Events)对热那亚和利物浦的城市品牌化和城市品牌定位的影响时,在汉金森研究的基础上总结了一个在进行城市品牌定位时需要考虑的品牌特征模型(图 2-4)[③]。在考虑定位时,诺比利发现汉金森把品牌的定位与其主要竞争者联系起来,认为品牌需要向公众传播这样一些特征(如居民的友好程度等),这些特征可以使得城市在那些具有类似特征(比如都拥有海滩和好天气的城市)的竞争者当中变得独一无二。

---

① J. Quelch & K. Jocz,"Positioning the Nation-state." *Place Branding*, 2005, 1, 3:229~237.

② F. Gilmore,"A Country——Can It Be Repositioned? Spain-the Success Story of Country Branding." *Journal of Brand Management*, 2002, 9, 4/5:281~293.

③ V. Nobili,"The Role of European Capital of Culture Events within Genoa's and Liverpool's Branding and Positioning Efforts." *Place Branding*, 2005, 1, 3:316~328.

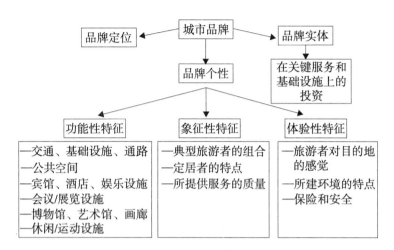

图 2 - 4 Nobili 概括的 Hankinson 品牌特征模型

资料来源：V. Nobili,"The Role of European Capital of Culture Events within Genoa's and Liverpool's Branding and Positioning Efforts." *Place Branding*, 2005, 1, 3:316～328.

吉尔摩(Gilmore)认为城市品牌定位不必一定只能反映城市目前所真正提供的城市产品,也可以用城市品牌定位来指导城市的发展和提升。不过,城市品牌定位需要把城市的价值和精神作为源头,定位必须"有雄心、有灵感、富有挑战并且差异化",同时定位还要易于被不同的顾客所理解[①]。此外,吉尔摩认为好的品牌定位除了要帮助城市赢得竞争优势之外,还应该有足够丰富的内涵,从而可以被用于在各个细分市场上针对多样化的目标群体进行细分定位。为了发展一个有效的城市品牌定位,吉尔摩使用了定位钻石模型来解释城市品牌定位中需要考虑的因素。定位钻石

① F. Gilmore,"A Country——Can It Be Repositioned? Spain-the Success Story of Country Branding." *Journal of Brand Management*, 2002, 9, 4/5:281～293.

的四个角分别代表了四个基本因素:宏观趋势、目标顾客/利益相关者、竞争者、核心能力。

奎尔奇(Quelch)和琼兹(Jocz)在他们的研究中,站在国家层面,提出了五条发展城市品牌定位的对策建议:(1)发展一个清晰的城市品牌定位,这可以给各个利益相关者(旅游者、外部顾客、外部投资者等)发出一个卓越宣言(这个城市如何才能更好)以及卓越宣言可信的理由;(2)管理城市品牌定位推广的过程,特别是要监控目标顾客对城市品牌的认知情况;(3)与私人部门合作;(4)协调各个环节与部门;(5)要把城市高级领导者包括进来①。

除上述学者外,芬兰学者瑞尼斯特(Rainisto)在他的博士论文当中也专门对城市品牌的重新定位进行了创造性的研究②。

五、城市品牌战略管理过程

在进行城市品牌的相关研究中,有一部分学者专门针对城市品牌化(City Branding)的战略管理过程展开研究,因为品牌化为城市营销提供了一个很好的起点③,并且也为管理城市形象提供了一个稳固框架。正如韦尔默朗(Vermeulen)所建议的,一个城市的品牌形象需要被规划、管理和营销,并且在这个意义上,城市

---

①　J. Quelch & K. Jocz,"Positioning the Nation-state." *Place Branding*, 2005, 1, 3:229～237.

②　S. K. Rainisto, *Success Factors of Place Marketing: A Study of Place Marketing Practices in Northern Europe and the United States*, Doctoral Dissertation, Helsinki University of Technology, Institute of Strategy and International Business, 2003.

③　P. Kotler, C. Asplund, I. Rein & D. Heide (eds.), *Marketing Places Europe: Attracting Investments, Industries, Residents and Visitors to European Cities, Communities, Regions and Nations*, London: Pearson Education Ltd., 1999.

品牌化成为城市营销的"正确"方法①。格诺特(Gnoth)把城市品牌化看作是一个管理过程,这一过程带来了基于通过竞争的、独特的和期望的识别所选择的城市特征而构建品牌识别的战略计划②。就文献回顾的情况来看,这方面的研究在城市品牌领域是成果最丰富的,并且学者们大多采用案例研究方法来对城市品牌化过程中的战略和管理进行深入的分析。

有些学者探讨了城市品牌战略管理过程中所面临的挑战,比如有学者研究了拉脱维亚的国家品牌战略过程,分析了其中存在的主要问题③。同时,也总结了影响城市品牌战略实施的因素,包括城市品牌战略过程中私人部门与政府部门的协同合作④,城市领导、资金支持以及关键利益相关者对城市品牌的接受与认可⑤,本地居民对于城市品牌的理解和认同⑥,城市品牌核心价值的识别⑦等。

---

① M. Vermeulen,"The Netherlands, Holiday Country", in T. Hauben, M. Vermeulen & V. Patteeuw, *City Branding : Image Building and Building Images*, Rotterdam: NAI Uitgevers, 2002.

② J. Gnoth,"Leveraging Export Brands through A Tourism Destination Brand." *Journal of Brand Management*, 2002, 9, 4/5:262~280.

③ I. Endzia & L. Luneva,"Development of a National Branding Strategy: the Case of Latvia." *Place Branding*, 2004, 1, 1:94~105.

④ D. R. Pant,"A Place Brand Strategy for the Republic of Armenia: 'Quality of Context' and 'Sustainability' as Competitive Advantage." *Place Branding*, 2005, 1, 3:273~282.

⑤ G. Kerr & S. Johnson,"A Review of A Brand Management Strategy for A Small Town-Lessons Learnt!" *Place Branding*, 2005, 1, 4:373~387.

⑥ F. Gilmore,"A Country-Can It Be Repositioned? Spain-the Success Story of Country Branding." *Journal of Brand Management*, 2002, 9, 4/5: 281 ~ 293; S. Harrison,"Culture, Tourism and Local Community-the Heritage Identity of the Isle of Man." *Journal of Brand Management*, 2002, 9, 4/5:355~371.

⑦ N. J. Morgan, A. Pritchard & R. Pride (Eds.),*Destination Branding : Creating the Unique Destination Proposition*, Oxford: Butterworth-Heinemann, 2002.

　　也有一些学者试图对城市品牌战略管理过程进行模型化的总结和概括。比如,考德威尔(Caldwell)和弗莱雷(Freire)在国家、区域和城市的范畴中应用了德·切尔诺托尼(de Chernatony)的品牌盒模型。两位学者认为品牌化努力程度必须根据被品牌化主体的范围不同而有所不同:"国家在功能上是如此的多样化,因此国家是通过其品牌识别中的代表性部分被感知的;而区域和城市,在范围上要小一些,更多的是从一个功能性的角度来被感知。"这一研究的结果表明,在对一个城市进行品牌化时,它的提供物必须有很清楚的界定,比如对于旅游者,他们往往是首先决定要做什么,然后再决定去哪儿①。帕克森(Parkerson)和桑德斯(Saunders)则检验了一般的产品和服务品牌模型在地区品牌战略过程中的应用,认为应用这些传统模型将使得城市品牌化更有效率②。

　　另外,在城市品牌化战略管理过程的研究中,还会涉及对城市品牌化参与主体的探讨。有学者从人类学的视角出发,通过研究文献和实践来讨论国家品牌化中的参与者或关键角色对象③。瑞安(Ryan)以新西兰地区品牌发展为例,讨论了政府在地区品牌中的角色和作用④。王健(Wang Jian)讨论了亚国家参与者(Sub-

---

　　①　N. Caldwell & J. Freire,"The Differences between Branding A Country, A Region and A City: Applying the Brand Box Model." *Journal of Brand Management*, 2004, 12, 1:50～61.

　　②　B. Parkerson & J. Saunders,"City Branding: Can Goods and Services Branding Models Be Used to Brand Cities?" *Place Branding*, 2005, 1, 3:242～264.

　　③　D. Dzenovska,"Remaking the Nation of Latvia: Anthropological Perspectives on Nation Branding." *Place Branding*, 2005, 1, 2:173～186.

　　④　C. Ryan,"The Politics of Branding Cities and Regions: the Case of New Zealand." in N. J. Morgan, A. Pritchard & R. Pride, *Destination Branding: Creating the Unique Destination Proposition*, Oxford: Butterworth-Heinemann, 2002:66～86.

national Actors)在公共外交与国家品牌化过程中的作用和重要性①。弗莱雷认为一个地区的"其他旅游者",即消费者感知到的度假者的状况对于地区品牌战略构建过程也有很大的作用②。吉尔摩③和哈里森(Harrison)④强调,要使当地居民(以及本地贸易和服务提供者)在城市品牌中识别出他们自己是很重要的,这样他们会自然地在这个品牌下生活和呼吸并成为它的形象代言人。

城市品牌化即是一门经济学科也是一门社会学科,通过研究经济结构和社会结构,可以识别劣势并采取措施来保护和支持城市品牌⑤。古庄森(Gudjonsson)从研究国家品牌的层面,提出了一个国家品牌化的影响因素地图。这些影响因素被分成四类:人口及其文化,政治、结构、政府和政策,经济、产业、公司和品牌,地理。首先,最重要和最特殊的部分是组成国家的人口和他们的文化。公众可以被分为活跃和非活跃的影响者;第二,重要的部分是经济、不同产业及其品牌,可以是直接服务于国内外市场的产品或也可以是间接服务于国内外市场的产品;第三是地理或自然、气候、活动等,表明一个国家作为自然的一部分;第四是政治。所有的这些类别在某种程度上影响并形成了其他国家对于这个国家拥有的感知——创造了一个国家的形象,这可以影响国家里各个品

---

①　J. Wang,"Localising Public Diplomacy: the Role of Sub-national Actors in Nation Branding. " *Place Branding* , 2006, 2, 1:32~42.

②　J. R. Freire,"'Other Tourists': A Critical Factor for A Geo-brand-building Process. " *Place Branding*, 2006, 2, 1:68~83.

③　F. Gilmore,"A Country——Can It Be Repositioned? Spain-the Success Story of Country Branding. " *Journal of Brand Management* , 2002, 9, 4/5:281~293.

④　S. Harrison,"Culture, Tourism and Local Community-the Heritage Identity of the Isle of Man. " *Journal of Brand Management* , 2002, 9, 4/5:355~371.

⑤　H. Gudjonsson,"Nation Branding. " *Place Branding* , 2005, 1,3:283~298.

牌的绩效。古庄森认为运用这一工具，可以在激烈的全球竞争中，识别出国家品牌形象的弱点以及相应的沟通渠道①。

六、城市品牌的沟通策略

目前，国际学者开展城市品牌研究的过程中，还有一个十分重要方面，就是对于城市品牌沟通策略的讨论。格拉博（Grabow）认为城市营销最重要的一个重要功能就是沟通，"一个城市的沟通能力对于城市营销各阶段的成功都是关键因素和必备要求。"②这种城市的沟通能力即是一个目标，也是城市品牌化过程的一个结果。霍尔（Hall）则把城市品牌化的核心目标看作是一个集中一致的沟通战略的产生过程③。

在城市品牌沟通的研究中，重大节事的沟通与传播作用较多地受到学者们的关注。比如布朗（Brown）等人讨论了悉尼奥运会对于澳大利亚地区品牌沟通的作用④。里奇（Ritchie）和史密斯（Smith）在关于重大事件活动效果的研究中指出，从长远来看，活动主办城市将会从增加的知名度和增强的形象中获益，因为那会给它提供一个更强大的竞争地位⑤。另外，随着互联网的普及，如

---

①　H. Gudjonsson，"Nation Branding."*Place Branding*，2005，1,3：283～298.

②　B. Grabow，"Stadtmarketing：Eine Kritische Zwischenbilanz，Deutsches Institut für Urbanistik."*Difu Berichte*，1998，1：2～5.

③　D. Hall，"Destination Branding，Niche Marketing and National Image Projection in Central and Eastern Europe."*Journal of Vacation Marketing*，1999，5：227～237.

④　G. Brown，L. Chalip，L. Jago & T. Mules，"The Sydney Olympics and Brand Australia."in N. J. Morgan，A. Pritchard & R. Pride，*Destination Branding：Creating the Unique Destination Proposition*，Oxford：Butterworth-Heinemann，2002：163～185.

⑤　J. R. B. Ritchie & B. H. Smith，"The Impact of A Mega-event on Host Region Awareness：A longitudinal Study."*Journal of Travel Research*，1991，30，1：3～10.

何利用网络来开展城市品牌的传播与沟通,也越来越多地受到重
视,一些学者就开展了这方面的研究①。除此之外,还有学者专门
针对品牌口号在城市品牌传播中的重要作用而对其加以专门研
究,认为口号和标识的功能是"类似有用的钓钩或手柄来帮助消费
者抓住品牌的内涵,比如这个品牌是什么以及什么东西使之变得
与众不同",他们以挪威国家品牌口号为例,发展了一个识别国家品
牌口号优劣的模型②。不过,虽然在传统的营销理论中,整合营销传
播是营销沟通的一个重要手段,但斯金纳(Skinner)研究了威尔士的
案例后认为真正的城市品牌整合营销传播是不太能够实现的③。

在诸多关于城市品牌沟通的讨论中,卡瓦拉迪斯(Kavaratzis)
的研究相对更加系统。他提出了一个通过选择和适当处理相关的
要素或变量来描述品牌沟通发生方式的框架。他认为构成城市的
每一个东西,城市里发生的每一件事以及城市做的每一件事,都在
传递有关城市品牌的信息。城市品牌有不同类型的沟通,可分为
初级沟通和二级沟通。初级沟通指的是这样一类城市行为的沟通
效果,即沟通本身并不是这类行为的主要目标。这类沟通包括四

①   S. Boyne & D. Hall,"Place Promotion through Food and Tourism: Rural
Branding and the Role of Websites." *Place Branding*, 2004, 1, 1:80~92; A. Palm-
er,"Destination Branding and the Web." in N. J. Morgan, A. Pritchard & R. Pride,
Destination Branding: Creating the Unique Destination Proposition, Oxford: Butter-
worth-Heinemann, 2002:186~197.

②   M. Supphellen & I. Nygaardsvik,"Testing Country Brand Slogans: Concep-
tual Development and Empirical Illustration of A Simple Normative Model." *Journal of
Brand Management*, 2002, 9, 4/5:385~395.

③   H. Skinner,"Wish You Were Here? Some Problems Associated with Integra-
ting Marketing Communications When Promoting Place Brands." *Place Branding*,
2005, 1, 3:299~315.

方面的内容,即景观策略、基础设施工程、组织和治理结构、城市行为。景观策略指的是与城市设计、建筑或城市内的公共空间、公共艺术的混合使用以及遗迹管理等有关的决策领域。基础设施工程指的是那些旨在给一个城市所需的不同类型的基础设施创造、改进或提供一个差异化的特征,不论是保证城市对于不同顾客的可达性还是实现诸如文化中心、会议设施等各类设施的充分性。组织和治理结构指的是城市治理结构的效力,强调社区发展网络和市民在决策制定中的参与,以及公私协同关系的建立。营销组织和品牌化努力本身都属于这一类。最后,城市行为指的是诸如城市领导者关于城市的愿景、所采取的发展战略等。这方面两个重要基础是城市提供服务的效力和城市所组织事件活动(如节庆和其他文化、运动或休闲活动)的种类。二级沟通是指正式的有目的性的沟通,一般是通过众所周知的营销实践,如各种形式的广告、公关、展板设计、标识使用等来实施①。

七、城市品牌形象

在营销的概念当中,品牌形象是人们对于该品牌的认知,包括人们的想法、感觉、期望,它犹如一面镜子,反映了品牌的特征②。城市品牌经过长期、综合的沟通之后会在公众头脑中形成对城市品牌的认知和联想,即城市品牌形象。从文献回顾的情况来看,不

---

① M. Kavaratzis,"From City Marketing to City Branding: Towards a Theoretical Framework for Developing City Brands." *Journal of Place Branding*, 2004, 1, 1: 58~73.

② P. D, Bennett. *Dictionary of Marketing Terms* (2nd Ed), Chicago, Illinois, American Marketing Association, 1995.

少学者对城市品牌形象或城市形象开展了研究①。

凯勒(Keller)认为城市品牌形象是与品牌相关的消费者在脑海中对城市品牌的印象,并且城市品牌形象把城市和公共品质、利益、关系、程序、该城市提供的不同商品和服务的价值有机地结合成一体②。布劳内(Braune)认为,每个城市品牌形象的组成部分会与特定的城市顾客之间拥有理性和(或)感性的联系,并且与所有其他部分(城市品牌要素)相结合,从而为城市顾客提供完整的品牌体验③。虽然城市品牌沟通和传播会使城市顾客形成城市品牌形象,但是如果品牌的核心价值和实质是模糊不清的,即使是良好的营销沟通,也不可能创造有意义的品牌形象④。

国外学术界关于城市品牌形象的讨论涉及三个方面,即品牌形象测试、品牌形象管理策略和城市品牌形象设计。阿什沃思

---

① 就笔者所掌握的文献来看,城市形象和城市品牌形象两个概念没有本质的区别,很多文献在论述时也对两个表达不加严格区分,并且也并不因此而影响论证的逻辑。此外,城市形象与城市品牌这两个概念联系紧密,研究文献中也往往多有交叉与重叠。因此,笔者在开展"城市品牌形象"研究内容的回顾时也不刻意区分城市形象和城市品牌形象两类文献。

② K. L. Keller, *Strategic Brand Management : Building, Measuring & Managing Brand Equity*, New Jersey: Prentice Hall, 1998; K. L. Keller,"Designing and Implementing Brand Strategies." *Journal of Brand Management*, 1999, 6, 5:315~332.

③ J. Braune,"Consumer Empowerment Creates a Shift in the Marketing Model." *Journal of Brand Management*, 2000, 7, 6:395~404.

④ T. Duncan & S. Moriarty, *Driving Brand Value*, New York: McGraw-Hill Companies, 1997; D. Bernstein,*Corporate Image and Reality*, Eastbourne: Rinehart and Winston Ltd. ,1984; G. Dematteis,"Urban Identity, City Image and Urban Marketing. " in G. Braun, *Managing and Marketing of Urban Development and Urban Life*, Berlin: Dietrich Reimer Verlag, 1994; K. Lynch, *The Image of the City*, Cambridge: MIT Press, 1960.

（Ashworth）和伏德（Voogd）区分了城市的营商形象（entrepre-neurial images）、人居形象（residential images）和旅游形象（tour-ist images）及不同侧面形象的测量①。还有一些学者针对不同的城市品牌形象提出了相应策略思考：太过具有吸引力的形象有时反而会带来城市发展的负面效应（比如有的地区在旅游旺季会变得十分拥挤），应加以平衡，从而使城市可持续发展；积极正面的形象要加以保持和强化；不具吸引力的形象要通过城市建设和营销沟通加以改观；矛盾的形象要采取有针对性的策略加以改变；负面消极的形象则要通过精心策划和长期努力来加以扭转②。至于城市品牌形象的设计方面，菲利浦·科特勒等人（2002）提出了必须要遵循的五项原则：现实性、可信度、诉求简单、有说服力和有特色③。

八、城市品牌的评价与测量

德鲁克（Drucker）指出："如果你不能评价，你就无法管理"④。如何全面而准确地评价城市品牌，是一个关系到城市品牌理论能

---

①　G. Ashworth & H. Voogd, *Selling the City*, London: Belhaven, 1990.

②　P. Kotler, D. Haider & I. Rein, *Marketing Places*, *Attracting Investment*, *Industry and Tourism to Cities*, *States*, *and Nations*. New York: Maxwell Macmillan Int. ,1993; S. K. Rainisto, *Success Factors of Place Marketing*: *A Study of Place Marketing Practices in Northern Europe and the United States*, Doctoral Dissertation, Helsinki University of Technology, Institute of Strategy and International Business, 2003; S. V. Ward, *Selling Places*. *The Marketing and Promotion of Towns and Cities*, *1850 - 2000*, New York: Routledge, 1998.

③　菲利浦·科特勒等著，罗汉、汪金玲译：《科特勒看中国和亚洲》，海南出版社2002年版。

④　P. F. Drucker, *Management*: *Tasks*, *Responsibilities*, *Practices*, New York: Harper and Row, 1974.

否成功扩散到实际应用层面的重要研究课题。目前，有关地区品牌（包括城市品牌、区域品牌、国家品牌等）的评价指标和测量方法正在日益引起关注，一些学者和机构开始对此进行探索和尝试。其中，较有影响的品牌评价模型是西蒙·安霍尔特（Simon Anholt）联合全球在线市场调查公司（GMI）在 2005 年 12 月发布的城市品牌指数（CBI，City Brand Index）和未来品牌（Future Brand）公司的国家品牌指数（CBI，Country Brand Index）。

安霍尔特－GMI（Anholt-GMI）城市品牌指数（CBI）的开发依据的是他提出的"城市品牌六边形"（图 2 - 5）：

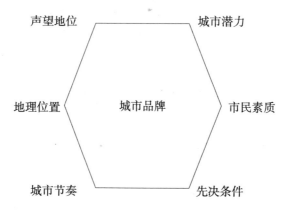

图 2 - 5　安霍尔特提出"城市品牌六边形"

资料来源：S. Anholt，"The Anholt-GMI City Brands Index How the World Sees the World's Cities." *Place Branding*，2006，2，1:18～31.

因此，安霍尔特－GMI 城市品牌指数包括城市声望地位（Presence）、地理位置（Place）、城市潜力（Potential）、城市节奏（Pulse）、市民素质（People）及先决条件（Prerequisites）等六项一级指标，每一指标之下又细分为若干二级指标（表 2 - 1）：

表 2 - 1　Anholt-GMI 城市品牌指数(CBI)测量量表[①]

一级指标	二级指标
1.城市声望地位： 城市的国际地位	1.1 你对这个城市有多熟悉？ 1.2 你是否到过这个城市？ 1.3 这个城市以什么而闻名？ 1.4 在过去 30 年里,这个城市是否对世界文化发展做出过重要贡献？ 1.5 在过去 30 年里,这个城市是否对世界科学发展做出过重要贡献？ 1.6 在过去 30 年里,这个城市是否对世界城市管理方式做出过重要贡献？
2.城市地理位置： 城市地理方位方面的优势	2.1 你认为在这城市里进行户外运动和在城市郊外旅游有多愉快/不愉快？ 2.2 这个城市有多美丽？ 2.3 这个城市的气候如何？
3.城市潜力： 城市的经济和教育机会	3.1 在这个城市里找工作的难易程度如何？ 3.2 如果做生意的话,那么你认为在这个城市里做生意有多有利？ 3.3 这个城市是否有利于你或你的家庭成员获得一个更高的教育资格？
4.城市节奏： 动态城市生活方式的吸引力	4.1 你认为这个城市激动人心的程度如何？ 4.2 对于一个短期游客来说,在这个城市里找到有趣之事的程度如何？ 4.3 对于一个长期居住者来说,在这个城市里找到有趣之事的程度如何？

---

①　事实上,本研究并没有能够找到 Anholt-GMI 城市品牌指数确切的测量量表,本量表是根据 Anholt 发表在其本人主编的杂志 *Place Branding*（该杂志现更名为 *Place Branding and Public Diplomacy*）2006 年第一期上的文章"The Anholt-GMI City Brands Index How the World Sees the World's Cities"中表述的内容整理而成。

续　表

5.市民素质： 城市居民人口的状况	5.1 当地居民对待外来者是否热情友好？或者冷淡而带有偏见？
	5.2 在这个城市里，是否容易找到并加入一个可以分享你的语言和文化的社区或团体？
	5.3 在这个城市里，你的安全感有多大？
6.城市先决条件： 对城市基本品质的感知	6.1 你觉得在这个城市里生活如何？
	6.2 找到一个安全的能够承担得起的住处的难易程度如何？
	6.3 你认为这个城市里公共产品的一般标准如何？ 如学校、医院、公共交通、运动场馆等。

资料来源：据 S. Anholt, "The Anholt-GMI City Brands Index How the World Sees the World's Cities." *Place Branding*, 2006, 2, 1: 18~31 一文的内容整理而成。

近年来，安霍尔特联合全球在线市场调查公司（GMI）在世界范围内开展了有关城市品牌的大样本调查，连续发布国际城市的品牌指数排名，并逐步扩展入选城市范围，受到各国地方政府和相关机构的重视[①]。除此之外，在 2005 年他还发展出了国家品牌指数（Nation Brand Index, NBI），包括出口、文化传统、旅游、政府管理、投资与移民以及人民等六项指标。此外，还针对美国各州的品牌，开发出州品牌指数（State Brand Index, SBI），内容相似。

---

① Anholt-GMI 城市品牌指数是一个面向全球城市的年度排名，其调研结果源自对 18 个国家 17502 位 18 至 64 岁的男女参访者的网上调研。参与评选的 30 个城市中包括阿姆斯特丹、巴塞罗那、北京、柏林、布鲁塞尔、开罗、爱丁堡、日内瓦、香港、约翰内斯堡、拉各斯、伦敦、洛杉矶、马德里、墨西哥城、米兰、莫斯科、孟买、纽约、巴黎、布拉格、里约热内卢、罗马、旧金山、新加坡、斯德哥尔摩、悉尼、东京、多伦多和华盛顿。

未来品牌（Future Brand）公司也开发了一套国家品牌指数（County Brand Index，CBI）的三级评价体系，具有一定的参考价值。其指标主要包括纯正真诚、历史、艺术和文化、度假胜地/酒店、家庭、休闲/放松、海滩、自然美景、奇异景观、户外活动/体育运动、安全、商务、商务旅行、会议、夜生活/餐饮、购物、物有所值以及新近发展速度等，虽然这套评价体系旨在把握国家总体品牌，却明显地偏重于旅游观光评价①。未来品牌公司从 2005 年起联合合作伙伴及全球旅游部门发起国家品牌的调查和排名，也具有一定的影响力。

第二节　中国城市品牌研究进展

中国学术界关于城市品牌理论的研究开始得相对较晚。近年来，随着国际学者相关研究成果的不断介绍和引入，以及中国城市在城市品牌化所进行的各类积极而活跃的尝试与摸索，中国学者对城市品牌方面理论的研究兴趣日益浓厚②。越来越多的从事市场营销、品牌管理、旅游管理、城市规划、城市管理等方面的学者开始参与到这方面的研究中来，并不断提出各自的见解和思考。综合目前国内学术界的研究现状，有关城市品牌理论的研究主要涉及城市品牌的概念辨析和现实意义、城市品牌"化"的管理

---

① 资料来源:未来品牌公司网站，http://ww.futurebrand.com，2007-1-29。
② 江振娜:《中国区域（城市）品牌研究综述》，《福建行政学院福建经济管理干部学院学报》2005 年第 4 期，第 38～42 页；张燚、张锐:《城市品牌论》，《管理学报》2006 年第 3 卷第 4 期，第 468～476 页；钱明辉:《国外地区品牌理论研究综述》，《财贸经济》2007 年第 6 期，第 121～126 页；张锐、张燚:《城市品牌理论研究综述》，《商业研究》2007 年第 11 期，第 79～83 页。

策略、城市品牌形象的塑造与维护、城市品牌化效果的测量与评价等几个方面。

一、城市品牌的概念辨析和现实意义

在中国学术界,城市品牌同样是一个新兴的课题,因此有不少研究是基于城市品牌或城市品牌化概念的引进、介绍、探讨而展开的,包括对城市品牌要素的剖析、城市品牌类型的概括、城市品牌化的现实作用和意义等。

从文献回顾的情况来看,不少中国学者都在各自的研究中提出了对于城市品牌概念的理解,其中大多数学者是从品牌的功能性角度来阐释城市品牌的①。与此同时,有的学者还在研究中进一步将城市品牌的特征与企业品牌进行比较,从而对城市品牌加以深入辨析②。

伴随着对城市品牌概念理解的深入,一些研究尝试去解构城

---

① 这当中有一些研究是基于经济学的视角来探讨城市品牌内涵界定的问题,从而对城市品牌的概念有着不同的概括,如马瑞华将城市品牌定义为:城市品牌是能够与目标顾客达成长期利益均衡,并降低其目标顾客的选择成本的排他性品类符号,简单地说,城市品牌就是外部投资者和消费者选择该城市的排他性理由;有的学者则从系统论的角度来理解城市品牌,比如姜智彬认为城市品牌是城市地理名称在城市品牌战略规划下的品牌识别系统、内部体验系统和外部营销系统等方面所传递信息的总和,以及由此所产生的品牌利益相关者的感觉、认知与联想;还有一些学者的研究则将城市品牌的内涵进行了适度的拓展,从而赋予更多的解释,如李江虹和王方华认为城市品牌就是人们对城市整体化的精神与风貌的一种感知,是城市本质的某种表现,是对城市的一种识别,是城市特有优势的一种体现,是城市全方位、全局性的形象,包括城市的整体风格与面貌、城市居民的整体价值观、精神面貌、文化水平等。

② 孙丽辉、史晓飞:《中国城市品牌产生背景及理论溯源》,《中国行政管理》2005年第8期,第52~54页;李光明:《企业品牌与城市品牌的异同及互动》,《城市问题》2007年第11期,第76~79页。

市品牌的构成要素。李成勋认为,城市品牌是从诸多形成要素中综合、概括、抽象、比较、筛选出来的,形成城市品牌的要素有:历史角色、文化底蕴、人文风情、地理特征、产业优势、经济实力和发展前景①。黄江松认为构成城市品牌的要素包括:政治要素、经济要素、先天要素和文化要素等四个方面②。

另外,还有一些学者依据各自的研究视角将城市品牌进行了分类,探讨了城市品牌的类型。比如陈建新和姜海曾依据城市独特的资源优势和竞争优势对城市品牌进行了分类尝试,将城市品牌分为政治型、历史型、经济型、自然地理型、文化型和特殊活动型六类③。尹启华和魏海涛根据不同类型和性质的城市在国际、国内所发挥的政治、经济或文化的作用,以及城市自身的个性特点将城市品牌划分为政治型、经济型、交通型、文化型和旅游型五大类型④。而李朝明则在此基础上进行了拓展,增加了历史型和特殊活动型分成七大类⑤。杜青龙根据城市的品牌资源种类与品牌消费者的类型,将城市品牌分为人居型、旅游型、资本聚积型和产品(服务)市场型城市品牌四类⑥。孟丹和姜海根据城市品牌的属性矩阵(矩阵的两个坐标分别是功能性和精神性)将城市品牌划分为

---

①　李成勋:《关于城市品牌的初步研究》,《广东社会科学》2003 年第 4 期,第 71～76 页。

②　黄江松:《塑造中国城市品牌的思考》,《湖北社会科学》2004 年第 9 期,第 61～63 页。

③　陈建新、姜海:《试论城市品牌》,《宁波大学学报(人文科学版)》2004 年第 2 期,第 77～81 页。

④　尹启华、魏海涛:《城市品牌研究》,《湖南工程学院学报(社会科学版)》2003 年第 4 期,第 5～8 页。

⑤　李朝明:《城市品牌建设思路探讨》,《商业时代》2006 年第 9 期,第 44～45 页。

⑥　杜青龙:《中国城市品牌理论与实证分析》,西南交通大学硕士学位论文,2004 年。

四类：平衡型（高精神性—高功能性）、功能型（低精神性—高功能性）、精神型（高精神性—低功能性）和小城镇（低精神性—低功能性）①。

在研究城市品牌内涵和类型的过程中，不少文献还对城市品牌的现实作用和价值进行了专门探讨。李成勋认为城市品牌对于城市的发展是一种积极的力量，这种"力"实质上是一种文化力，表现为凝聚力、吸引力和辐射力②。余明阳和姜炜认为城市品牌的价值表现在增强城市魅力、增强城市居民凝聚力、推动城市精神文明建设、吸引人才、吸引外资、带动旅游业发展以及增强公众对政府的信任感等七个方面③。杜青龙认为，城市品牌价值是可以量化的，并且不是一成不变的，它随着社会经济的发展变化而不断地增值或减值④。黄蔚认为城市品牌代表着城市的身份地位，是城市身份地位的象征；城市品牌是城市的灵魂，是城市无形资产的积累；城市品牌给城市带来巨大的向心力、凝聚力、辐射力；城市品牌给城市创造巨大的经济价值⑤。

二、城市品牌化的管理策略

在针对城市品牌的相关概念和价值判断展开研究的同时，

---

① 孟丹、姜海：《城市品牌开发研究》，《科技进步与对策》2005 年第 3 期，第 21～24 页。

② 李成勋：《关于城市品牌的初步研究》，《广东社会科学》2003 年第 4 期，第 71～76 页。

③ 余明阳、姜炜：《城市品牌的价值》，《公关世界》2005 年第 3 期，第 26～27 页。

④ 杜青龙：《中国城市品牌理论与实证分析》，西南交通大学硕士学位论文，2004 年。

⑤ 黄蔚：《论城市品牌》，《城市发展研究》2005 年第 3 期，第 76～80 页。

一些中国学者针对城市品牌化的管理策略进行了思考。从本研究掌握的文献来看，学者们围绕城市品牌识别、城市品牌定位、城市品牌沟通、城市品牌化实践对策等方面进行了一些探讨。

(一)城市品牌识别系统

在将城市品牌化的过程中，品牌特性的确立是品牌化成败的关键[①]。从已有的文献来看，中国学者关于城市品牌识别的直接研究并不多，更多的学者是从经济学的研究视角出发，通过研究城市品牌的构成要素而间接讨论了城市品牌识别要素的问题。在已有的研究当中，姜智彬和刘彦平相对比较明确地提出了城市品牌识别系统。姜智彬认为城市品牌识别系统包括城市理念构成、城市制度构成和城市物质构成三个层次，并且这三个层次是有机联系的。其中，城市物质构成是基础，城市制度构成是中介，城市理念构成是主导[②]。

刘彦平则依据戴维·阿克的品牌识别系统模型[③]，发展出了城市品牌识别系统，认为城市品牌识别可以分为三个层次、四大类，三个层次即品牌精髓、核心识别和扩展识别；四大类包括：消费产品意义上的城市品牌、空间存在意义上的城市品牌、文化存在意义上的城市品牌和符号象征意义上的城市品牌(图 2 - 6)。

---

①　胡浩、徐薇：《论地区营销中的品牌化战略》，《青岛科技大学学报(社会科学版)》2004 年第 1 期，第 13～16 页。

②　姜智彬：《城市品牌的系统结构及其构成要素》，《山西财经大学学报》2007 年第 8 期，第 52～56 页。

③　戴维·阿克著，奚卫华、董春海译：《管理品牌资产》，机械工业出版社 2006 年版。

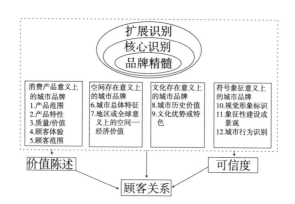

图 2-6　刘彦平(2005)提出的城市品牌识别系统

资料来源:刘彦平:《城市营销战略》,中国人民大学出版社 2005 年版,第 147 页。

(二)城市品牌定位

相对而言,中国学者对于城市品牌定位的问题关注较多,很多时候都将其作为城市品牌化战略实施的第一步。在城市品牌定位的研究中,有的学者提出了定位需遵循的若干原则,比如李成勋认为城市品牌定位需要遵循真实性原则、专属性原则、导向性原则、美誉性原则、认同性原则等五项原则[①]。刘向晖结合城市品牌定位中的实际问题,提出城市品牌定位需要满足的六项原则:鲜明性、认同性、竞争性、稳定性、导向性和可行性原则[②]。黄琴和孙湘明也从自己的研究视角概括了城市品牌定位的五项原则:差异性、可行性、发展弹性、协调性和可持续原则,并进一步指出,可以从区

①　李成勋:《关于城市品牌的初步研究》,《广东社会科学》2003 年第 4 期,第 71~76 页。

②　刘向晖:《破解城市品牌定位的治理难题》,《中国城市经济》2006 年第 1 期,第 39~41 页。

位特征、特色资源、竞争优势、支柱产业、历史文脉等六个方面选择城市品牌定位的视角[1]。

在上述研究的基础上,另一部分国内学者还对城市品牌定位的指导方法展开了研究。刘彦平详细介绍了爱丁堡城市品牌定位的金字塔结构模型,包括品牌精髓、品牌个性、核心价值、表现风格等四个层次,给国内的城市品牌定位实践提供了借鉴[2]。于宁从系统论的角度提出了城市品牌定位系统,指出城市品牌定位系统是城市营销者将与品牌有关的消费者信息、竞争者信息以及产品自身信息通过一定的方式进行整合、提炼、传播以形成个性鲜明、独具特色的品牌特征和丰厚品牌价值的有机整体[3]。整个系统包括输入因素、转换因素和输出因素三大部分(图2-7)。

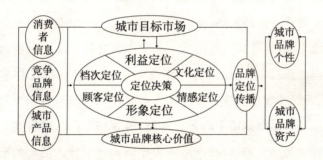

图2-7 于宁提出的城市品牌定位系统

资料来源:于宁:《城市品牌定位研究》,《市场营销导刊》2007年第Z1期,第49～53页。

---

① 黄琴、孙湘明:《城市品牌定位的视角探析》,《湖南文理学院学报》(社会科学版)2007年第1期,第78～80页。

② 刘彦平:《精准定位 奠定城市品牌化坚实基础——爱丁堡城市品牌定位经验剖析》,《中国城市经济》2007年第6期,第62～64页。

③ 于宁:《城市品牌定位研究》,《市场营销导刊》2007年第Z1期,第49～53页。

　　杜青龙和袁光才则采用主成分分析法,以成都市为例对城市品牌定位进行了实证研究,认为可以根据城市资源的品牌属性强度或者基于目标受众的偏好选取合适的品牌因子,以此为基础进行综合分析来确定城市品牌定位①。此外,还有一些学者针对部分国内城市品牌定位的实际案例进行了分析和解剖,并提出了针对性的改善策略②。

(三)城市品牌沟通

　　在品牌定位和决策的基础上,要进行针对性的品牌传播与沟通。关于城市品牌的传播与沟通,涉及广告、公共关系、直销等多种推广手段,其中也包括主题口号、体育赛事、大型活动、品牌形象大使等常用的沟通工具③。为此,樊传果就探讨了城市品牌形象的整合传播策略,指出塑造、提升城市品牌形象是一个长期的系统工程,不可能一蹴而就。必须在抓好城市品牌形象内部规划建设的同时,整合运用各种传播手段,才能使传播工作富有成效,从而促进城市品牌形象的塑造和提升④。同时,基于大型节事活动在城市品牌传播中的重要作用,姜智彬专门从城市的角度来审视特大活动管理,以城市品牌为导向构建了特大活动的新型管

　　① 　杜青龙、袁光才:《城市品牌定位理论与实证分析》,《西南交通大学学报》(社会科学版)2004 年第 5 卷第 6 期,第 105~108 页。
　　② 　蒋神州:《南宁城市品牌定位的思考》,《商场现代化》2007 年第 2 期,第 120~121 页;李俊霖:《武汉城市品牌定位探讨》,《太原城市职业技术学院学报》2007 年第 1 期,第 8~9 页;支军:《城市品牌定位的比较研究——以青岛、烟台、威海为例》,《江苏商论》2007 年第 2 期,第 130~132 页。
　　③ 　刘彦平:《城市营销战略》,中国人民大学出版社 2005 年版。
　　④ 　樊传果:《城市品牌形象的整合传播策略》,《当代传播》2006 年第 5 期,第 58~60 页。

理框架①。

刘彦平则结合城市品牌传播方面的实践经验,概括出了城市品牌传播的"七要诀":有理有利,现实可行;市场导向,目标营销;组合策略,整合沟通;市民本位,共建共享;善用节事,增添活力;"五缘"并举,拓展渠道;长程规划,逐步推进②。

另外,还有一些学者针对中国城市的品牌传播实践展开了针对性的策略研究。比如,孙琳琳和霍泓总结了中国城市在品牌形象传播中存在的五个误区,以期为城市品牌化实践提供借鉴③。杨玉新分析了中国大连市城市品牌传播的案例,总结了大连市在这方面的成功经验④。陈莹研究了长春市城市品牌传播的案例,分析了长春市独特的城市资源与形象定位,并针对性地提出了长春市城市品牌传播的策略⑤。

(四)城市品牌化管理对策

除了上述学者所开展的针对城市品牌化主要环节的研究之外,还有一些国内学者专门研究了国内一些城市的品牌化案例,在分析各个城市品牌化现状的基础上,总结了各城市品牌化的经验,并进一步提出了具有针对性的管理策略建议。这些研究涉及的城

---

① 姜智彬:《以城市品牌为导向的特大活动管理研究》,同济大学博士学位论文,2007年。

② 刘彦平:《城市品牌建设之三:品牌传播》,《国际公关》2006年第5期,第7576页。

③ 孙琳琳、霍泓:《论城市品牌形象传播中的几个误区》,《理论界》2005年第3期,第111～112页。

④ 杨玉新:《关于中国城市品牌建设的思考——以大连城市品牌传播实践为例》,《商业经济》2007年第11期,第89、122页。

⑤ 陈莹:《长春市城市品牌塑造中的传播策略研究》,《东北师范大学硕士学位论文》,2007年。

市包括：昆明①、拉萨②、南宁③、太原④、齐齐哈尔⑤、招远⑥、武汉⑦、青岛⑧、包头⑨、北京⑩等。

　　上述学者的研究成果除了对各个城市的品牌化过程提供借鉴之外，也推动国内学术界关于城市品牌研究理论与经验的积累。还有一些学者针对中国城市品牌整体现状，分析其中出现的问题并提出相应的管理对策。比如，吕振奎分析了国内一些城市在城市品牌塑造与提升过程中存在的六个方面的问题⑪。郭国庆、钱明辉和吕江辉则强调了地方政府在城市品牌建设中的主导作用，提出了政府主导城市品牌建设体系构建的策略⑫。刘湖北认为建

---

　　① 张莹、沈文涓：《昆明城市品牌塑造的思考》，《市场周刊》（理论研究）2007 年第 11 期，第 34～36 页。

　　② 杜青龙、袁中华、潘明清：《拉萨市城市品牌化战略浅析》，《经济问题探索》2006 年第 6 期，第 39～43 页。

　　③ 王芳：《桥头堡＋中国绿城＋民歌艺术节＋陆桥经济 南宁：一个打造城市品牌的成功范例》，《企业天地》2003 年第 2 期，第 35～37 页；李银春：《广西首府南宁城市品牌的建设策略与实施》，《广西城镇建设》2005 年第 7 期，第 10～12 页。

　　④ 孙晓芳：《太原市城市品牌战略研究》，《中共山西省委党校学报》2006 年第 1 期，第 84～86 页。

　　⑤ 王铁静：《人文、自然与现代化的融合统一———北国江城齐齐哈尔创建城市品牌之路》，《人民论坛》2005 年第 3 期，第 79 页。

　　⑥ 张海波：《招远市实施"中国金都"城市品牌战略研究》，对外经济贸易大学硕士学位论文，2004 年。

　　⑦ 王纯：《武汉城市品牌研究》，武汉大学硕士学位论文，2005 年。

　　⑧ 吴春晖、蔡晓虹：《"帆船之都"———青岛城市品牌研究》，《设计艺术（山东工艺美术学院学报）》2007 年第 1 期，第 70～73 页。

　　⑨ 王晖：《城市品牌战略的规划方法刍议———以内蒙古自治区包头市为例》，《经济与管理研究》2006 年第 3 期，第 45～48 页。

　　⑩ 韩冰雨：《后奥运北京城市品牌经营》，对外经济贸易大学硕士学位论文，2007 年。

　　⑪ 吕振奎：《当前城市品牌塑造与提升的六个突出问题》，《黑龙江社会科学》2004 年第 5 期，第 42～45 页。

　　⑫ 郭国庆、钱明辉、吕江辉：《打造城市品牌 提升城市形象》，《人民日报》2007 年 9 月 3 日，理论版。

立城市品牌是一项社会化的系统工程,必须采取科学的方法和系统化的运作。为此,他针对中国城市品牌塑造中的误区,梳理了城市品牌化的过程,总结城市品牌塑造的六大步骤:整合资源,科学策划;挖掘个性,准确定位;确定目标与内容,制定发展战略规划;选择途径,进行城市品牌体验建设;扩大认知,有效传播城市品牌;全面保障、维护、监督与管理城市品牌①。刘彦平认为成功的城市品牌化,必须要有坚实的组织和制度支撑。他结合中国的实际情况,总结出了城市品牌管理的七个要点:制度保障,分层管理;严格规范,保护监督;任务一致,目标细化;投资保育,杠杆发力;居安思危,危机管理;公私合作,集智协力;监测评估,持续改进②。

三、城市品牌形象的塑造与维护

在这方面的研究当中,有的中国学者借鉴企业形象理论,深入探讨了城市形象的概念、设计和评价等问题。比如,杜青龙提出了城市品牌形象塑造原则:民族化、本土化;特色化;可行性,要对投入成本、预期进行评估③。赵定涛论述了地区形象设计的理性原则、系统原则、特色原则和发展原则,研究了地区形象设计的方法如模仿法、比较法、理想法等,并且探讨了设计的一般程序④。

---

①　刘湖北:《中国城市品牌塑造的误区及对策》,《南昌大学学报》(人文社会科学版)2005年第5期,第59~63页。

②　刘彦平:《城市品牌建设之二:品牌管理》,《国际公关》2006年第4期,第68~69页。

③　杜青龙:《中国城市品牌理论与实证分析》,西南交通大学硕士学位论文,2004年。

④　赵定涛:《区域形象设计的原则与方法》,《科学学与科学技术管理》2000年第6期,第45~47页。

　　另外,还有一些学者开始在品牌、文化资产、可持续发展等层面来深入探讨城市形象的内涵与意义。比如,马志强等人指出区域形象是一个区域对内对外的整体形象,它包括区域的政治、历史、文化、环境等要素。经济发展与区域形象互为驱动。良好的区域形象是区域经济发展的基础,可以促进一个地区的经济发展,而经济发展反过来又可以进一步促进区域形象的提高,从而形成良性循环①。张夫妮认为城市形象是人们对城市的一种感知,是城市本性的某种表现,并区别于其他城市。城市主导形象来源于城市的强势文化。城市文化的特质、类型和模式作为特有的文化符号而存留在人们的心中时,便构成了这个城市的形象。城市形象的设计、规划与选择以城市的资源特征(特别是文化的差异性)和产业发展的要求和理念为主要依据,它是进行城市品牌设计的前提②。张卫宁以城市形象塑造的历史发展为基础,指出近 20 年来经济全球化与经济结构转型对城市发展的巨大影响,进一步从四个方面阐释了城市形象营销的核心理念和操作模式——城市形象定位、城市形象设计、城市形象传播及城市形象评价③。

四、城市品牌化效果的测量与评价

　　在研究城市品牌化管理策略的同时,国内学者也关注了城市品牌化效果的测量与评价方面的课题。倪鹏飞等人发展出了城市

---

　　①　马志强:《论区域可持续发展中的区域形象问题》,《商业经济与管理》1999 年第 6 期,第 20～22 页。

　　②　张夫妮:《论城市旅游品牌的塑造与管理》,山东师范大学硕士学位论文,2004年。

　　③　张卫宁:《现代城市形象的塑造与营销学理念》,《中南财经政法大学学报》2004年第 3 期,第 103～108 页。

总体品牌指数、城市旅游品牌指数、城市宜居品牌指数、城市营商品牌指数和城市原产地品牌指数等一系列指数来对国内 52 个城市的品牌化效果进行测评和比较[①]。

　　方丽提出了"城市品牌要素指标体系"来评价城市品牌。该指标体系主要包括四个方面的一级指标——环境要素、经济要素、人居要素和政府要素,每一指标之下又细分为若干个二级指标[②]。此外,国家统计局国家经济景气监测中心于 2005 年 11 月发布了《中国城市品牌经济状况报告》,在报告中提出了"中国城市品牌经济评估指标体系"。不过,这些研究更多的是从经济学的视角来解读城市品牌,很多方面类似"城市竞争力"的评价。

　　另外,张燚等从城市利益相关者感知的视角,通过问卷法对重庆市的城市品牌形象展开了调查和评价。他们针对重庆市民、来过重庆的外部参观者、没有来过重庆的外部参观者三个群体,分别设计了三套问卷进行调查分析,了解他们对城市的满意度、愉悦性和舒适度评价,考察重庆对外部参观者的吸引力,重庆城市环境和内部品牌的知晓度和外部观者的感知结果,进而分析重庆城市品牌形象,为城市品牌塑造规划和方法的制定提供参考[③]。

　　张挺则借鉴企业品牌价值测量方法开发了测量区域品牌价值的一般模型。他认为在特定的评估时点,区域品牌的价值就等于本地受益产业组成的资产组合的预期未来超额现金流量的折现之和[④]。

　　① 倪鹏飞主编:《中国城市竞争力报告 No.5　品牌:城市最美的风景》,社会科学文献出版社 2007 版。
　　② 方丽:《城市品牌要素指标体系》,《技术与市场》2005 年第 5 期,第 54~56 页。
　　③ 张燚、陈颖、张锐:《重庆城市品牌形象调查与分析——基于利益相关者感知的观点》,《重庆交通大学学报》(社会科学版)2007 年第 2 期,第 56~62 页。
　　④ 张挺:《区域品牌的价值评估》,复旦大学博士学位论文,2007 年。

第三节　城市品牌研究评述

综上所述,目前学术界在城市品牌领域的研究还不深入,城市品牌理论研究还没有形成系统的框架,更多的是借鉴传统营销理论中品牌研究的相关成果来开展城市品牌方面的探索性研究。从研究的方法来看,绝大多数学者采用的是文献研究与案例研究相结合的方法,通过对现实操作和经验的总结和分析来发展理论的概念框架。其中,又以对单个城市品牌案例的解剖与分析居多;当然,也有部分学者开展了多个城市品牌案例的比较研究。而采用定量研究方法,对理论假设提供数据验证的研究,在当前城市品牌研究领域还不多见,除了个别学者所开展的研究。虽然案例研究方法目前已发展得相对比较成熟,并且就城市品牌这一研究对象的特点来看,也比较容易开展案例研究。但对于建立严谨的理论框架体系而言,仅仅采用案例研究还是不够的。今后在城市品牌的理论研究当中,还需要更多的学者采用论证过程相对比较规范的定量研究方法来对理论命题进行更加严谨细致求证。因此,本书的研究在方法的选择上,除了应用城市品牌领域广为学者们所接受的案例研究法之外,还将采用数量分析方法来对城市品牌的成功要素进行分析和论证。

从研究的主要内容来看,目前在城市品牌领域的讨论主要集中在对城市品牌内涵的理解和界定、对城市品牌作用和意义的探讨、对城市品牌战略管理过程的描述和分解等方面。并且这其中的很多研究还是属于探索性、尝试性或描述性的,比如目前国外学术界对于城市品牌本身还没有统一的术语表达；还有一些学者对城市品牌持怀疑态度，认为讨论城市品牌意义不大①。当然，这种学术上的意见不一致也是一个新兴学术领域位于初期研究阶段所普遍具有的特点。另外，城市品牌研究领域已有的一些研究成果很多还是来自于研究者对于实践经验的直观提炼，内容彼此离散，创新的取得也只是出现在个别的论点与命题之中，并没有形成系统的城市品牌理论框架。比如，在关于城市品牌管理策略的研究中，有的学者强调城市品牌定位，有的学者重视城市品牌传播，还有的学者则关注城市品牌构成要素的提升，究竟哪些因素是真正能够影响城市品牌战略成功与否的关键要素，学术界依然是众说纷纭，学者们大多是基于自身的研究视角强调某一两点因素。因此，为了推动城市品牌研究的深入和发展，在以后的研究中，除了需要对城市品牌的研究内容加以拓展和深化，对一些城市品牌领域更加深刻的问题展开清晰、彻底的研究之外，还需要在城市品牌理论体系的构建和完善方面做更多的努力。本书的研究拟在系统回顾和分析研究文献的基础上，对学者们关于城市品牌影响因素的判断进行细致的梳理，并通过收集国内各城市品牌战略的实践者和相关问题专家的一手数据来进行分析和论证，以探索影响城市品牌战略成功实施的关键管理要素，以期为推动城市品牌研究内容的深入开展和深化做出贡献。

---

① M. Girard,"States, Diplomacy and Image Making: What Is New? Reflections on Current British and French Experiences." 1999. cited in W. Olins,"Branding the Nation-The Historical Context." *Journal of Brand Management*, 2002, 9, 4/5：241～248.

本章小结

目前国际学者和中国学者在城市品牌理论领域所关注的兴趣点存在差异,国际学者的研究主要涉及城市品牌的作用和意义、城市品牌形象、城市品牌结构、城市品牌模型、城市品牌定位、城市品牌战略管理过程、城市品牌沟通、城市品牌测量与评价等方面;中国学者的研究成果则主要集中在城市品牌的概念辨析和现实意义、城市品牌化的管理策略、城市品牌形象的塑造与维护、城市品牌化的效果测量与评价等几个方面。

另外,学术界在城市品牌领域的研究还不深入,城市品牌理论还没有形成完整的框架、体系。从研究的方法来看,绝大多数学者采用的是文献研究与案例研究相结合的方法,通过对现实操作和经验的总结和分析来发展理论的概念框架。今后,在城市品牌理论研究当中,还需要更多的学者采用论证过程相对比较严谨的定量研究方法来对理论命题进行更加细致的求证。从研究的主要内容来看,目前在城市品牌领域的讨论主要集中在对城市品牌内涵的理解和界定、对城市品牌化作用和意义的探讨、对城市品牌战略管理过程的描述和分解等方面,缺乏系统的城市品牌理论框架。在以后的研究中,除了需要对城市品牌的研究内容加以拓展和深化,对一些城市品牌领域更加深入的问题展开清晰、彻底的研究之外,还需要在城市品牌理论体系的构建和完善方面做出更多的努力。

第三章　城市品牌影响因素

第二章讨论了城市品牌相关理论的研究进展,分析了国际学者和中国学者在城市品牌的概念、作用和意义、城市品牌形象塑造、城市品牌结构、城市品牌管理策略、城市品牌效果测量与评价等方面的研究成果。但是,城市品牌关键影响因素并未从理论上得到系统梳理。因此,本章将对这些因素进行梳理和分类,探讨它们对城市品牌化成功实施的影响作用。此外,本章还将对中国部分城市的城市品牌问题专家展开专门访谈,从而了解实务界对城市品牌影响因素的思考。最后,本章将通过综合理论界和实务界的观点提出城市品牌影响因素的研究模型和研究假设。

第一节　城市品牌影响因素的理论解读

总结已有的研究成果可以看到,学者们对城市品牌化具有一个共同的认识,认为城市品牌化是一个持续的管理过程,既包括城市品牌化的战略执行,也涵盖为城市品牌化各执行环节提供的管理支持。因此,对于城市品牌影响因素的梳理,可以从城市品牌化的战略执行方面和城市品牌化的管理支持方面来入手。

一、城市品牌的战略执行

城市品牌战略执行方面的成功要素就是指那些涉及城市品牌战略实施各个步骤与环节的关键管理要素。从现有研究成果来看,就城市品牌战略的执行过程而言,学者们认为影响其成功的关键管理因素主要集中于城市品牌识别、城市品牌结构、城市品牌定位、城市品牌沟通、城市品牌审计和城市品牌更新等环节。

（一）城市品牌识别（City Brand Identification）

城市品牌识别是指城市品牌管理者希望创造和保持能够引起人们对城市美好印象的独特联想。城市品牌识别是城市品牌管理者精心提炼的一个城市区别于其他城市所特有的吸引力和价值的总和,是城市品牌管理者的一种自我规划和描述。城市品牌识别设计是城市品牌塑造的"基因工程",对所有的城市品牌化建设工作起着基础性和指导性的作用。

多数学者认同清晰、可信、有吸引力、有特色的城市品牌识别系统对于成功的城市品牌化过程至关重要[①]。一个独一、一致、清晰的城市品牌识别陈述以及一系列的城市品牌目标应当成为城市品牌战略发展和绩效改进的基础[②]。

[①]　D. Gertner & P. Kotler,"How Can a Place Correct a Negative Image?" *Place Branding*, 2004, 1, 1:50~57; S. Anholt,"Some Important Distinctions in Place Branding." *Place Branding*, 2005, 1, 2:116~121; S. Anholt & J. Hildreth,"Let Freedom and Cash Registers Ring: America as A Brand." *Place Branding*, 2005, 1, 2:164~172;胡浩、徐薇:《论地区营销中的品牌化战略》,《青岛科技大学学报(社会科学版)》2004 年第 1 期,第 13~16 页。

[②]　G. Hankinson,"Location Branding: A Study of the Branding Practices of 12 English Cities." *Journal of Brand Management*, 2001, 9, 2:127~142.

　　一些学者总结了成功的城市品牌识别系统需要具备的前提条件,认为参与城市品牌建设的人员需要深入了解城市经济、社会和生态等多方面的情况①。首先,对国际市场机会和威胁的审视以及对本地经济结构和发展的考察,确保了城市品牌识别能够激发城市发展的潜能;其次,对本地社会文化特点的了解,能够准确发掘城市凝聚力所在②。城市凝聚力是城市品牌识别的重要因素,成功的城市品牌识别必须符合现有的社会文化价值观,结合系统的城市发展战略,展现出一个公众向往的工作及居住之城。

　　城市品牌识别构建是一个系统工程,需要考虑多方面要素。成功的城市品牌识别首先要体现城市各方的意见③。科特勒等人详细论述了城市营销的目标群体和城市营销方法,认为城市营销的目标群体包括本地居民、投资者和旅游者④。对于大多数城市,尤其是多民族的城市来说,虽然不同的商业及社会群体可能拥有一些共同的目标,但他们对城市的需求和期望是不同的⑤。成功

---

① G. Seisdedos & P. Vaggione,"The City Branding Processes: the Case of Madrid." 41st ISoCaRP Congress, 2005, http://www. isocarp. net/Data/case_studies/658. pdf.

② H. Gudjonsson,"Nation Branding." *Place Branding*, 2005, 1,3:283~298.

③ A. Kalandides,"Fragmented Branding for a Fragmented City: Marketing Berlin."Sixth European Urban & Regional Studies Conference, 2006, http://www. geography. dur. ac. uk/onferences/Urban_Conference/Programme/pdf_files/Ares%20 Kalandides. pdf; M. Trueman, M. Klemm & A. Giroud,"Can A City Communicate? Bradford as A Corporate Brand." *Corporate Communications*, 2004, 9, 4:317~330; S. Anholt,"Some Important Distinctions in Place Branding." *Place Branding*, 2005, 1, 2:116~121.

④ P. Kotler, D. Haider & I. Rein, *Marketing Places, Attracting Investment, Industry and Tourism to Cities, States, and Nations*. New York: Maxwell Macmillan Int. ,1993.

⑤ A. Grof,"Communications in the Creation of Corporate Values. "*Corporate Communications: An International Journal*, 2001, 6, 4:193~198.

的品牌就是通过对可识别的产品、服务、人员、地点等的策略性安排,使购买者或使用者感知到与其需求和期望最为匹配的独特附加价值,并且能够在长期竞争中保持这种附加价值①。城市顾客对城市的感知将影响他们的投资决策和居住选择②。因此,城市品牌制定过程应该将不同的城市顾客包含在内,其中,本地居民是一个城市最重要的资产,成功的城市品牌识别构建离不开本地居民的支持和参与③。

　　目前,城市品牌识别的研究大多从产品品牌识别方法中衍生发展而来,是从企业视角研究城市问题。与此同时,研究者必须考虑到城市产品所具有的不同于企业产品的独特属性,例如城市空间范围、城市空间层级、城市固有的多样性和城市发展目标的模糊性、城市产品的生产和消费合二为一以及城市消费者的独特效用等④。上述的独特属性使得城市成为一种特殊产品,相应地,城市品牌识别亦不能简单等同于产品品牌识别。如果城市品牌管理者能够意识到城市产品的特殊性并将其纳入城市品牌的构建过程中,那么由此产生的城市品牌识别将会是成功而有效的,否则城市品牌识别将会游离于城市本质之外⑤。

---

①　L. de Chernatony & F. Dall'Olmo Riley,"Defining a 'Brand': Beyond the Literature with Expert Interpretations." *Journal of Marketing Management*, 1998, 14, 7:417~443.

②　C. B. M. van Riel,"Bradford Breakthrough,"Unpublished Presentation to Erasmus University of Rotterdam, Bradford University School of Management, Bradford, 12th May, 2000.

③　G. Seisdedos & P. Vaggione,"The City Branding Processes: the Case of Madrid." 41st ISoCaRP Congress, 2005, http://www. isocarp. net/Data/case_studies/658. pdf.

④　G. Ashworth & H. Voogd, *Selling the City*, London: Belhaven, 1990.

⑤　M. Kavaratzis & G. J. Ashworth,"City Branding: An Effective Assertion of Identity or a Transitory Marketing Trick?" *Tijdschrift voor Economische en Sociale Geografie*, 2005, 96, 5:506~514.

从多数城市品牌管理方面的研究建议来看,成功的城市品牌识别应该是城市基础设施、居民、产业及生活品质的综合反映,表明城市未来的发展愿景并且能够得到城市利益相关者的支持①。其中,研究者普遍认为最重要的原则是真实性,即城市品牌识别必须能够真实地反映城市资源,城市品牌应该是现有资源的放大而不是伪造②。一个国家或城市的品牌识别不能是虚构的,也不能从城市以外获得。城市品牌应植根于地区的现实情况,与当地居民相联系。本地居民对城市和城市价值所具有的明确感觉,一般表现为精神或情感方面,如果城市品牌能够真正触动了本地居民的神经,那么这个城市品牌与居民之间的联系就会非常强大③。

还有一些学者对于确定了城市品牌识别之后需要注意的事项进行了研究。吉尔摩认为应利用城市品牌识别来洞悉城市的其他事物,例如城市要发展哪些产业或重点项目应该取决于是否对城市品牌发展有利④。正如特鲁曼(Trueman)和杰博(Jobber)的研究表明,积

---

① G. Kerr,"From Destination Brand to Location Brand." *The Journal of Brand Management*,2006,13,4/5:276~283.

② F. Gilmore,"A Country-Can It Be Repositioned? Spain-the Success Story of Country Branding." *Journal of Brand Management*,2002,9,4/5:281~293;D. Gertner & P. Kotler,"How Can a Place Correct a Negative Image?" *Place Branding*,2004,1,1:50~57;M. Trueman,M. Klemm & A. Giroud,"Can A City Communicate? Bradford as A Corporate Brand." *Corporate Communications*,2004,9,4:317~330;G. Seisdedos & P. Vaggione,"The City Branding Processes:the Case of Madrid." 41st ISoCaRP Congress,2005,http://www.isocarp.net/Data/case_studies/658.pdf.

③ F. Gilmore,"A Country-Can It Be Repositioned? Spain-the Success Story of Country Branding." *Journal of Brand Management*,2002,9,4/5:281~293.

④ 同上。

极的城市视觉识别有利于增强城市品牌、获得公众信心[1]。良好的城市视觉展示包括城市建筑环境、历史古迹以及道路等方面。城市品牌的良性发展要以城市的宏观环境、核心竞争力和城市的竞争性定位为基础,因此城市品牌识别是城市推广的指导性原则。城市的私人部门或商业企业可以根据城市品牌识别进行商业投资,当然这又反过来进一步增强了城市品牌,同时也形成了对公共部门的支撑和帮助。

随着城市市场的全球化,不仅包括城市的产品、资金实力,同时包括城市的理念、文化、声誉、信任和关注点等方面,已经被越来越多的国际性城市顾客所关注。唯有那些具有清晰可信、有吸引力的城市品牌愿景和有特色的城市品牌识别的城市才能够在激烈的竞争中生存下去并获得成功[2]。

(二)城市品牌结构(City Brand Architecture)

城市品牌结构是指城市管理者所确定的不同层次的城市品牌(包括城市主品牌、城市副品牌等)组合及各类城市品牌之间的关系。摩根等人认为城市品牌结构在本质上是一个能够指导品牌创

---

[1]　M. Trueman & D. Jobber,"Competing Through Design." *Long Range Planning*, 1998, 31, 4:594~605.

[2]　N. J. Morgan, A. Pritchard & R. Pride (Eds.), *Destination Branding: Creating the Unique Destination Proposition*, Oxford: Butterworth-Heinemann, 2002; D. Gertner & P. Kotler,"How Can a Place Correct a Negative Image?" *Place Branding*, 2004, 1, 1:50~57; S. Anholt,"Some Important Distinctions in Place Branding." *Place Branding*, 2005, 1, 2:116~121; S. Anholt & J. Hildreth,"Let Freedom and Cash Registers Ring: America as A Brand." *Place Branding*, 2005, 1, 2:164~172;胡浩、徐薇:《论地区营销中的品牌化战略》,《青岛科技大学学报(社会科学版)》2004 年第 1 期,第 13~16 页;刘彦平:《城市营销战略》,中国人民大学出版社 2005 年版。

建、发展和营销的蓝图,是一个可以被所有的城市品牌管理者所使用的工具①。

城市品牌可以像产品品牌那样,通过构建不同的品牌结构尽可能多地向城市利益相关者或城市顾客进行传播②,因此城市品牌结构对城市品牌化的成功非常重要。一些学者在城市品牌结构的研究中应用产品品牌理论,认为城市品牌结构战略包括多品牌组合战略、受托品牌战略、亚品牌战略和品牌化组合战略③。

无论城市选择哪种品牌组合战略,城市主品牌都是城市品牌结构中最重要的构成部分,如果没有主品牌作为核心利益点,各副品牌将失去方向和目标④。主品牌与副品牌在城市品牌结构中应具有不同的职能,扮演不同的角色。安霍尔特认为国家或城市作为一个实体具有相当的复杂性和多样性,若直接表现它的基调则会含糊和乏味,造成推广资源的浪费⑤。城市主品牌应侧重于体现城市的"声誉资产"。换句话说,城市品牌管理者应尽最大努力保证城市声誉是城市现有资产、竞争力和供给物的良好、均衡及有效反映,并基于此来界定城市主品牌的功能,而不是把城市主品牌

① N. J. Morgan, A. Pritchard & R. Pride (Eds.), *Destination Branding: Creating the Unique Destination Proposition*, Oxford: Butterworth-Heinemann, 2002.

② M. Kavaratzis & G. J. Ashworth, "City Branding: An Effective Assertion of Identity or a Transitory Marketing Trick?" *Tijdschrift voor Economische en Sociale Geografie*, 2005, 96, 5:506~514.

③ G. Dooley & D. Bowie, "Place Brand Architecture: Strategic Management of the Brand Portfolio." *Place Branding*, 2005, 1, 4:402~419.

④ N. J. Morgan, A. Pritchard & R. Pride (Eds.), *Destination Branding: Creating the Unique Destination Proposition*, Oxford: Butterworth-Heinemann, 2002.

⑤ S. Anholt, "Some Important Distinctions in Place Branding." *Place Branding*, 2005, 1, 2:116~121.

变为不符合城市实情的过时或夸张的表述。

城市的各项副品牌(即城市产品品牌,包括城市旅游品牌、城市营商品牌、城市宜居品牌等)应该能够让城市顾客清晰地感知到城市产品特性。城市副品牌与城市主品牌不同,城市产品具有特定目标市场,需要能够在国际市场上销售和推广,因此城市副品牌不仅是可能的而且是必要的,而城市主品牌系统包括视觉识别、口号和广告等则是在城市产品的销售过程中扮演重要角色①。

将产品品牌理论应用于城市,必须将城市品牌组合视作一个有机系统,城市主副品牌之间、各副品牌之间传递具有一致性的信息②。保证城市品牌发挥系统性合力,需要清晰、明确的城市品牌愿景表述。城市品牌愿景赋予城市品牌内涵,推动其发展并起到指导作用,只要城市的主副品牌价值通过品牌愿景统一起来,城市品牌结构就可以作为整体被顾客感知③。另外,还有学者认为应依据目标市场类型确定城市品牌组合及各品牌的地位④。

---

① S. Anholt,"Some Important Distinctions in Place Branding." *Place Branding*, 2005, 1, 2:116~121.

② M. Kavaratzis & G. J. Ashworth,"City Branding: An Effective Assertion of Identity or a Transitory Marketing Trick?" *Tijdschrift voor Economische en Sociale Geografie*, 2005, 96, 5:506~514; G. Dooley & D. Bowie,"Place Brand Architecture: Strategic Management of the Brand Portfolio." *Place Branding*, 2005, 1, 4:402~419.

③ L. de Chernatony & F. Dall'Olmo Riley. "Defining a 'Brand': Beyond the Literature with Expert Interpretations." *Journal of Marketing Management*, 1998, 14, 7:417~443.

④ G. Kerr,"From Destination Brand to Location Brand." *The Journal of Brand Management*, 2006, 13, 4/5:276~283.

(三)城市品牌定位(City Brand Position)

城市品牌定位是指根据城市目标市场的特点和需求,有针对性地选取对应的城市品牌识别要素,建立一个与城市目标市场有关的城市品牌形象的过程与结果。城市品牌定位是要在选定的城市目标市场上找到城市产品的位置,并在城市顾客的心目中占据一个特定的地位。

城市品牌定位作为城市品牌战略的核心要素之一而受到学者们的广泛关注。同时,由于城市品牌定位具有较强的操作性,大量的城市品牌案例研究成果为本书梳理城市品牌定位这一关键成功要素的理论观点提供了丰富的素材。总结学者们对于城市品牌定位的理论和案例研究,本书归纳出成功的城市品牌定位应具有以下主要特征:

城市品牌定位应具有差异性,与竞争对手区别开来[1]。差异化的品牌定位可以为城市在吸引投资、贸易、旅游以及城市产品输出等方面赢得优势,并推动城市对外交往的发展[2]。在那些提供相同活动的城市之中,旅游者将会选择那些定位更加"有吸引力和有灵感,能够抓住人们的心灵和头脑的城市"[3]。

---

[1] D. Gertner & P. Kotler,"How Can a Place Correct a Negative Image?" *Place Branding*, 2004, 1, 1:50~57; V. Nobili,"The Role of European Capital of Culture Events within Genoa's and Liverpool's Branding and Positioning Efforts." *Place Branding*, 2005, 1, 3:316~328;刘向晖:《破解城市品牌定位的治理难题》,《中国城市经济》2006年第1期,第39~41页;黄琴、孙湘明:《城市品牌定位的视角探析》,《湖南文理学院学报(社会科学版)》2007年第1期,第78~80页。

[2] J. Quelch & K. Jocz,"Positioning the Nation-state." *Place Branding*, 2005, 1, 3:229~237.

[3] F. Gilmore,"A Country-Can It Be Repositioned? Spain-the Success Story of Country Branding." *Journal of Brand Management*, 2002, 9, 4/5:281~293.

城市品牌定位应真实可信[①]。城市的品牌定位与其现实相距愈远,其成功的可能性愈小。例如,巴巴多斯岛的国家品牌口号为"巴巴多斯岛,投资天堂"[②],其品牌定位就缺少真实性。另外,真实的城市品牌定位还必须能够做到让城市顾客相信,否则城市品牌定位同样可能是失败的。例如,巴哈马群岛投资委将其定位于具有"最佳投资机会"[③]。这样的定位可能是真实的,但事实证明投资者并没有准备好相信它。

城市品牌定位应具有吸引力[④]。城市品牌定位拟在城市顾客心目中确定的品牌形象必须能够支持人们选择这个城市来居住、投资、工作或旅游的理由。比如,澳大利亚和新加坡在进行城市品牌定位时就展示了他们凭借其富有吸引力的特征(如经济稳定、生活质量高、机会多、基础设施好等)而在区域和世界范围内所获得的地位。

另外,吉尔摩认为城市品牌定位不必一定只能反映城市目前

---

① D. Gertner & P. Kotler, "How Can a Place Correct a Negative Image?" *Place Branding*, 2004, 1, 1:50~57; J. Quelch & K. Jocz, "Positioning the Nation-state." *Place Branding*, 2005, 1, 3:229~237;李成勋:《关于城市品牌的初步研究》,《广东社会科学》2003年第4期,第71~76页;刘向晖:《破解城市品牌定位的治理难题》,《中国城市经济》2006年第1期,第39~41页。

② 英文表达为:"Barbados, The Investor's Paradise",参见 www.bidc.com。

③ 英文表达为:"The Perfect Investment Opportunity",参见 "Bahamas Investment Authority Advertising," *Caribbean/Latin America Profile*, Scotiabank, 2002: B23。

④ D. Gertner & P. Kotler, "How Can a Place Correct a Negative Image?" *Place Branding*, 2004, 1, 1:50~57; V. Nobili, "The Role of European Capital of Culture Events within Genoa's and Liverpool's Branding and Positioning Efforts." *Place Branding*, 2005, 1, 3:316~328;李成勋:《关于城市品牌的初步研究》,《广东社会科学》2003年第4期,第71~76页;刘向晖:《破解城市品牌定位的治理难题》,《中国城市经济》2006年第1期,第39~41页。

所真正提供的城市产品,也可以用城市品牌定位来指导城市的发展和提升①。不过,城市品牌定位需要把城市的价值和精神作为源头,定位必须"有雄心、有灵感、富有挑战并且差异化"。这可以给各个城市利益相关者(如旅游者、外部顾客、外部投资者等)发出一个城市的卓越宣言,即这个城市如何才能变得更好②。与此同时,城市品牌定位还要易于被不同的顾客所理解,即城市品牌定位应有一定的认同性③。此外,吉尔摩认为好的城市品牌定位除了要帮助城市赢得竞争优势之外,还应该有足够丰富的内涵而可以被用于在各个细分市场上,针对多样化的目标群体进行细分定位④。

(四)城市品牌沟通(City Brand Communication)

城市品牌沟通就是城市品牌管理者在城市品牌识别的框架下,通过运用多种沟通手段和工具持续地与城市目标顾客交流城

---

①　F. Gilmore,"A Country-Can It Be Repositioned? Spain-the Success Story of Country Branding." *Journal of Brand Management*, 2002, 9, 4/5:281~293.

②　J. Quelch & K. Jocz,"Positioning the Nation-state." *Place Branding*, 2005, 1, 3:229~237.

③　F. Gilmore,"A Country-Can It Be Repositioned? Spain-the Success Story of Country Branding." *Journal of Brand Management*, 2002, 9, 4/5:281~293; S. Harrison,"Culture, Tourism and Local Community-the Heritage Identity of the Isle of Man." *Journal of Brand Management*, 2002, 9, 4/5:355~371; G. Kerr & S. Johnson,"A Review of A Brand Management Strategy for A Small Town-Lessons Learnt!" *Place Branding*, 2005, 1, 4:373~387; G. Kerr & S. Johnson,"A Review of A Brand Management Strategy for A Small Town-Lessons Learnt!" *Place Branding*, 2005, 1, 4:373~387;李成勋:《关于城市品牌的初步研究》,《广东社会科学》2003 年第 4 期,第 71~76 页;刘向晖:《破解城市品牌定位的治理难题》,《中国城市经济》2006 年第 1 期,第 39~41 页。

④　F. Gilmore,"A Country-Can It Be Repositioned? Spain-the Success Story of Country Branding." *Journal of Brand Management*, 2002, 9, 4/5:281~293.

市品牌相关信息，以创建城市品牌形象，推动城市产品的销售。城市品牌沟通既涉及广告、公共关系、直销、销售促进、人员推销等多种沟通手段，也包括主题口号、歌曲、体育赛事、大型活动、品牌形象大使等多种沟通工具，还关系到合理选择媒体、把握沟通时机、开发媒体组合策略、评估沟通效果以及处理相互冲突的媒体渠道关系等方面[1]。

　　霍尔(Hall)把城市品牌化的核心目标看作是一个集中一致的沟通战略的产生过程[2]。格拉博(Grabow)认为，一个城市的沟通能力对于城市营销各阶段的成功都是关键因素和必备要求，这同样暗示了城市品牌沟通对于城市品牌战略的重要作用[3]。从本研究掌握的国内外研究文献来看，城市品牌沟通这一关键要素是比较受理论界关注的。学者们纷纷从各自的研究角度提出了为实现有效的城市品牌沟通所应注意的各个方面。

　　首先，在开展城市品牌沟通之前，城市管理者应当设计多样化的城市产品[4]。城市产品是城市品牌沟通的客体，没有城市产品作为基础，那么城市品牌沟通就成了无源之水、无本之木，城市品牌沟通的效果和效率根本无从谈起。

　　其次，城市品牌管理者应当依据城市品牌识别发展和建设城

①　刘彦平：《城市营销战略》，中国人民大学出版社 2005 年版。

②　D. Hall, "Destination Branding, Niche Marketing and National Image Projection in Central and Eastern Europe." *Journal of Vacation Marketing*, 1999, 5:227～237.

③　B. Grabow, "Stadtmarketing: Eine Kritische Zwischenbilanz, Deutsches Institut für Urbanistik." *Difu Berichte*, 1998, 1:2～5.

④　G. Hankinson, "Location Branding: A Study of the Branding Practices of 12 English Cities." *Journal of Brand Management*, 2001, 9, 2:127～142；许峰：《城市产品理论与旅游市场营销》，社会科学文献出版社 2004 年版。

市基础设施、城市服务、节事活动等沟通体验要素①,设计吸引人的城市品牌视觉识别系统,使得城市品牌体验拥有其得以承载的物质和精神实体②。

城市基础设施建设与品牌标识系统的开发是实现城市品牌实体化的重要手段。有效的城市品牌沟通应能将城市品牌的内涵在沟通过程中实体化,从而使得城市顾客能够直接体验到③。这当中,城市品牌管理者可通过积极的有形展示来增强城市品牌,并建立公众对城市的信心④,特别是城市品牌口号和标识,有助于帮助

① J. R. B. Ritchie & B. H. Smith,"The Impact of A Mega-event on Host Region Awareness: A longitudinal Study." *Journal of Travel Research*, 1991, 30, 1:3~10; G. Brown, L. Chalip, L. Jago & T. Mules,"The Sydney Olympics and Brand Australia." in N. J. Morgan, A. Pritchard & R. Pride, *Destination Branding: Creating the Unique Destination Proposition*, Oxford: Butterworth-Heinemann, 2002: 163~185; M. Kavaratzis,"From City Marketing to City Branding: Towards a Theoretical Framework for Developing City Brands." *Journal of Place Branding*, 2004, 1, 1:58~73; M. Kavaratzis,"Place Branding: A Review of Trends and Conceptual Models."*The Marketing Review*, 2005, 5, 4:329~342; 樊传果:《城市品牌形象的整合传播策略》,《当代传播》2006 年第 5 期,第 58~60 页;刘彦平:《城市品牌建设之三:品牌传播》,《国际公关》2006 年第 5 期,第 75~76 页。

② G. Hankinson,"Relational Network Brands: Towards A Conceptual Model of Place Brands." *Journal of Vacation Marketing*, 2004, 10, 2:109~121; G. Allen, "Place Branding: New Tools for Economic Development." *Design Management Review*, 2007. 18, 2:60~68, 91.

③ F. Gilmore,"A Country-Can It Be Repositioned? Spain-the Success Story of Country Branding." *Journal of Brand Management*, 2002, 9, 4/5:281~293.

④ 有形展示(visual evidence)是指人们在一个城市的建筑环境中所直接看到的一切,包括城市荒废的建筑、城市的历史遗迹、城市里废弃的垃圾以及城市迷人的林荫道等。城市有形展示的更新,比如清洁城市里的旧房子,更新城市公园和街头的公用设施(如电线杆、路灯柱、书报摊、公共电话亭、长椅、巴士候车亭、垃圾箱等),发展高新技术企业,大街上人头攒动,就向城市顾客传递了一个蓬勃发展、安全稳定、管理有序的城市形象;M. Trueman & D. Jobber,"Competing Through Design." *Long Range Planning*, 1998, 31, 4:594~605.

城市顾客抓住城市品牌的内涵。

另外,在城市品牌沟通中,城市品牌事件营销是一种很重要的
手段,城市品牌大型节事活动也是倍受学术界关注的研究课题①。
城市节事活动的设计必须充分考虑地理环境因素②。利用事件营
销进行城市品牌沟通,要保证事件活动能够体现出真实感③。在
这里,城市品牌沟通所依据的传播媒介的选择也十分重要,特别是
随着互联网的普及,如何利用网络来开展城市品牌传播与沟通应
该越来越多地受到城市品牌管理者的重视④。

不仅如此,城市品牌沟通还需要城市品牌管理者能够有计划

---

① J. R. B. Ritchie & B. H. Smith,"The Impact of A Mega-event on Host Re-
gion Awareness: A longitudinal Study. " *Journal of Travel Research*, 1991, 30, 1:3~
10; G. Brown, L. Chalip, L. Jago & T. Mules,"The Sydney Olympics and Brand
Australia. " in N. J. Morgan, A. Pritchard & R. Pride, *Destination Branding*: *Crea-
ting the Unique Destination Proposition*, Oxford: Butterworth-Heinemann, 2002:
163~185; M. Peters & B. Pikkemaat,"Sustainable Management of City Events—the
Case of 'Bergsilvester' in Innsbruck. " Austria, International ATLAS Conference: Vi-
sion of Sustainability, 2002;刘彦平:《城市品牌建设之三:品牌传播》,《国际公关》2006
年第 5 期,第 75~76 页;姜智彬:《以城市品牌为导向的特大活动管理研究》,同济大学
博士学位论文,2007 年。

② M. Peters & B. Pikkemaat,"Sustainable Management of City Events—the
Case of 'Bergsilvester' in Innsbruck. " Austria, International ATLAS Conference: Vi-
sion of Sustainability, 2002.

③ M. Peters & B. Pikkemaat,"Sustainable Management of City Events the Case
of 'Bergsilvester' in Innsbruck. " Austria, International ATLAS Conference: Vision of
Sustainability, 2002;刘彦平:《城市品牌建设之三:品牌传播》,《国际公关》2006 年第 5
期,第 75~76 页。

④ S. Boyne & D. Hall,"Place Promotion through Food and Tourism: Rural
Branding and the Role of Websites. " *Place Branding*, 2004, 1, 1:80~92; A. Palm-
er,"Destination Branding and the Web. " in N. J. Morgan, A. Pritchard & R. Pride,
Destination Branding: *Creating the Unique Destination Proposition*, Oxford: Butter-
worth-Heinemann, 2002:186~197.

地根据城市的历史、文化、居民来演绎城市品牌故事①,而不只是简单地为城市增加一个品牌名称或给城市附加一些毫不相关的美丽形象。如果能够进行有效的城市品牌故事演绎,并以对本地区更加全面负责的态度进行沟通,那么城市品牌化工作就可以否定这样的一些指责了:人为地给城市强加一些特殊含义②、生造一些假的传统和不相关的文化主题③、激化社会的不平等和动荡④等。

再次,城市品牌管理者要能够持续、明确地传递城市品牌承诺⑤。这包括传递城市品牌承诺两个方面的内容:一是确保城市能够真正实现城市品牌所宣称的内容;二是表明创建了城市品牌之后城市将迅速发展的活动、产业或项目⑥。另外,在城市品牌沟通中,通过各种城市品牌的宣传、促销、推广活动所传播的品牌信息应保持一致性⑦,并且要将城市品牌的内部沟通(面向城市内的

---

① M. Kavaratzis,"Place Branding: A Review of Trends and Conceptual Models."*The Marketing Review*, 2005, 5, 4:329~342; M. Kavaratzis & G. J. Ashworth,"City Branding: An Effective Assertion of Identity or a Transitory Marketing Trick?" *Tijdschrift voor Economische en Sociale Geografie*, 2005, 96, 5:506~514; A. Kalandides, "Fragmented Branding for a Fragmented City: Marketing Berlin." Sixth European Urban & Regional Studies Conference, 2006, http://www. geography. dur. ac. uk/onferences/Urban_Conference/Programme/pdf_files /Ares%20 Kalandides. pdf.

②④ R. Griffiths,"Making Sameness: Place Marketing and the New Urban Entrepreneurialism." in: N. Oatley (ed.), *Cities Economic Competition and Urban Policy*. pp. 41~57. London: Paul Chapman Publishing, 1998.

③ G. Kearns & C. Philo, *Selling Places*. Oxford: Pergamon Press, 1993.

⑤ N. Papadopoulos,"Place Branding: Evolution, Meaning and Implications." *Place Branding*, 2004, 1, 1:36~49.

⑥ F. Gilmore,"A Country-Can It Be Repositioned? Spain-the Success Story of Country Branding." *Journal of Brand Management*, 2002, 9, 4/5:281~293.

⑦ M. Kavaratzis,"Place Branding: A Review of Trends and Conceptual Models."*The Marketing Review*, 2005, 5, 4:329~342; S. Anholt & J. Hildreth,"Let Freedom and Cash Registers Ring: America as A Brand." *Place Branding*, 2005, 1, 2:164~172.

各类组织与市民的沟通)视作与外部沟通同等重要①。

（五）城市品牌审计（City Brand Audit）

城市品牌审计是对一个城市的品牌化环境、城市品牌的内涵、城市品牌化目标、城市品牌结构与定位、城市品牌战略实施方法、城市品牌化组织和制度等进行综合的、系统的、独立的和定期性的核查，以便确定城市品牌建设过程中的机会和困难，提出行动计划建议，改进城市品牌化效果②。

城市品牌审计是对此前城市品牌化各项工作的系统核查，以便从中发现已有工作的问题和不足并加以改进，因此及时而有效的城市品牌审计对于树立和维护良好的城市品牌形象至关重要③。从笔者所掌握的国内外文献来看，尽管学术界关于城市品牌审计的问题讨论得并不多，但还是有一些学者对这一课题加以关注并提出了有价值的观点④。

---

①　G. Allen,"Place Branding: New Tools for Economic Development." *Design Management Review*, 2007. 18, 2:60~68, 91.

②　本研究对"城市品牌审计"的概念表述参照了"市场营销审计"的概念，参见郭国庆和钱明辉《市场营销学通论》(第三版)第 22 章《市场营销控制》的有关内容。

③　D. Gertner & P. Kotler,"How Can a Place Correct a Negative Image?" *Place Branding*, 2004, 1, 1:50~57.

④　D. Gertner & P. Kotler,"How Can a Place Correct a Negative Image?" *Place Branding*, 2004, 1, 1:50~57; G. Seisdedos & P. Vaggione,"The City Branding Processes: the Case of Madrid." 41st ISoCaRP Congress, 2005, http://www.isocarp. net/Data/case_studies/658.pdf; G. Dooley & D. Bowie,"Place Brand Architecture: Strategic Management of the Brand Portfolio." *Place Branding*, 2005, 1, 4:402~419;方丽:《城市品牌要素指标体系》,《技术与市场》2005 年第 5 期,第 54~56 页;刘湖北:《中国城市品牌塑造的误区及对策》,《南昌大学学报(人文社会科学版)》2005 年第 5 期,第 59~63 页;刘彦平:《城市品牌建设之二:品牌管理》,《国际公关》2006 年第 4 期,第 68~69 页;张燚、陈颖、张锐:《重庆城市品牌形象调查与分析——基于利益相关者感知的观点》,《重庆交通大学学报(社会科学版)》2007 年第 2 期,第 56~62 页。

城市品牌审计既要关注城市品牌化的结果，也需涉及城市品牌化的过程。相对而言，中国学者在讨论城市品牌审计的问题时，更多地强调对城市品牌化效果的定期核查，比如定期收集城市外部受众对城市品牌的态度和意见①，了解本地市民对城市品牌的满意度和看法②。

而国际学者则更多地关注城市品牌化过程的审计问题。杜利和鲍伊认为城市品牌管理者应将对城市内部的审计与对城市外部环境和顾客的审计视为同样重要③。格特纳和科特勒则强调城市品牌审计的重点是城市品牌内涵中存在的问题，而不是短期内出现的城市品牌管理问题④。也就是说，城市品牌管理者除了关注城市品牌化策略中出现的问题之外，还要加强对城市品牌识别、城市品牌核心价值、城市品牌个性表述以及城市品牌定位等内容的定期检视，以判断之前确定的这些方面的内容与计划是否能够在今后继续加以沿用。这意味着，城市品牌管理者需要定期对城市品牌的发展环境加以监测⑤，并在必要的时候重新制定影响城市

---

① 刘湖北：《中国城市品牌塑造的误区及对策》，《南昌大学学报》（人文社会科学版）2005 年第 5 期，第 59～63 页；刘彦平：《城市品牌建设之二：品牌管理》，《国际公关》2006 年第 4 期，第 68～69 页；张燚、陈颖、张锐：《重庆城市品牌形象调查与分析——基于利益相关者感知的观点》，《重庆交通大学学报》（社会科学版）2007 年第 2 期，第 56～62 页。

② 方丽：《城市品牌要素指标体系》，《技术与市场》2005 年第 5 期，第 54～56 页；张燚、陈颖、张锐：《重庆城市品牌形象调查与分析——基于利益相关者感知的观点》，《重庆交通大学学报》（社会科学版）2007 年第 2 期，第 56～62 页。

③ G. Dooley & D. Bowie, "Place Brand Architecture: Strategic Management of the Brand Portfolio." *Place Branding*, 2005, 1, 4:402～419.

④ D. Gertner & P. Kotler, "How Can a Place Correct a Negative Image?" *Place Branding*, 2004, 1, 1:50～57.

⑤ G. Seisdedos & P. Vaggione, "The City Branding Processes: the Case of Madrid." 41st ISoCaRP Congress, 2005, http://www.isocarp.net/Data/case_studies/658.pdf; G. Dooley & D. Bowie, "Place Brand Architecture: Strategic Management of the Brand Portfolio." *Place Branding*, 2005, 1, 4:402～419.

经济发展的政策。

(六)城市品牌更新(City Brand Renewing)

城市品牌更新是指城市品牌管理者对在城市品牌审计中发现的城市品牌化问题进行调整和改善,以使城市品牌建设向着更加有利的方向发展。

在已有的研究中,一些学者认为城市品牌更新同样是影响城市品牌化成功的重要因素,特别是对于那些有着负面形象的城市来说,有效的城市品牌更新将能够帮助城市获得复兴的机会[1]。

为推动城市品牌更新,一个基本的思想就是通过强调城市的积极因素来抑制城市顾客对城市品牌的消极感知[2]。具体的策略包括结合城市内外部市场环境发展变化状况,通过向城市顾客沟通城市的积极特征(如自然风光、当地的好客等)来调整城市品牌定位[3];通过设计诸如城市品牌口号、城市品牌标识和城市品牌事件营销等沟通工具与手段来改善与城市顾客的品牌沟通效果[4];

---

[1]　D. Gertner & P. Kotler,"How Can a Place Correct a Negative Image?" *Place Branding*, 2004, 1, 1:50~57; K. Nuttavuthisit,"Branding Thailand: Correcting the Negative Image of Sex Tourism." *Place Branding and Public Diplomacy*, 2007, 3, 1: 21~30.

[2]　D. Gertner & P. Kotler,"How Can a Place Correct a Negative Image?" *Place Branding*, 2004, 1, 1:50~57; K. Nuttavuthisit,"Branding Thailand: Correcting the Negative Image of Sex Tourism." *Place Branding and Public Diplomacy*, 2007, 3, 1: 21~30.

[3]　F. Gilmore,"A Country-Can It Be Repositioned? Spain-the Success Story of Country Branding." *Journal of Brand Management*, 2002, 9, 4/5:281~293; G. Seisdedos & P. Vaggione,"The City Branding Processes: the Case of Madrid." 41st ISoCaRP Congress, 2005, http://www. isocarp. net/Data/case_studies/658. pdf; K. Nuttavuthisit,"Branding Thailand: Correcting the Negative Image of Sex Tourism." *Place Branding and Public Diplomacy*, 2007, 3, 1:21~30.

[4]　K. Nuttavuthisit,"Branding Thailand: Correcting the Negative Image of Sex Tourism." *Place Branding and Public Diplomacy*, 2007, 3, 1:21~30.

对城市品牌内涵中存在的问题加以改进,在必要的时候对城市品牌识别做出适当的调整①。另外,杜利和鲍伊通过对南非城市品牌结构案例的研究,发现城市社会政治变化对城市品牌组合结构的确定具有重要影响②。这也意味着在城市品牌更新的过程中,可能需要根据城市社会政治环境的变化进行城市品牌结构的适度调整。

此外,对造成城市品牌负面形象的事件要加以重点关注。城市品牌管理者应投入更多的资源来减少消极事件的发生,如果正在努力对消费事件加以改善,那么还应及时报告处理的进展。这里,格特纳和科特勒认为城市品牌管理者应处理好与媒体的关系,及时通过媒体来展示为解决相关问题所付出的努力,并对媒体的负面报道做出积极的回应③。

二、城市品牌的管理支撑

城市品牌管理支持方面的成功要素主要是指那些对城市品牌化战略实施与执行的各个环节起到管理支撑平台作用的可控要素。从笔者所掌握的文献来看,在城市品牌战略执行的管理平台中,理论界认为对城市品牌化成功产生影响的关键管理因素主要来源于城市品牌化协同组织、城市品牌化管理制度、城市品牌化文化氛围等方面。

---

① D. Gertner & P. Kotler,"How Can a Place Correct a Negative Image?" *Place Branding*,2004,1,1:50~57.

② G. Dooley & D. Bowie,"Place Brand Architecture: Strategic Management of the Brand Portfolio." *Place Branding*,2005,1,4:402~419.

③ D. Gertner & P. Kotler,"How Can a Place Correct a Negative Image?" *Place Branding*,2004,1,1:50~57.

(一)城市品牌化协同组织(City Branding Organization)

城市品牌化协同组织是指整合城市中的多方力量参与城市品牌管理,制定城市品牌发展目标、规划、政策、策略等并加以执行,以获得城市品牌管理绩效的各类机构。

研究表明,如果要使城市品牌化成为推动地方发展的有效工具,那么优化城市品牌管理组织就是十分必要的[①]。一致而清晰的城市品牌识别是城市品牌化成功的基础,而这只有通过建立一个适当的城市品牌组织结构才能得以实现[②]。

在搭建城市品牌化协同组织的时候,学者们认为首先需要设计适当的组织结构,考虑组织结构的复杂性和可控性[③]。缺乏适当的组织结构经常会导致不同城市品牌沟通活动之间的目标冲突,而这就破坏了城市品牌的核心要求。

其次,参与城市品牌化协同组织的人员应该多样化,需要有来自城市的政府部门、私人部门、社会团体和慈善机构、媒体等多个单位的人员构成[④]。城市品牌化协同组织应成为城市公共部门

① G. Hankinson,"Location Branding: A Study of the Branding Practices of 12 English Cities." *Journal of Brand Management*, 2001, 9, 2:127~142; M. S. Allan, "Leadership-Key to the Brand of Place." Spirit In Business-Forum 2004 - Great Leaders Good Leaders, 2004, 28th September.

②③ G. Hankinson,"Location Branding: A Study of the Branding Practices of 12 English Cities." *Journal of Brand Management*, 2001, 9, 2:127~142.

④ C. Lodge,"Success and Failure: the Brand Stories of Two Countries." *Journal of Brand Management*, 2002, 9, 4/5:372~384; M. S. Allan,"Leadership-Key to the Brand of Place." Spirit In Business-Forum 2004 - Great Leaders Good Leaders, 2004, 28th September; G. Seisdedos & P. Vaggione,"The City Branding Processes: the Case of Madrid." 41st ISoCaRP Congress, 2005, http://www. isocarp. net/Data/case_studies/658. pdf; A. Kalandides,"Fragmented Branding for a Fragmented City: Marketing Berlin." Sixth European Urban & Regional Studies Conference, 2006, http://www. geography. dur. ac. uk/onferences/Urban_Conference/Programme /pdf_files/Ares%20Kalandides. pdf;刘彦平:《城市营销战略》,中国人民大学出版社 2005 年版。

和私人部门共同参与城市品牌管理，依据城市的规模和定位建设城市基础设施，并提供相关服务，承担向城市内外部开展品牌沟通活动的平台①。因此，这些城市管理的合作组织之间、城市利益相关者之间应具有共同的目标，对城市品牌拥有共同的愿景②。

　　此外，就参与城市品牌化协同组织人员的专业特长而言，应该是综合多个专业背景的人员来共同参与城市品牌管理。学者们认为至少需要来自市场营销、品牌沟通和旅游管理等方面的专业人员，并结合城市科学、城市规划和地理学等方面的专家来共同参与③。不仅如此，基于城市品牌管理工作的高度复杂性和系统性，城市品牌化协同组织涉及面甚广，因此参与城市品牌化协同组织的人员在个人素质方面还应具有诚实守信的品格、自我激励和自我发展的动力④。

---

　　① G. Seisdedos & P. Vaggione,"The City Branding Processes: the Case of Madrid." 41st ISoCaRP Congress, 2005, http://www. isocarp. net/Data/case_studies/658. pdf.

　　② M. S. Allan,"Leadership-Key to the Brand of Place." Spirit In Business-Forum 2004 – Great Leaders Good Leaders, 2004, 28th September; G. Hankinson,"Relational Network Brands: Towards A Conceptual Model of Place Brands." *Journal of Vacation Marketing*, 2004, 10, 2:109~121; D. R. Pant,"A Place Brand Strategy for the Republic of Armenia: 'Quality of Context' and 'Sustainability' as Competitive Advantage." *Place Branding*, 2005, 1, 3:273~282;刘彦平:《城市营销战略》，中国人民大学出版社 2005 年版。

　　③ A. Kalandides,"Fragmented Branding for a Fragmented City: Marketing Berlin." Sixth European Urban & Regional Studies Conference, 2006, http://www. geography. dur. ac. uk/onferences/Urban_Conference/Programme/pdf_files/Ares% 20 Kalandides. pdf.

　　④ M. S. Allan,"Leadership-Key to the Brand of Place." Spirit In Business-Forum 2004 – Great Leaders Good Leaders, 2004, 28th September.

(二)城市品牌化管理制度(City Branding System)

城市品牌化管理制度是指城市品牌化过程中各个城市品牌管理机构所共同遵循的有关城市品牌化各项工作的规章或准则。

城市品牌化管理制度是城市品牌化得以成功的重要保障。缺少必要的管理制度,很多城市品牌化工作将无法有效开展,或者一些工作中出现的部门冲突、城市品牌沟通活动的不一致性就无法得到及时而有效的调解。就笔者所掌握的文献来看,不少学者都在强调管理制度在城市品牌化中的重要作用①。不仅如此,学者们还重点讨论了城市品牌化过程中所可能涉及的一些重要管理制度。

城市品牌化是一个城市各方共同参与的过程,因此需要有对城市中各项伙伴关系进行管理的制度②,或者说是协同各个城市利益相关者的制度③。如果缺乏各个组织(特别是私人部门的参

---

① G. Hankinson,"Location Branding: A Study of the Branding Practices of 12 English Cities." *Journal of Brand Management*, 2001, 9, 2:127~142; G. Hankinson,"Relational Network Brands: Towards A Conceptual Model of Place Brands." *Journal of Vacation Marketing*, 2004, 10, 2:109~121; C. Lodge,"Success and Failure: the Brand Stories of Two Countries." *Journal of Brand Management*, 2002, 9, 4/5:372~384; M. S. Allan,"Leadership-Key to the Brand of Place." Spirit In Business-Forum 2004 – Great Leaders Good Leaders, 2004, 28th September; G. Allen, "Place Branding: New Tools for Economic Development." *Design Management Review*, 2007. 18, 2:60~68, 91;刘湖北:《中国城市品牌塑造的误区及对策》,《南昌大学学报(人文社会科学版)》2005年第5期,第59~63页;刘彦平:《城市品牌建设之二:品牌管理》,《国际公关》2006年第4期,第68~69页。

② G. Hankinson,"Location Branding: A Study of the Branding Practices of 12 English Cities." *Journal of Brand Management*, 2001, 9, 2:127~142.

③ M. S. Allan,"Leadership-Key to the Brand of Place." Spirit In Business-Forum 2004 – Great Leaders Good Leaders, 2004, 28th September; D. R. Pant,"A Place Brand Strategy for the Republic of Armenia: 'Quality of Context' and 'Sustainability' as Competitive Advantage." *Place Branding*, 2005, 1, 3:273~282;刘彦平:《城市营销战略》,中国人民大学出版社2005年版。

与)对城市品牌建设任务的共同承担,那么城市品牌是很难被发展起来的。如果各部门之间可以建立起正确的伙伴关系,那么各个城市利益相关者就能够对城市品牌化起到积极、互惠的作用①。而这就需要一个有效的管理城市品牌化过程中各参与组织之间关系的制度,使得每一个参与城市品牌化建设的机构都能够承担相应的职责②,从而保障城市品牌化目标的实现。

既然有职责承担的管理制度,那么相应地,就需要有对城市品牌化成功与否的衡量制度③,也就是说要有对各个参与城市品牌化的机构和部门的考核制度。为此,就需要建立起衡量城市品牌化成功的标准。另一方面,也只有有了相关的考核制度或衡量制度,城市品牌化工作才能够有理由解释为什么需要为其持续投入经费④。基于此,对城市品牌建设的长期投资制度⑤和预算制度⑥就变得非常重要了。

此外,城市品牌化过程中,城市品牌管理机构还需要建立起对城市品牌全面而长期的研究制度,以便及时发现城市品牌管理中存在的问题,并给城市品牌战略规划和其他各项城市品牌化工作提供决策支持。不仅如此,对于提供城市产品的一线服务人员还要有规范的培训制度⑦,以不断提升他们的素质和能力,从而改善

---

①③④　G. Hankinson,"Location Branding: A Study of the Branding Practices of 12 English Cities." *Journal of Brand Management*, 2001, 9, 2:127~142.

②　M. S. Allan,"Leadership-Key to the Brand of Place." Spirit In Business-Forum 2004 – Great Leaders Good Leaders, 2004, 28th September.

⑤　G. Hankinson,"Relational Network Brands: Towards A Conceptual Model of Place Brands." *Journal of Vacation Marketing*, 2004, 10, 2:109~121.

⑥　C. Lodge,"Success and Failure: the Brand Stories of Two Countries." *Journal of Brand Management*, 2002, 9, 4/5:372~384.

⑦　G. Allen,"Place Branding: New Tools for Economic Development." *Design Management Review*, 2007, 18, 2:60~68, 91.

城市产品的质量。

(三)城市品牌化文化氛围(City Branding Culture)

城市品牌化文化氛围是指城市品牌管理机构在执行城市品牌化各项职能的过程中所形成的行为观念、管理风格、工作气氛等。

学者们在讨论城市品牌化中的协同组织和管理制度这两个要素的时候,同样也关注到了城市品牌化文化氛围这一要素,并且对于文化氛围在城市品牌建设中的作用同样给予了重视[1]。从已有的文献来看,不少学者对于那些有利于城市品牌建设的文化氛围特征进行了描述。

城市政府应在城市品牌化的过程中起主导作用[2]。城市品牌化活动通常是由城市政府主导,协调城市各个利益相关群体共同参与。但是,学者们认为,城市品牌管理组织在开展城市品牌化相关工作的时候应以市场为导向,而不是以政府为导向[3]。城市品牌管理机构应关注城市产品的市场需求变化,以此作为城市品牌

---

[1]　M. S. Allan,"Leadership-Key to the Brand of Place." Spirit In Business-Forum 2004 – Great Leaders Good Leaders, 2004, 28th September; G. Hankinson,"Relational Network Brands: Towards A Conceptual Model of Place Brands." *Journal of Vacation Marketing*, 2004, 10, 2:109~121; N. Papadopoulos,"Place Branding: Evolution, Meaning and Implications." *Place Branding*, 2004, 1, 1:36~49; G. Seisdedos & P. Vaggione,"The City Branding Processes: the Case of Madrid." 41st ISoCaRP Congress, 2005, http://www.isocarp.net/Data/case_studies/658.pdf.

[2]　C. Ryan,"The Politics of Branding Cities and Regions: the Case of New Zealand." in N. J. Morgan, A. Pritchard & R. Pride, *Destination Branding: Creating the Unique Destination Proposition*, Oxford: Butterworth-Heinemann, 2002:66~86; 郭国庆、钱明辉、吕江辉:《打造城市品牌 提升城市形象》,《人民日报》2007 年 9 月 3 日理论版。

[3]　N. Papadopoulos,"Place Branding: Evolution, Meaning and Implications." *Place Branding*, 2004, 1, 1:36~49.

化决策的重要依据。城市政府应充分协调与企业、市民等私人部门的关系,发挥其参与城市品牌建设的积极性,而不是以自身为中心①。事实上,早在20世纪六七十年代以来,西方各国公共部门中兴起的"新公共管理"运动中,就提出了"政府再造"的口号,强调政府行政风格向着更加"企业化"的方向转变,其核心就是要求政府以顾客为导向,运用市场的力量来改善政府绩效②。

此外,学者们认为参与城市品牌化建设的各类机构在向城市顾客提供城市产品时,还应树立服务意识,坚持服务导向,提升城市产品的质量③。为此,营造这样一种文化氛围就显得很有必要,即城市里的私人部门都愿意积极参与城市品牌化建设,能够将承担城市品牌化过程中必要的工作视作自身的一项职责④。

不仅如此,学者们认为绩效导向的工作文化对于城市品牌管理机构在城市品牌化过程中取得出色的成绩也是非常重要的⑤。也就是说,城市品牌管理机构不仅要关注城市品牌化的行动过程,更要关心城市品牌化的行动结果,重视城市品牌化各项活动所最终取得的实际效果。

---

① N. Papadopoulos,"Place Branding: Evolution, Meaning and Implications." *Place Branding*, 2004, 1, 1:36～49; G. Seisdedos & P. Vaggione,"The City Branding Processes: the Case of Madrid." 41st ISoCaRP Congress, 2005, http://www.isocarp.net/Data/case_studies/658.pdf.

② C. Hood,"A Public Management for all Seasons?" *Public Administration*, 1991, 69:3～19; D. Osborne & T. Gaebler. *Reinventing Government*. New York: Plume, 1993; R. A. Rhodes, "The New Governance: Governing without Government." *Political Studies*, 1996, 44, 4:652～667.

③ G. Hankinson,"Relational Network Brands: Towards A Conceptual Model of Place Brands." *Journal of Vacation Marketing*, 2004, 10, 2:109～121.

④⑤ M. S. Allan,"Leadership-Key to the Brand of Place." Spirit In Business-Forum 2004 - Great Leaders Good Leaders, 2004, 28th September.

表 3－1 汇总了理论界关于城市品牌影响因素的主要观点。

表 3－1　理论界关于城市品牌影响因素的主要观点

影响因素	因素描述	代表性文献
1. 城市品牌识别 Identification	1.1 开展城市品牌识别时,相关人员非常了解本地经济发展情况和国际市场的机会与威胁	Seisdedos & Vaggione, 2005
	1.2 开展城市品牌识别时,相关人员非常了解本地的社会文化特点	Seisdedos & Vaggione, 2005; Gudjonsson, 2005
	1.3 开展城市品牌识别时,相关人员能够考虑到城市产品内在的固有特殊性	Kavaratzis & Ashworth, 2005
	1.4 城市品牌识别能够体现城市各方的意见	Kalandide, 2006; Trueman et al. ,2004; Anholt, 2006
	1.5 城市品牌识别能够综合反映城市的基础设施、居民、产业及生活品质	Kerr, 2006
	1.6 城市品牌识别真实地反映了城市资源	Gilmore, 2002; Gertner & Kotler, 2004; Trueman et al. ,2004; Seisdedos & Vaggione, 2005
	1.7 城市品牌识别符合城市目前的价值观和信条	Gilmore, 2002

	1.8 配合城市品牌识别的要求来发展城市的产业或重点项目	Gilmore，2002
	1.9 具有清晰、可信、有吸引力、有特色、充分计划的城市品牌识别系统	Hankinson，2001；Morgan，Pritchard & Piggott，2002a；Gertner & Kotler，2004；Anholt，2005；Anholt & Hildreth，2005；胡浩和徐薇，2004；刘彦平，2005
2. 城市品牌结构 Architecture	2.1 城市主品牌应侧重于体现城市的"声誉资产"	Anholt，2005
	2.2 城市副品牌应能让城市顾客清晰地感知到相关城市产品的特性，并有助于城市产品的销售和推广	Anholt，2005
	2.3 城市主副品牌之间、各副品牌之间传递具有一致性的信息	Kavaratzis & Ashworth，2005；Dooley and Bowie，2005
	2.4 依据目标市场类型确定城市品牌组合及各类城市品牌的地位	Kerr，2006
3. 城市品牌定位 Positioning	3.1 城市品牌定位具有差异性，能与竞争对手区别开来	Gilmore，2002；Gertner & Kotler，2004；Quelch and Jocz，2005；Nobili，2005；刘向晖，2006；黄琴和孙湘明，2007；于宁，2007

	3.2 城市品牌定位真实可信	Gertner & Kotler, 2004; Quelch and Jocz, 2005; 李成勋, 2003; 刘向晖, 2006
	3.3 城市品牌定位具有吸引力	Gertner & Kotler, 2004; Nobili, 2005; 李成勋, 2003; 刘向晖, 2006
	3.4 城市品牌定位能够表达城市发展的雄心	Gilmore, 2002; Quelch and Jocz, 2005
	3.5 城市品牌定位具有挑战性和前瞻性	Gilmore, 2002
	3.6 城市品牌定位能够被城市的目标市场认同	Gilmore, 2002; Harrison, Kerr and Johnson, 2005; 2002; 李成勋, 2003; 刘向晖, 2006
	3.7 分别针对各个城市细分市场进行城市品牌定位	Gilmore, 2002
4. 城市品牌沟通 Communication	4.1 具有多样化的城市产品设计	Hankinson, 2001; 许峰, 2004
	4.2 设计吸引人的城市品牌视觉识别系统	Hankinson, 2004; Allen, 2007
	4.3 依据城市品牌识别发展和建设城市基础设施、城市服务、节事活动等沟通体验要素	Ritchie and Smith, 1991; Brown, Chalip, Jago and Mules, 2002; Kavaratzis, 2004, 2005; 樊传果, 2006; 刘彦平, 2006b

续 表

	4.4 将城市品牌的内涵在沟通过程中有形化,从而使得城市顾客能够直接体验到	Gilmore, 2002
	4.5 城市节事活动的设计必须充分考虑地理环境因素	Peters & Pikkemaat, 2002
	4.6 利用事件营销进行城市品牌沟通,要保证事件活动能够体现出真实感	Peters & Pikkemaat, 2002; 刘彦平, 2006b
	4.7 能够有计划地根据城市历史、文化、居民来缔造城市品牌故事	Kavaratzis, 2005; Kavaratzis and Ashworth, 2005; Kalandides, 2006
	4.8 能够持续、明确地传递城市品牌承诺	Papadopoulos, 2004
	4.9 所沟通的城市品牌信息能够保持一致性	Kavaratzis, 2005; Anholt and Hildreth, 2005
	4.10 将城市品牌的内部沟通视作与外部沟通同等重要	Allen, 2007
5. 城市品牌审计 Audit	5.1 定期监测城市品牌发展环境的变化	Seisdedos and Vaggione, 2005; Dooley and Bowie, 2005
	5.2 定期了解本地市民对城市品牌的满意度和看法	方丽, 2005; 张燚等, 2007

续　表

	5.3 定期收集城市外部受众对城市品牌的态度和意见	刘湖北，2005；刘彦平，2006a；张嫘等，2007
	5.4 重点审计城市品牌内涵存在的问题	Gertner and Kotler，2004
	5.5 将对城市内部的审计与对城市外部环境和顾客的审计视为同样重要	Dooley and Bowie，2005
6. 城市品牌更新 Renewing	6.1 改进城市品牌内涵中存在的问题	Gertner and Kotler，2004
	6.2 依据城市社会政治环境的变化确定城市品牌组合结构	Dooley and Bowie，2005
	6.3 能够结合城市内外部市场环境的发展变化进行城市品牌定位的动态调整	Gilmore，2002；Nuttavuthisit，2007；Seisdedos and Vaggione，2005；
	6.4 改善城市品牌沟通的工具与手段	Nuttavuthisit，2007
	6.5 改善与媒体的关系，对媒体的负面报道做出积极回应	Gertner and Kotler，2004
7. 城市品牌化协同组织 Organization	7.1 设计具有适当复杂性和可控性的城市品牌组织结构	Hankinson，2001
	7.2 城市品牌协同组织参与人员构成多样化，涵盖政府部门、私人部门、社会团体和慈善机构、媒体等组织	Lodge，2002；Allan，2004；Seisdedos and Vaggione，2005；Kalandides，2006；刘彦平，2005

续　表

	7.3 城市管理合作伙伴组织之间、城市利益相关者之间应对城市品牌拥有共同的愿景	Allan，2004；Hankinson，2004；Pant，2005；刘彦平，2005
	7.4 有来自市场营销、品牌沟通和旅游管理等方面的专业人员，以及城市科学、城市规划和地理学等方面专家的参与	Kalandides，2006
	7.5 参与城市品牌化协同组织人员应具有诚实守信的品格、自我激励和自我发展的动力	Allan，2004
8. 城市品牌化管理制度 System	8.1 有对城市管理中各项伙伴关系进行管理的制度，或协同各个城市利益相关者的制度	Hankinson，2001；Allan，2004；Pant，2005；刘彦平，2005
	8.2 有对城市品牌化成功与否的衡量制度，或是对各个参与城市品牌建设的机构和部门的考核制度	Hankinson，2001
	8.3 有对城市品牌建设的长期投资制度	Hankinson，2004
	8.4 有对城市品牌建设执行的预算制度	Lodge，2002

	8.5 有对城市品牌化全面、长期的研究制度	Allen，2007
	8.6 有对城市产品一线服务人员的培训制度	Allen，2007
9. 城市品牌化文化氛围 Culture	9.1 以市场为导向而不是以政府为导向	Papadopoulos，2004
	9.2 政府能够充分协调与企业、市民等私人部门的关系，发挥其积极作用	Seisdedos and Vaggione，2005；Papadopoulos，2004
	9.3 树立服务意识，坚持服务导向，提升城市产品的质量	Hankinson，2004
	9.4 私人部门都愿意积极参与城市品牌建设，能够将承担城市品牌化过程中的必要工作视作自身的一项职责	Allan，2004
	9.5 绩效导向的工作文化，重视城市品牌化各项活动所最终取得的实际效果	Allan，2004

第二节　城市品牌影响
因素的实务观点

为了将国际和国内学者关于城市品牌影响因素的观点在中国城市品牌建设实践中的有效性作一个直观的验证,同时也为了了解中国实务界关于城市品牌影响因素的看法,笔者在成都市选择了若干参与该市城市品牌建设的专家、学者进行了实地访谈,对城市品牌影响因素进行进一步的识别。

一、访谈目的和访谈前的准备

访谈法比较灵活,研究者可以根据采访对象选择调查提问的方式和语气,尤其适用于那些不具备多项选择答案的问题。当面交谈,易于形成友好合作的气氛,得到问卷调查法难以得到的实证资料。由于研究者可以把研究目的、要求和问题解释得更加清楚,加上当场提出的附加问题,答案也就更加准确。

本次访谈的主要目的是考察实施城市品牌战略的影响因素,对从文献研究中得出的因素进行补充、验证,并初步梳理影响因素之间的逻辑关系。为此,笔者访谈了成都市外宣办、成都市旅游局、成都市投资促进委员会、成都市文化局、成都市社科院等五个单位的相关官员与专家,所有的访谈均在 2007 年 5 月至 2007 年 7 月完成。为了达到这次访谈的目的,作者在此之前与访谈单位作了事先联系,向他们提供了访谈提纲,使他们对访谈工作的安排有所准备,以提高访谈效率。

为了保证访谈的有效性,在正式对这五个单位的专家进行访谈之前,笔者还做了如下工作:

1.根据研究方向,精心甄选城市品牌建设的相关单位,最终确定的这五个单位,既考虑到城市的基本功能,即投资、旅游、居住,又涉及了城市品牌的相关宣传、管理部门,还有第三方学者,较为全面;

2.笔者在从事成都市有关课题的研究中,与相关部门建立了直接或者间接的研究协作关系,从而能够确保顺利开展调查和搜集相关案头资料;

3.在具体访谈对象上,在各个政府部门选择了各个层次的公务员,既包括各个部门的战略规划层面,也包括具体的操作执行层面;

4.就访谈设计征询了中国人民大学和中国社科院城市营销问题专家的有关建议。

二、访谈的设计和过程

笔者通过接洽政府部门,预先与被访谈人员约定,让他们抽出两小时的时间接受笔者的访谈。访谈是在各单位单独的一个房间内进行的,在访谈之前,笔者首先尽力营造一个气氛融洽、各抒己见的氛围。然后,作者有意邀请被访对象首先介绍成都在建设城市品牌方面的基本情况,主要包括:成都在城市品牌化过程中开展了哪些工作?贵机构在该过程中做了哪些工作?值得称赞的地方有哪些?存在着哪些不足?未来的主要工作是什么?随后,访谈内容主要限定在两个方面:详细介绍城市品牌化的影响因素有哪些？成都在这些方面有哪些成功的经验？笔者请他们对成都市目前的城市品牌化工作给予评价。在访谈过程中，笔者尽量让参加座谈的每一位人员参与讨论，并提出自己的观点。最后，笔者就本书研究模型的初始性构架与他们作了初步探讨，并让他们对模型构建提出建议或看法。

三、访谈结果分析

本书首先通过对访谈者谈话内容的整理，归纳出访谈工作中获得的一些关键性语句，这些语句能够比较深刻地表示城市品牌化的影响因素及其作用机制。然后通过分析访谈结果，概括了实务界对城市品牌影响因素的理解。这种资料分析方法在国际市场营销中的访谈性研究文献中经常应用。

笔者对上述五家单位的提问设计分别涉及：成都市城市品牌建设的发展历史如何？目前的现状怎么样？成都在构建城市品牌方面的策略有哪些？有哪些比较重大的城市品牌塑造活动？目前参与成都城市品牌建设的组织机构有哪些？能否举例说明这些机构是如何参与城市品牌建设的？是否有一个专门机构来协调其他机构的相关工作？与城市品牌建设相关的管理制度有哪些？目前在成都市城市品牌建设实践中存在的主要问题有哪些？你认为影响城市品牌建设的因素有哪些？等等。

表 3-2 总结了对成都市外宣办、成都市旅游局等五个单位相关人员访谈的结果，选取了访谈当中出现的典型语句，提炼了城市品牌影响因素。

表 3 - 2 实施城市品牌化的影响因素

访谈单位	典型语句描述	因素提炼
成都市外宣办	• 成都对外宣传还是不错的,大熊猫已经成为了成都的一个城市名片,当然现在又开始用"太阳神鸟"这个标志; • 成都应该清楚地认识到自己的位置,现在成都、杭州都在宣传休闲,但是成都需要进一步明确自己的休闲与杭州有什么区别; • 不同的部门之间需要加强联系,互通信息,比如在制作外宣材料时,有一些旅游局、文化局已经有了,我们就不用再重复制作了; • 在进行品牌沟通时,需要针对目标市场进行区别化的宣传,比如西方人喜欢我们的历史文化,并将成都作为进藏的门户,整个中国西部的代表;但是东南亚更在意自然风光等; • 先后与传媒集团等其他单位一起,发起多项城市品牌宣传推广活动,每年都会有活动计划; • 会收集国内外各类媒体有关成都的报道,定期出分析报告,作为工作决策的依据;	[1]城市品牌定位 [2]目标市场细分 [3]有针对性的城市品牌沟通 [4]市场导向 [5]城市品牌识别 [6]城市品牌标志物设计 [7]城市品牌审计 [8]城市品牌化中的组织协同

续 表

成都市旅游局	• 成都市在旅游方面的投入还是很大的,每年有一定的旅游宣传投入预算; • 旅游局针对国内外不同的旅游市场搞了很多有针对性的宣传推广活动; • 举办了成都旅游品牌标识的征集活动; • 会定期对导游等一些景区服务人员进行培训,提升其服务素质; • 游客在成都能够买到的旅游纪念品种类比较有限,需要进一步加大产品开发、推广与销售;	[1]对城市品牌建设的投资预算制度 [2]城市产品设计 [3]市场导向/顾客导向 [4]城市产品促销 [5]目标市场细分 [6]城市品牌沟通 [7]城市旅游品牌标识 [8]城市产品一线人员的培训制度
成都市投资促进委员会	• 成都市在招商引资方面成立了专门的委员会来协调相关单位的工作; • 成都市先后制定多项招商引资的优惠政策和制度; • 成都营商品牌的宣传推广主要是采取"走出去"的办法,市领导带队去外地招商,当然现在来成都工业园区落户的企业越来越多了; • 还需要进一步加大对成都营商品牌的宣传力度,特别是要从组织与机制上加以落实; • 要把成都营商品牌的宣传与成都旅游品牌的推广很好地加以统一与协调;	[1]城市品牌化协同组织 [2]城市品牌化管理制度 [3]城市品牌结构关系 [4]城市品牌沟通 [5]服务意识 [6]城市产品促销

成都市文化局	• 在宣传成都市的社会文化生活方面,拍了许多城市故事题材的电影; • 与文旅集团、对外文化交流协会等单位合作,在成都市内外部开展了多项城市品牌的宣传推广活动,吸引了广大市民的参与; • 各种推广活动传递的口径近年来也相对统一,基本上围绕了休闲这个主题; • 成都的文化内涵是很丰富的,近年来的考古挖掘也说明了这一点,但是还需要进一步挖掘;	[1]演绎城市品牌故事 [2]城市品牌识别 [3]城市品牌定位 [4]城市产品开发 [5]公众参与 [6]组织协同 [7]同时关注城市内部和外部顾客 [8]城市品牌沟通
成都社科院	• 成都的城市品牌价值经过这么多年的探索,还是需要进一步加以明确,城市品牌内涵还需要进一步加以充分挖掘; • 成都在城市品牌建设方面还需要再加以统一规划; • 城市品牌推广主题与宣传活动需要有连续性,不能变动得太过频繁; • 基本上是政府在主导,还需进一步调动协会、高校、企业与市民的参与; • 需要一个系统而全面的对品牌投入、产出的评价机制; • 需要加大人力资源投入,引进或培养城市品牌、城市营销方面的专业人才。	[1]城市品牌识别 [2]城市品牌规划 [3]城市品牌定位 [4]城市品牌沟通的持续性与一致性 [5]组织协同 [6]公众参与 [7]城市品牌相关考评制度 [8]参与城市品牌建设的人才素质

结合已有的理论成果,从表 3-2 中可知,城市品牌识别、城市目标市场细分、城市品牌定位、城市产品开发与促销、城市品牌沟通、城市品牌故事演绎、城市品牌审计等要素可以视为是属于城市品牌战略制定与执行方面的一些影响因素;组织协同、管理制度、公众参与、人才素质、人际关系等则属于对于城市品牌战略执行的保障和支撑因素。这两方面的因素关系到城市品牌建设的顺利推进,对城市品牌化的成功有重要影响。

四、访谈结论

从表 3-2 可以粗略地看出,实务界对城市品牌影响因素的理解与理论界关于这一问题的观点是大致相同的,城市品牌化的影响因素主要有城市品牌识别、城市品牌结构、城市品牌定位、城市品牌沟通、城市品牌审计、城市品牌化协同组织(包括组织结构和相关人员)、城市品牌化管理制度(包括各类相关的制度)、城市品牌化文化氛围(包括行为理念、管理风格等)等方面构成,这些因素可以视作城市品牌建设实践过程中普遍被重视的因素。

需要指出的是,一些学者认为比较重要的"城市品牌更新"这一要素在此次专家访谈中并没有得到印证。分析其中的原因,这可能与成都市本身城市品牌建设的发展历史有一定关系。因为成都在城市品牌建设的发展过程中,很少面临消极城市品牌的危机,这使得"城市品牌更新"这一要素在成都市城市品牌建设实践领域中的专家看来并不突出。另外,一些城市品牌更新的做法事实上已经在成都市参与城市品牌建设各类机构的日常工作中得到了体现,比如根据城市外部市场环境的发展变化来调整城市品牌的沟通策略等,所以这一要素也就没有被专门加以强调。但是,这也在一定程度上暗示了能否将"城市品牌更新"作为城市品牌影响因素,还需要加以更严格细致的考察。

值得注意的是,在上述访谈过程中,大部分实务界的专家都认为城市品牌化的过程应该分两大部分:即做事情的能力和做事情的方法,只有首先具备了专业组织、机制与能力,才有可能做好事情,这些可以视作城市品牌化的先决条件。其次,要有正确的做事方法,要准确地把握住城市品牌的实质、定位、长期投入、均衡发展。因此,至少可以将城市品牌影响因素分成执行层面和支撑层面两大类。

总之,专家访谈的结果在一定程度上支持了理论界关于城市品牌影响因素的分类和观点,为下文提出城市品牌化成功因素研究模型提供了启发和借鉴。

第三节　城市品牌概念模型的适用条件

在提出城市品牌模型之前,需要对研究的前提适用条件进行必要的界定和说明,以便控制变量数目及简化模型。为统一研究共识,本书提出的概念模型须遵循适用条件:

1. 城市品牌模型研究的是影响城市品牌化成功实施的关键管理要素

本研究拟就城市品牌化实施过程中,对城市品牌化成功与否产生影响的管理要素展开研究,而对于一些城市在短期内无法改变但对城市品牌化效果可能也会产生影响的因素,如城市区位优势、城市资源禀赋、城市气候条件等,在本研究中并不加以涉及。也就是说,本模型将把研究重点放在城市品牌化过程中,城市品牌管理部门可控的一些因素当中,而忽略一些城市品牌管理部门不可控的客观因素。之所以做出这样的取舍,主要是考虑到研究模型对于城市品牌化实践的指导意义和借鉴价值,另一方面也希望本研究的内容能够更加集中和紧凑,符合管理学科的研究范畴,对于营销学视角下的城市品牌理论能够有更加直接的贡献。

2.城市品牌模型将用"城市品牌指数"来衡量城市品牌化成功与否

研究城市品牌化关键成功要素,除了通过前面的文献回顾和专家访谈来研究本模型的自变量之外,另一个重要的内容就是确定本模型的因变量,即对城市品牌化成功与否的衡量指标。在第二章的文献回顾中,本书梳理了国内外学者在城市品牌化效果测量方面取得的研究进展,其中做得相对比较成功的是 Anholt-GMI"城市品牌指数"(主要针对国外城市)和倪鹏飞等完成的《中国城市竞争报告 No.5》中的"城市品牌指数"(针对国内 52 个主要城市)。考虑到本书的研究对象是中国城市的城市品牌化,而倪鹏飞等的研究在一定程度上更加贴近中国城市品牌建设的现实状况,开发的城市品牌指数的测量结果能够较好地反映国内城市品牌发展的实际状况,因此在本书中,将使用倪鹏飞等人提出的"城市品牌指数"这一工具来衡量城市品牌化成功与否,并使用他们在研究中获得的最新数据作为本书研究模型的因变量数据。

3.城市品牌模型在进行实证研究时将忽略时间因素对数据的影响

鉴于本书的研究目的是研究城市品牌化成功要素,并不涉及在本书实地调查前后的纵向比较研究,因此在构建模型时将视样本来自同一时点,同时还将忽略一些时间因素,如城市品牌建设的历史长度、城市品牌化的未来发展潜力等对数据的影响,而只对国内各主要城市的城市品牌化现状加以考察。另外,由于本书中使用《中国城市竞争报告 No.5》中"城市品牌指数"的有关数据作为研究模型的因变量数据,该报告的数据截至 2007 年 1 月,而研究模型中自变量部分的数据是本研究通过问卷量表的方式专门收集的第一手数据,所有的数据收集于 2007 年 9 月前完成。虽然研究模型中自变量数据与因变量数据并不是在同一时间段内完成,但考虑到城市品牌化是一个长期而系统的过程,短短数个月的差距相对于城市品牌化的长期过程来说并不显著,因此本书将忽略这一时间因素对模型中自变量与因变量数据的影响。

4. 城市品牌模型适用于城市层面的品牌化过程

目前在关于地区品牌化命题的研究与实践中,已涉及地区的多个层面,包括国家层面、省区层面、城市层面、县域层面等。而不同地区层面的品牌化是有所不同的。比如国家层面的品牌化就更多地强调国家品牌的功能性价值,而城市层面或县域层面的品牌化则倾向于突出地区品牌的情感性或象征性价值,并以此来推动功能性价值的发挥[①]。为了更好地掌握当前的研究现状,本书对于各个地区层面的品牌化研究成果进行了梳理,并从中总结和归纳出理论界关于城市品牌影响因素的主要观点。尽管如此,但本书的专家访谈、问卷调查的样本选取、案例分析对象,都是在城市层面展开,即本书实证研究的主要部分是在城市层面进行的。出于学术严谨的考虑,本书在此说明研究模型主要适于

---

① N. Caldwell & J. Freire, "The Differences between Branding a Country, a Region and a City: Applying the Brand Box Model." *Journal of Brand Management*, 2004, 12, 1:50~61.

城市层面的品牌化过程，而对于其他地区层面，如国家层面、县域层面等的品牌化过程是否适用，本书建议再加以进一步的验证。

第四节　城市品牌影响因素的概念模型

明确城市品牌概念模型的适用条件之后，就需要搭建城市品牌概念模型，对城市品牌影响因素进行分析和检验，即弄清影响城市品牌化成功实施的主要管理因素有哪些，可以如何加以分类。而后再研究城市品牌影响因素与城市品牌指数之间的关系，即确定各影响因素对城市品牌指数的关系系数，最终确定城市品牌影响因素模型(图 3-1)。

从图中可以看到，城市品牌影响因素包括两类：城市品牌化执行层要素(City Brand Executive Factor，简称 CBEF)和城市品牌化支撑层要素(City Brand Supporting Factor，简称 CBSF)。其中城市品牌化执行层要素又包括城市品牌识别要素(City Brand Identification Factor，简称 Identification)、城市品牌结构要素(City Brand Architecture Factor，简称 Architecture)、城市品牌定位要素(City Brand Position Factor，简称 Postition)、城市品牌沟通要素(City Brand Communication Factor，简称 Communication)、城市品牌审计要素(City Brand Audit Factor，简称 Audit)和城市品牌更新要素(City Brand Renewing Factor，简称 Renewing)等六大要素；城市品牌化支撑层要素又包括城市品牌化协同组织要素(City Branding Organization Factor，简称 Organization)、城市品牌化管理制度要素(City Branding System Factor，简称 System)

和城市品牌化文化氛围要素（City Branding Culture Factor，简称 Culture）等三大要素。

另外，就图形所显示的城市品牌化影响因素与城市品牌指数之间的关系结构可以看出，在本书的研究中一是要确定城市品牌化执行层要素及其构成因素与城市品牌指数之间的关系，二是要确定城市品牌化支撑层要素及其构成因素与城市品牌指数之间的关系，三是要确定城市品牌化支撑层要素对城市品牌化执行层要素的影响。

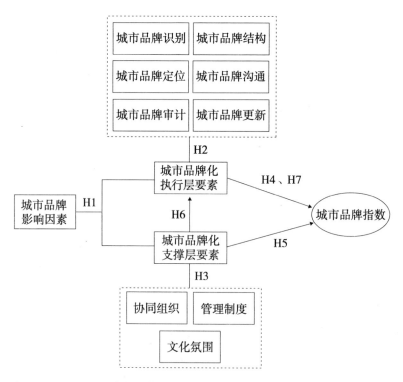

图 3-1　城市品牌影响因素与城市品牌指数的关系模型

本章小结

城市品牌战略执行方面的影响因素就是指那些影响城市品牌战略实施各个步骤与环节的各类关键管理要素。从现有的研究成果来看,就城市品牌化的战略执行过程而言,学者们认为影响城市品牌的关键管理因素主要集中于城市品牌识别、城市品牌结构、城市品牌定位、城市品牌沟通、城市品牌审计和城市品牌更新等环节。

城市品牌管理支持方面的影响因素主要是指那些对城市品牌化战略实施与执行的各个环节起到管理支撑作用的各类可控因素。从笔者所掌握的文献来看,在城市品牌化战略执行的管理支撑平台中,理论界认为对城市品牌化成功与否产生影响的关键管理因素主要来源于城市品牌化协同组织、城市品牌化管理制度、城市品牌化文化氛围等方面。

为统一研究共识,本书设定了四个适用条件:城市品牌模型研究的是影响城市品牌化成功实施的关键管理要素;城市品牌模型将用“城市品牌指数”来衡量城市品牌化成功与否;城市品牌模型在进行实证研究时将忽略时间因素对数据的影响;城市品牌模型适用于城市层面的品牌化过程。在此基础上,本章提出了城市品牌影响因素与城市品牌指数的关系模型。

第四章 城市品牌飞轮模型

科学研究方法是得出正确结论的前提条件。定性研究与定量研究应该相互补充、相辅相成。在搭建理论框架之后,需要为调查研究做出科学的规划,进行周密合理的研究设计并贯彻实施,从而保证实证研究的可靠性和有效性。本章将分别就论证目标和研究设计、调查问卷的设计与修改、访谈修正与量表纯化以及大规模问卷发放和回收等方面的研究工作予以逐一说明。同时使用SPSS15.0 和 LISREL8.70 对模型中研究假设的有效性进行验证:首先借助因子分析探索和检验每个概念的结构,以及每个测项的信度;其次,通过相关分析检验各组自变量与因变量之间的关系,判断各个变量是否适合进行下一步的回归分析;然后,通过回归分析进一步讨论各个因子之间的关系,并进行假设检验;最后,通过结构方程建模分析检验潜变量之间的整体关系,考察研究模型的拟合效果。

第一节 城市品牌模型的研究假设

结合上一章提出的概念模型(图 3-1),本章将从以下两个方面提出研究假设。

一、城市品牌影响因素的构成

本书拟开展城市品牌化成功要素的研究,因此首先需要明确对城市品牌化过程产生主要影响的管理因素,再从中识别出影响城市品牌化成功的关键要素。从之前的文献回顾中可以看到,理论界认为城市品牌化是一个持续的管理过程,既包括城市品牌化的执行环节,也涵盖为城市品牌化各执行环节提供的管理支持。同时,在对实务专家的访谈结果进行分析时也可以看到,专家所提及的影响城市品牌化的重要管理因素也涉及这两方面。也就是说,对城市品牌化过程产生影响的管理因素应该包括执行层面的要素和支撑层面的要素[①]。因而有以下假设:

假设 1(H1):城市品牌影响因素可以分为城市品牌化执行层要素和城市品牌化支撑层要素。

就城市品牌化执行层要素而言,学术界认为这方面的管理因素主要涉及城市品牌识别、城市品牌结构、城市品牌定位、城市品牌沟通、城市品牌审计和城市品牌更新等环节。实务专家则同样强调了城市品牌识别、城市品牌结构关系、城市品牌定位(目标市场细分)、城市品牌沟通(城市产品设计、城市品牌标识、城市产品促销)、城市品牌审计等要素。因而有以下假设:

假设 2(H2):城市品牌化执行层要素由城市品牌识别、城市品牌结构、城市品牌定位、城市品牌沟通、城市品牌审计和城市品

---

① 如果把城市品牌化的成功看作是城市品牌价值最大化的实现,那么本书对于城市品牌化这两大要素的归纳逻辑就类似于迈克尔·波特价值链模型中将企业价值增加活动分为基本活动和支持性活动。

牌更新构成。

至于城市品牌化支撑层要素,理论界认为对城市品牌化成功实施产生影响的因素主要来源于城市品牌化协同组织、城市品牌化管理制度、城市品牌化文化氛围等方面。同样,来自实务界的观点也认为城市品牌组织、城市品牌制度(投资预算制度、培训制度、优惠政策)、文化氛围(市场导向、顾客导向、服务意识)等要素的重要性值得强调。因而有以下假设:

假设 3(H3):城市品牌化支撑层要素由城市品牌化协同组织、城市品牌化管理制度和城市品牌化文化氛围构成。

二、城市品牌影响因素与城市品牌指数的关系机理

就城市品牌化执行层要素而言,多数学者认同清晰、可信、有吸引力、有特色的城市品牌识别对于城市品牌化的成功至关重要[①]。城市品牌可以像产品品牌那样,通过构建不同的品牌结构尽可能多地向城市利益相关者或城市顾客进行传播[②],从而实现既定的城市品牌化目标。城市品牌定位作为城市品牌化的核心要

---

① D. Gertner & P. Kotler, "How Can a Place Correct a Negative Image?", *Place Branding*, 2004, 1, 1:50~57; S. Anholt, "Some Important Distinctions in Place Branding." *Place Branding*, 2005, 1, 2:116~121; S. Anholt & J. Hildreth, "Let Freedom and Cash Registers Ring: America as A Brand." *Place Branding*, 2005, 1, 2:164~172;胡浩、徐薇:《论地区营销中的品牌化战略》,《青岛科技大学学报》(社会科学版)2004 年第 1 期,第 13~16 页。

② M. Kavaratzis & G. J. Ashworth, "City Branding: An Effective Assertion of Identity or a Transitory Marketing Trick?" *Tijdschrift voor Economische en Sociale Geografie*, 2005, 96, 5:506~514.

素之一已受到学者们的广泛关注①。还有学者把城市品牌化的核心目标看作是一个集中一致的沟通战略的产生过程②，强调城市品牌沟通的重要作用。此外，及时而有效的城市品牌审计对于树立和维护良好的城市品牌形象也是至关重要的③。而城市品牌化过程中，特别是对于那些有着负面形象的城市来说，一些学者认为有效的城市品牌更新将能够帮助城市获得复兴的机会④。基于城市品牌识别、城市品牌结构、城市品牌定位、城市品牌沟通、城市品牌审计和城市品牌更新都是城市品牌化执行层要素的构成因素，因而有以下假设：

① F. Gilmore, "A Country-Can It Be Repositioned? Spain-the Success Story of Country Branding." *Journal of Brand Management*, 2002, 9, 4/5:281~293; S. K. Rainisto, *Success Factors of Place Marketing: A Study of Place Marketing Practices in Northern Europe and the United States*, Doctoral Dissertation, Helsinki University of Technology, Institute of Strategy and International Business, 2003; J. Quelch & K. Jocz, "Positioning the Nation-state." *Place Branding*, 2005, 1, 3:229~237; V. Nobili, "The Role of European Capital of Culture Events within Genoa's and Liverpool's Branding and Positioning Efforts." *Place Branding*, 2005, 1, 3:316~328；李成勋：《关于城市品牌的初步研究》，《广东社会科学》2003 年第 4 期，第 71~76 页；刘向晖：《破解城市品牌定位的治理难题》，《中国城市经济》2006 年第 1 期，第 39~41 页；刘彦平：《城市营销战略》，中国人民大学出版社 2005 年版；刘彦平：《精准定位　奠定城市品牌化坚实基础——爱丁堡城市品牌定位经验剖析》，《中国城市经济》2007 年第 6 期，第 62~64 页。

② D. Hall, "Destination Branding, Niche Marketing and National Image Projection in Central and Eastern Europe." *Journal of Vacation Marketing*, 1999, 5:227~237.

③ D. Gertner & P. Kotler, "How Can a Place Correct a Negative Image?" *Place Branding*, 2004, 1, 1:50~57.

④ D. Gertner & P. Kotler, "How Can a Place Correct a Negative Image?" *Place Branding*, 2004, 1, 1:50~57; K. Nuttavuthisit, "Branding Thailand: Correcting the Negative Image of Sex Tourism." *Place Branding and Public Diplomacy*, 2007, 3, 1:21~30.

假设 4(H4):城市品牌化执行层要素对城市品牌指数具有正向的影响

假设 4a(H4a):城市品牌识别对城市品牌指数具有正向的影响

假设 4b(H4b):城市品牌结构对城市品牌指数具有正向的影响

假设 4c(H4c):城市品牌定位对城市品牌指数具有正向的影响

假设 4d(H4d):城市品牌沟通对城市品牌指数具有正向的影响

假设 4e(H4e):城市品牌审计对城市品牌指数具有正向的影响

假设 4f(H4f):城市品牌更新对城市品牌指数具有正向的影响

至于城市品牌化支撑层要素,有学者认为如果要使城市品牌化成为推动地方发展的有效工具,那么优化城市品牌管理组织就是十分必要的①。同时,还有不少学者都在强调管理制度在城市品牌化中的重要作用②。另外,理论界对于文化氛围在城市品牌

---

① G. Hankinson,"Location Branding: A Study of the Branding Practices of 12 English Cities." *Journal of Brand Management*, 2001, 9, 2:127~142; G. Hankinson,"Relational Network Brands: Towards A Conceptual Model of Place Brands." *Journal of Vacation Marketing*, 2004, 10, 2:109~121; M. S. Allan,"Leadership-Key to the Brand of Place." Spirit In Business-Forum 2004 – Great Leaders Good Leaders, 2004, 28th September.

② G. Hankinson,"Location Branding: A Study of the Branding Practices of 12 English Cities." *Journal of Brand Management*, 2001, 9, 2:127~142; G. Hankinson,"Relational Network Brands: Towards A Conceptual Model of Place Brands." *Journal of Vacation Marketing*, 2004, 10, 2:109~121; C. Lodge,"Success and Failure: the Brand Stories of Two Countries." *Journal of Brand Management*, 2002, 9, 4/5:372~384; M. S. Allan,"Leadership-Key to the Brand of Place." Spirit In Business-Forum 2004 – Great Leaders Good Leaders, 2004, 28th September; G. Allen, "Place Branding: New Tools for Economic Development." *Design Management Review*, 2007. 18, 2:60~68, 91;刘湖北:《中国城市品牌塑造的误区及对策》,《南昌大学学报》(人文社会科学版)2005 年第 5 期,第 59~63 页;刘彦平:《城市品牌建设之二:品牌管理》,《国际公关》2006 年第 4 期,第 68~69 页。

建设中的作用也同样给予了重视①。基于城市品牌化协同组织、城市品牌化管理制度、城市品牌化文化氛围都是城市品牌化支撑层要素的构成因素，因而有以下假设：

假设 5(H5)：城市品牌化支撑层要素对城市品牌指数具有正向的影响

假设 5a(H5a)：城市品牌化协同组织对城市品牌指数具有正向的影响

假设 5b(H5b)：城市品牌化管理制度对城市品牌指数具有正向的影响

假设 5c(H5c)：城市品牌化文化氛围对城市品牌指数具有正向的影响

另外，管理学中认为组织的重要作用在于为管理职能的开展提供了载体，制度的效用在于为管理任务的完成提供了保障，而文化的价值则在于成为组织运行的润滑剂，推动管理目标的实现。因此，基于这样的一种认识，本研究提出如下假设：

假设 6(H6)：城市品牌化支撑层要素对城市品牌化执行层要素具有正向的影响

假设 6a(H6a)：城市品牌化协同组织对城市品牌执行层要素具有正向的影响

---

① M. S. Allan, "Leadership-Key to the Brand of Place." Spirit In Business-Forum 2004－Great Leaders Good Leaders, 2004, 28th September; G. Hankinson, "Relational Network Brands: Towards A Conceptual Model of Place Brands." *Journal of Vacation Marketing*, 2004, 10, 2:109～121; N. Papadopoulos, "Place Branding: Evolution, Meaning and Implications." *Place Branding*, 2004, 1, 1:36～49; G. Seisdedos & P. Vaggione, "The City Branding Processes: the Case of Madrid." 41st ISoCaRP Congress, 2005, http://www.isocarp.net/Data/case_studies/658.pdf.

假设 6b(H6b)：城市品牌化文化氛围对城市品牌执行层要素具有正向的影响

假设 6c(H6c)：城市品牌化管理制度对城市品牌执行层要素具有正向的影响

结合假设 4、假设 5、假设 6，本研究进一步提出如下衍生假设：

假设 7(H7)：城市品牌化支撑层要素能够通过城市品牌化执行层要素对城市品牌指数产生正向的影响

假设 7a(H7a)：城市品牌化协同组织能够通过执行层要素对城市品牌指数产生正向的影响

假设 7b(H7b)：城市品牌化管理制度能够通过执行层要素对城市品牌指数产生正向的影响

假设 7c(H7c)：城市品牌化文化氛围能够通过执行层要素对城市品牌指数产生正向的影响

表 4-1 汇总了本书相关关系研究假设内容和拟采用的检验方法。

表 4-1　本书的研究假设及检验方法

序号	假设内容	检验方法
H1	城市品牌影响因素可以分为城市品牌化执行层要素和城市品牌化支撑层要素	验证性因子分析
H2	城市品牌化执行层要素由城市品牌识别、城市品牌结构、城市品牌定位、城市品牌沟通、城市品牌审计和城市品牌更新构成	验证性因子分析
H3	城市品牌化支撑层要素由城市品牌化协同组织、城市品牌化管理制度和城市品牌化文化氛围构成	验证性因子分析
H4	城市品牌化执行层要素对城市品牌指数具有正向的影响	回归分析

H4a	城市品牌识别对城市品牌指数具有正向的影响	回归分析
H4b	城市品牌结构对城市品牌指数具有正向的影响	回归分析
H4c	城市品牌定位对城市品牌指数具有正向的影响	回归分析
H4d	城市品牌沟通对城市品牌指数具有正向的影响	回归分析
H4e	城市品牌审计对城市品牌指数具有正向的影响	回归分析
H4f	城市品牌更新对城市品牌指数具有正向的影响	回归分析
H5	城市品牌化支撑层要素对城市品牌指数具有正向的影响	回归分析
H5a	城市品牌化协同组织对城市品牌指数具有正向的影响	回归分析
H5b	城市品牌化管理制度对城市品牌指数具有正向的影响	回归分析
H5c	城市品牌化文化氛围对城市品牌指数具有正向的影响	回归分析
H6	城市品牌化支撑层要素对城市品牌化执行层要素具有正向的影响	回归分析
H6a	城市品牌化协同组织对城市品牌化执行层要素具有正向的影响	回归分析
H6b	城市品牌化文化氛围对城市品牌化执行层要素具有正向的影响	回归分析
H6c	城市品牌化管理制度对城市品牌化执行层要素具有正向的影响	回归分析
H7	城市品牌化支撑层要素能够通过城市品牌化执行层要素对城市品牌指数产生正向的影响	结构方程建模
H7a	城市品牌化协同组织能够通过执行层要素对城市品牌指数产生正向的影响	结构方程建模
H7b	城市品牌化管理制度能够通过执行层要素对城市品牌指数产生正向的影响	结构方程建模
H7c	城市品牌化文化氛围能够通过执行层要素对城市品牌指数产生正向的影响	结构方程建模

第二节　城市品牌模型研究的
论证目标和研究设计

　　城市品牌模型研究的论证目标在于以下两个方面:首先,证明城市品牌影响因素的构成,即通过实证研究确定影响城市品牌化的重要管理因素是否包括城市品牌化执行层要素和城市品牌化支撑层要素两大类,每一类要素的构成维度如何,从而确定本书探索城市品牌化成功要素的框架或范围;其次,研究各类城市品牌影响因素与城市品牌指数之间的关系,从而确定城市品牌化成功要素,并归纳城市品牌模型。

　　本书的实证研究设计以以往学者对城市品牌影响因素的研究为依据,以城市品牌化执行层要素和城市品牌化支撑层要素为影响城市品牌指数的主要构成要素。本书首先将城市品牌识别、城市品牌结构、城市品牌定位、城市品牌沟通、城市品牌审计、城市品牌更新以及组织、制度、文化等因素引进论证框架,判断城市品牌影响因素的构成框架;其次进一步引进作为因变量的城市品牌指数,判断之前确定的城市品牌影响因素与城市品牌指数之间的关系;再次在实证研究的基础上,进一步提炼城市品牌模型,并运用案例研究方法来加以验证。

　　如上文所述,由于第一次访谈的结果支持了理论界关于城市品牌影响因素的有关观点,因此在构建研究模型时将城市品牌影响因素分成了城市品牌化执行层要素和城市品牌化支撑层要素,以留待实证研究的进一步验证。还需要进行第二次访谈,以对问卷的问项设计加以讨论,使问项数量得到充分优化,而这些优化是否真正科学、有效,则需要在小样本检验的基础上通过因子分析使其得以纯化,最终使问卷的信度和效度都达到要求。

在确定问卷问项的基础上,本书将从国内开展城市品牌化建设的主要城市中收集第一手数据,首先运用 SPSS15.0 软件和 LIS-REL8.70 软件进行探索性因子分析(EFA)和验证性因子分析(CFA),以确定城市品牌影响因素的构成;其次,通过相关分析检验各组自变量与因变量之间的关系,以确定这些变量之间的关系是否符合回归分析的要求;再次,对各个变量之间的关系进行回归分析,以验证研究假设;最后,通过采用结构方程建模的分析方法对本书所提出的研究模型进行整体验证。

第三节　城市品牌模型的量表设计与完善

在提出城市品牌影响因素的概念模型和研究假设之后,为了开展实证研究,还需要设计反映概念模型中结构变量的测量项目,开发研究量表。量表是一种测量工具,它试图确定主观的、有时是抽象的定量化测量程序,即用数字来代表测量对象的某一特性;测量对象的不同特性就以多个不同的数字表示[1]。量表在使用时可以通过对被试提问的不同反应模式赋予相应的分值,从而使不同的选项反映变量变异程度的强弱[2]。

---

[1]　参见景奉杰主编:《市场营销调研》,高等教育出版社 2001 年版,第 101～102 页。

[2]　E. Babbie, *The Practice of Social Research* (*8th Ed*). Belmont: Wadsworth Publishing Company, 1998.

　　下面本书将对各潜变量的操作化定义、测量项目的理论产生来源、访谈调查、预检验和小样本研究的过程等逐一说明,这些都是大规模问卷调查之前的基础性工作。

一、潜变量的操作化定义

　　本书的理论模型共涉及潜变量三项,分别是城市品牌化执行层要素、城市品牌化支撑层要素和城市品牌指数,每个潜变量又包含不同的维度(表4-2)。

　　在文献回顾和专家访谈的基础上,本书将"城市品牌化执行层要素"从六个维度加以界定,即包括城市品牌识别、城市品牌结构、城市品牌定位、城市品牌沟通、城市品牌审计和城市品牌更新。

　　对于"城市品牌化支撑层要素",本书从三个维度进行界定,分别是城市品牌化协同组织、城市品牌化管理制度、城市品牌化文化氛围。

　　至于"城市品牌指数",本书根据倪鹏飞等人的研究成果,从四个方面加以界定,分别是城市总体品牌指数、城市营商品牌指数、城市旅游品牌指数和城市宜居品牌指数[①]。

---

　　① 在倪鹏飞主编的《中国城市竞争力报告 No.5》(2007)中还设计了"城市原产地品牌指数"这一指标。事实上,对于所谓"原产地形象"或"原产地品牌"的研究,主要是在国际贸易研究领域展开的。在城市品牌理论研究中,专门将城市的"原产地品牌"独立出来,与"城市旅游品牌"、"城市营商品牌"、"城市宜居品牌"等并列作为城市副品牌的做法还十分罕见。考虑到研究对象的特点,本书仅采用上述报告中的城市总体品牌指数、城市营商品牌指数、城市旅游品牌指数和城市宜居品牌指数等四项指标。

表4-2　潜变量的操作化定义

概　念	维　度	定　义
城市品牌化执行层要素	城市品牌识别	城市品牌专家对设计城市品牌识别过程中相关工作的评价
	城市品牌结构	城市品牌专家对搭建城市品牌结构,确立城市主副品牌关系过程中相关工作的评价
	城市品牌定位	城市品牌专家对选择城市品牌定位过程中相关工作的评价
	城市品牌沟通	城市品牌专家对城市品牌沟通过程中所开展工作的评价
	城市品牌审计	城市品牌专家对城市品牌审计过程中所开展工作的评价
	城市品牌更新	城市品牌专家对城市品牌更新过程中所开展工作的评价
城市品牌化支撑层要素	城市品牌化协同组织	城市品牌专家对城市品牌管理组织的搭建和运行状况的评价
	城市品牌化管理制度	城市品牌专家对城市品牌化过程中有关城市品牌管理制度设计情况的评价
	城市品牌化文化氛围	城市品牌专家对城市品牌化过程中城市品牌管理组织文化氛围现状的评价
城市品牌指数	城市总体品牌指数	社会公众对城市品牌形象的综合认知和评价
	城市营商品牌指数	社会公众对城市营商品牌的综合评价
	城市旅游品牌指数	社会公众对城市旅游品牌的综合评价
	城市宜居品牌指数	社会公众对城市宜居品牌的综合评价

二、量表设计的理论依据

科学合理的测量项目应当充分借鉴还有研究成果。对潜变量各个维度的测量条款可以通过深度访谈、概念化操作与相关文献综述来设计。适合结构变量的测量项目基本上决定了量表的内容效度。所谓内容效度是指测量项目是否覆盖了一个理论结构变量的内涵[①]。

本书在理论分析的基础上，结合针对成都市城市品牌建设现状所作的专业访谈提出了研究假设。根据这些研究假设，在实证研究过程中所需的测量项目主要包含两个方面的内容，一是测量城市品牌化执行层面各变量维度的项目，二是测量城市品牌化支撑层面各变量维度的项目。而测量城市品牌化成功与否的指标则直接采用倪鹏飞等的"中国城市竞争力品牌指数"的测评数据。本书的初始测量项目建立在广泛的文献阅读基础之上，各变量维度测量项目产生的主要来源如表4-3和表4-4所示。

表4-3 城市品牌化执行层要素测量项目来源

构面	测量项目	参考来源
城市品牌识别	了解城市内外部环境	Seisdedos & Vaggione, 2005
	体现城市各方意见	Kalandide, 2006; Trueman et al., 2004; Anholt, 2006
	反映城市资源特色	Kavaratzis & Ashworth, 2005; Kerr, 2006; Gilmore, 2002

---

① G. A. Churchill, Jr., "A Paradigm for Developing Better Measures of Marketing Constructs." *Journal of Marketing Research*, February, 1979, 16:64~73.

续　表

	有吸引力	Hankinson, 2001; Morgan, Pritchard & Piggott, 2002a; Gertner & Kotler, 2004; Anholt, 2005; Anholt & Hildreth, 2005; 胡浩和徐薇，2004；刘彦平，2005
	真实、可信	Gilmore, 2002; Gertner & Kotler, 2004; Trueman et al., 2004; Seisdedos & Vaggione, 2005
城市品牌结构	主副品牌功能明确	Anholt, 2005
	主副品牌传递一致信息	Kavaratzis & Ashworth, 2005; Dooley and Bowie, 2005
	品牌间关系适应目标市场选择	Kerr, 2006
城市品牌定位	差异性	Gilmore, 2002; Gertner & Kotler, 2004; Quelch and Jocz, 2005; Nobili, 2005;刘向晖，2006；黄琴和孙湘明，2007；于宁，2007
	真实性、可信	Gertner & Kotler, 2004; Quelch and Jocz, 2005;李成勋，2003；刘向晖，2006
	吸引力	Gertner & Kotler, 2004; Nobili, 2005;李成勋，2003；刘向晖，2006
	前瞻性	Gilmore, 2002; Quelch and Jocz, 2005
	易于理解	Gilmore, 2002; Harrison, Kerr and Johnson, 2005; 2002;李成勋，2003；刘向晖，2006
城市品牌沟通	产品设计	Hankinson, 2001
	视觉识别	Hankinson, 2004; Allen, 2007
	基础设施、城市服务、节事活动、标志性建筑	Ritchie and Smith, 1991; Brown, Chalip, Jago and Mules, 2002; Kavaratzis, 2004, 2005;樊传果，2006；刘彦平，2006b

	城市品牌故事	Kavaratzis，2005；Kavaratzis and Ashworth，2005；Kalandides，2006
	持续性	Papadopoulos，2004
	一致性	Kavaratzis，2005；Anholt and Hildreth，2005
	对内对外双向沟通	Allen，2007
	有形性	Gilmore，2002
	真实感、适应性	Peters & Pikkemaat，2002；刘彦平，2006b
城市品牌审计	监测环境变化	Seisdedos and Vaggione，2005；Dooley and Bowie，2005
	审计城市品牌内涵	Gertner and Kotler，2004
	收集城市内部顾客意见	Dooley and Bowie，2005；方丽，2005；张燚等，2007
	收集城市外部顾客看法	刘湖北，2005；刘彦平，2006a；张燚等，2007
城市品牌更新	品牌内涵更新	Gertner and Kotler，2004
	品牌组合调整	Dooley and Bowie，2005
	品牌定位调整	Gilmore，2002；Nuttavuthisit，2007；Seisdedos and Vaggione，2005
	品牌沟通方法和工具改进、媒体关系改善	Nuttavuthisit，2007；Gertner and Kotler，2004

表 4 - 4 城市品牌化支撑层要素测量项目来源

构面	测量项目	参考来源
城市品牌化协同组织	复杂性、可控性	Hankinson，2001
	参与人员的多样性	Lodge，2002；Allan，2004；Seisdedos and Vaggione，2005；Kalandides，2006；刘彦平，2005
	协同一致性	Allan，2004；Hankinson，2004；Pant，2005；刘彦平，2005

续　表

	人员专业、高素质	Kalandides，2006；Allan，2004
城市品牌化管理制度	部门协调机制	Hankinson，2001；Allan，2004；Pant，2005；刘彦平，2005
	考核制度	Hankinson，2001
	投资、预算制度	Hankinson，2004；Lodge，2002
	长期研究制度	Allen，2007
	培训制度	Allen，2007
城市品牌化文化氛围	市场导向、顾客导向	Papadopoulos，2004
	公私协作	Seisdedos and Vaggione，2005；Papadopoulos，2004；Allan，2004
	服务意识	Hankinson，2004
	绩效导向	Allan，2004

三、第二次专家访谈：量表测项论证

为获得一份有效的调查问卷，根据从文献中整理出来的测量项目，结合研究对象和研究内容的特点，本书还分别设计了针对城市政府管理部门公务人员和城市品牌问题研究学者的访谈提纲，访谈关键词见表4-5和表4-6。访谈的目的是检测变量测量项目的有效性。在这一阶段的工作中，笔者同时选择了八位政府部门公务人员和三位城市品牌研究学者进行专业访谈。

针对城市政府公务人员和有关专家访谈的主要目的是考察在城市品牌化实施过程中一些主要影响要素的构成及作用机理是否

表 4 - 5 研究模型执行层变量及其访谈关键词

模型变量	访谈关键词
城市品牌识别	发展环境：国际环境、国内环境、发展机会、面临威胁 资源特色：城市经济、社会文化、自然环境、城市建筑 识别要求：真实性、吸引性、内部认同
城市品牌结构	结构内容：总体品牌功能、旅游品牌功能、营商品牌功能、 宜居品牌功能 结构关系：主副品牌信息传递、主副品牌策略地位、主副品 牌支持关系、主副品牌与目标市场的关系
城市品牌定位	差异性、真实性、吸引力、前瞻性、易于理解、针对目标市场
城市品牌沟通	沟通工具：城市产品设计、品牌视觉识别、标志性建筑、基 础设施与服务、品牌故事宣传片、事件营销 沟通手段：广告传播、公关宣传、人员推销 媒体关系：媒体选择、媒体协调、媒体策略
城市品牌审计	品牌环境监测、品牌核心价值审计、品牌个性审计、居民意 见收集、主副品牌关系审计、品牌定位监测、品牌沟通过程 审计、媒体监测与分析
城市品牌更新	品牌内涵更新、品牌组合调整、品牌定位调整、品牌沟通方 法和工具改进、媒体关系改善

表 4 - 6 研究模型支撑层变量及其访谈关键词

模型变量	访谈关键词
城市品牌化组织协同	组织结构：复杂程度、可控性、信息传递、部门协同 人员配置：多样性、专业性、高素质
城市品牌化管理制度	部门协调机制、考核机制、奖惩制度、投资制度、预 算制度、长期研究制度、培训制度
城市品牌化文化氛围	市场导向、顾客导向、公私协作、服务意识、绩效导向

与本研究的理论模型一致，以及测量项目对相应概念的涵盖和表

述是否良好。访谈提纲主要是围绕以下几个方面进行设计的:

1.对城市品牌识别的理解。主要是考察如何依据现状判断城市在设计品牌识别时的表现,这主要包括以下要点:城市品牌识别与城市发展环境的关系;城市品牌识别对城市特色资源的反映,涉及城市产业特色、城市社会文化特征、城市自然景观、城市建筑风格等方面;城市品牌识别在城市利益相关者中的认知和态度;相关人员对城市品牌识别的评价等。

2.对城市品牌结构的剖析与理解。主要是考察对城市品牌结构构建的要求和评价,包括两个方面的内容:一是城市品牌结构的构成,涉及城市主品牌的功能、城市副品牌的种类和功能;二是城市品牌结构内各要素的关系,涉及城市主副品牌的相互关系,主副品牌的策略安排等。

3.对城市品牌定位的认知和评价。主要是考察有效的城市品牌定位需满足的标准,或者说有效的城市品牌定位应具备什么样的特征。涉及的内容包括:城市品牌定位的形成过程、城市品牌定位与城市发展规划的关系、城市品牌定位与城市顾客的关系、城市品牌定位的认知与理解状况等。

4.对城市品牌沟通的评价。主要是考察有关城市品牌沟通工作现状的评价与判断要点,包括的内容有:对城市品牌沟通工具的讨论,如城市品牌标识、城市品牌口号、城市品牌宣传片、城市品牌大型活动等;对城市品牌沟通手段的探讨,如城市品牌广告、城市品牌公关活动、城市产品促销等;对城市品牌沟通渠道的选择,如对新媒体的态度、媒体关系的协调等。

5.对城市品牌审计的理解和态度。主要是考察城市品牌审计所涉及内容以及城市品牌审计所关注的重点,包括的内容有:城市品牌审计所涉及的范围、城市品牌审计的工作流程、城市品牌审计结果的报告等。

6.对城市品牌更新的认知。主要是考察城市品牌更新中的主要活动及其操作过程,包括的内容有:城市品牌更新的时机选择、城市品牌更新涉及的范围、城市品牌更新的实施过程、城市品牌更新的效果等。

7.对城市品牌化协同组织的评价和判断。主要是考察高效率的城市品牌化协同组织所应具有的特点,具体涉及两方面的内容:一是组织架构设置方面,城市品牌化协同组织所应达到的标准;二是人员配置方面,加入城市品牌化协同组织中的人员应具有什么样的背景、知识、经验、技能、素质等。

8.对城市品牌化管理制度的认知和态度。主要是考察城市品牌化过程中必需的管理制度所应涵盖的内容,包括的内容有:城市品牌管理组织中部门的协调制度、有关人员的培训、考核和奖惩制度、对城市品牌化的预算、持续投资和研究制度等。

9.对城市品牌化文化氛围的理解和评价。主要是考察什么样的文化氛围有利于推动城市品牌化的进程,涉及的内容包括:城市品牌管理者的角色定位、思维模式和工作理念、城市品牌管理组织的运行特点、城市内其他部门对城市品牌化参与意愿等。

10.访谈还包括被访谈者的一些情况,以及在笔者的引导下对本书理论模型的建议和看法。

四、量表的初始测量条目

结合上述针对城市品牌影响因素的专家访谈,进一步明确了理论模型及潜变量的合理性和可行性。与此同时,也形成了模型中结构变量各维度的初始测量条目。

（一）城市品牌识别的测量条目

城市品牌识别的初始测量项目共有 11 个,它们基本上包含了城市品牌识别的相关要点(表 4-7)。

表 4-7　城市品牌识别的初始测量项目

代码	初始测量项目
PIDE01	参与城市品牌建设的人员对城市发展环境的机会和威胁非常了解
PIDE02	参与城市品牌建设的人员对城市自然景观非常了解
PIDE03	参与城市品牌建设的人员对本地社会文化特点(包括文化价值观、本地人的生活方式、性格特征、风俗习惯等)非常了解
PIDE04	参与城市品牌建设的人员对本地城市基础设施建设和产业发展情况非常了解
PIDE05	城市品牌能够真实综合反映城市的基础设施和产业特征
PIDE06	城市品牌能够真实综合反映城市的社会文化特点
PIDE07	城市品牌能够真实综合反映城市的自然景观特色
PIDE08	城市品牌体现了本地政府、居民、企业和协会组织的意见和观点
PIDE09	城市品牌拥有清晰而有吸引力的未来发展方向
PIDE10	本市具有系统的城市品牌战略规划
PIDE11	产业政策与城市品牌发展方向相协调

（二）城市品牌结构的测量条目

城市品牌结构的初始测量项目共有五个,它们基本上包含了城市品牌结构的相关要点(表 4-8)。

表 4 - 8 城市品牌结构的初始测量项目

代码	初始测量项目
PARC01	本市拥有能够提升城市声誉,使人们产生美好联想的城市主品牌
PARC02	本市拥有能够反映特色资源的城市旅游品牌、营商品牌、宜居品牌等
PARC03	城市主品牌与城市副品牌(如:城市旅游品牌、城市营商品牌、城市宜居品牌等)能够传递一致的信息
PARC04	确定城市主品牌与各城市副品牌的数量时考虑到了目标市场的类型与特点
PARC05	确定各城市副品牌的重要性时考虑到了目标市场的需求特征

(三)城市品牌定位的测量条目

城市品牌定位的初始测量项目共有八个,它们基本上包含了城市品牌定位的相关要点(表 4 - 9)。

表 4 - 9 城市品牌定位的初始测量项目

代码	初始测量项目
PPOS01	城市品牌定位获得了本市公众的持续认同
PPOS02	城市品牌定位能够与竞争城市的定位区别开来
PPOS03	城市品牌定位能够表达城市发展的雄心壮志
PPOS04	城市品牌定位能够表现城市的鲜活形象和吸引力
PPOS05	城市品牌定位具有挑战性和前瞻性
PPOS06	城市品牌定位能够很容易地被不同群体所理解和接受
PPOS07	城市品牌定位时选择的目标市场彼此不冲突
PPOS08	针对不同细分市场分别进行了城市品牌定位

(四)城市品牌沟通的测量条目

城市品牌沟通的初始测量项目共有十个,它们基本上包含了城市品牌沟通的相关要点(表 4 - 10)。

表4-10　城市品牌沟通的初始测量项目

代码	初始测量项目
PCOM01	针对不同城市顾客的需求,开发了多样化的城市产品与服务
PCOM02	具有反映城市品牌核心内容的品牌识别系统(包括品牌标识、口号、象征物、仪式等)
PCOM03	根据所要打造的城市品牌有针对性地建设城市标志性建筑和基础设施
PCOM04	根据所要打造的城市品牌有针对性地提升城市服务
PCOM05	根据所要打造的城市品牌有针对性地开展节事、会展等文化活动
PCOM06	有计划地根据城市历史、文化、居民生活、自然景观等来演绎城市品牌故事
PCOM07	持续地向不同群体传递城市品牌内涵信息
PCOM08	各种城市品牌的推广活动传递的城市品牌内涵信息是一致的
PCOM09	重视向本市居民、企业等沟通城市品牌内涵,认为此举与向外部目标市场的沟通同等重要
PCOM10	持续的城市品牌事件营销能够给目标受众真实感

(五)城市品牌审计的测量条目

城市品牌审计的初始测量项目共有七个,它们基本上包含了城市品牌审计的相关要点(表4-11)。

表4-11　城市品牌审计的初始测量项目

代码	初始测量项目
PAUD01	定期监测城市品牌发展环境的变化
PAUD02	对城市品牌内涵表达中存在的问题进行检视
PAUD03	定期收集本市定居者(市民、企业等)对城市品牌建设的意见或建议
PAUD04	定期收集目标市场受众对本市各个城市品牌的评价
PAUD05	定期收集各类媒体对本市各个城市品牌的报道
PAUD06	定期审核城市品牌管理部门的目标实现状况
PAUD07	定期检查城市品牌管理机构之间的信息沟通状况

(六)城市品牌更新的测量条目

城市品牌识别的更新测量项目共有六个,它们基本上包含了城市品牌更新的相关要点(表 4 - 12)。

表 4 - 12　城市品牌更新的初始测量项目

代码	初始测量项目
PREN01	会依据社会环境、政府政策等的变化来调整城市品牌识别
PREN02	会依据社会环境、政府政策等的变化调整各城市副品牌的数量与重要性
PREN03	会依据社会环境、政府政策等的变化来调整城市品牌定位
PREN04	会依据社会环境、政府政策等的变化来调整城市品牌沟通策略
PREN05	能够对有关城市品牌建设的意见或建议做出及时反应
PREN06	能够对有关城市品牌的负面报道做出及时反应

(七)城市品牌化协同组织的测量条目

城市品牌化协同组织的初始测量项目共有八个,它们基本上包含了城市品牌化协同组织的相关要点(表 4 - 13)。

表 4 - 13　城市品牌化协同组织的初始测量项目

代码	初始测量项目
PORG01	已设立专门的城市品牌管理组织机构
PORG02	参与城市品牌管理的组织除政府部门外,还包括社会团体、公司企业、大众媒体、本市居民等
PORG03	城市品牌管理组织的运作很灵活
PORG04	本市的各类群体(政府部门、社会团体、公司企业、本市居民等)对城市品牌内涵与特征有共同的期望
PORG05	有良好的组织平台使得本市的各类群体都可以参与到城市品牌管理中来
PORG06	邀请了城市规划、城市管理、城市营销、旅游管理等方面的专业人士参与本市的城市品牌管理
PORG07	参与城市品牌管理的人员拥有营销规划、沟通传播等方面的专业知识
PORG08	参与城市品牌管理的人员具有自我激励、自我发展、诚实守信的品质

(八)城市品牌化管理制度的测量条目

城市品牌化管理制度的初始测量项目共有十个,它们基本上包含了城市品牌化管理制度的相关要点(表4-14)。

表4-14　城市品牌化管理制度的初始测量项目

代码	初始测量项目
PSYS01	建立起了本市各群体(政府部门、社会团体、公司企业、本地居民等)参与城市品牌管理的协调机制
PSYS02	建立起了各政府部门参与城市品牌建设时的沟通协调制度
PSYS03	有对城市品牌管理人员的培训制度
PSYS04	有对提供城市服务(如市政服务、旅游服务、交通服务等)的一线人员的培训制度
PSYS05	建立起了对城市品牌管理长期研究和改进的制度
PSYS06	建立起了对城市品牌建设长期投资的制度
PSYS07	建立起了对城市品牌建设的投资预算制度
PSYS08	有全面的衡量城市品牌知名度和美誉度的制度
PSYS09	建立起了城市品牌管理的责任考核机制
PSYS10	建立起了城市品牌建设的目标管理制度

(九)城市品牌化文化氛围的测量条目

城市品牌化文化氛围的初始测量项目共有六个,它们基本上包含了城市品牌化文化氛围的相关要点(表4-15)。

表4-15　城市品牌化文化氛围的初始测量项目

代码	初始测量项目
PCUL01	开展城市品牌管理时坚持以市场为导向、以顾客为导向
PCUL02	开展城市品牌建设时有较好的服务意识
PCUL03	城市品牌建设具有公司化运作的特点
PCUL04	本市政府愿意充分协调企业、个人、协会等参与城市品牌管理
PCUL05	行业协会、公司企业、本地居民等具有参与城市品牌管理与建设的使命感与主动性
PCUL06	本市的城市品牌管理组织注重实际行动的效率和效果

五、问卷设计与小样本检验

量表测量项目设计完毕后,本书的研究工作将进入问卷设计阶段。调查问卷是本书获取正式调查数据的主要途径,因此调查问卷必须在保证能够得到完整信息的基础上,让被访者准确理解并易于填答。设计调查问卷的过程中,本书十分注意问卷的准确性、专业性和完整性。在采取了一系列保证质量的措施后,最终得到了用于正式调查的问卷。

(一)量表评分级度的确定

大量的研究表明,人们对某种一般行为或者特定行为的评价是一种心理状态和自我体验,具有主观性。这种主观判断由认知和情感构成,评价度是认知的结果,而情感是对这种结果的一种反映。因此本书量表测量项目的设计采用标准化的心理测量程序来进行,最终问卷量表的形成还需建立在数据采集之前样本设计工作的基础之上。

从心理学角度出发,可以将人们对某一状态的评价结果分为几个级别。在本书的测评中,对于每个级别还应赋予其相应的分值,这样就能将其与城市品牌影响因素的相关指标配合起来,并以此获得相关专家对各个指标的评价。本书采用对称量表形式,具体做法是将问卷评分级度划分为五等,同时赋予每一个评分级度相应的分值:非常同意(5分)、同意(4分)、一般(难以说清,3分)、不太同意(2分)、完全不同意(1分)。通过统计分析方法的处理,可以确定各项指标在调查对象群体中的相应评价度。

(二)测量条款的问句设计

问卷设计是调查研究的一个重要组成部分。调查问卷的设计质量将直接关系到调查结果的全面性和正确性。一份科学的调查问卷,将有助于正确、全面地了解相关专家在城市品牌影响因素各维度上的评价和态度,从而可以根据调查所获得的信息进一步开展深入的研究。相反,如果设计的调查问卷不合理,就无法真正了解到问卷填写者的认知,或许还会收集到错误的信息,并进一步导致研究失误。要开发科学的调查问卷,在设计问项时必须具有针对性,同时还要将调查问卷与先前确定的测量项目联系起来。

理想的问句设计应使调查人员能够获得所需的信息,同时被调查者又能轻松、方便地回答问题。这就要求调查人员依据具体调查内容要求,设计选用合适的问句进行调查。因此,调查问卷在最终确定之前还需经过随机的局部范围内被调查者意见征询,以便修改某些带有引导性的提问方法和部分容易让被调查者产生歧异的词句。本次调查采用程度评等式问句,这种类型问句的特点是,调查人员对所询问问题列出程度不同的几个答案,并对答案事先按顺序评分。

问卷首先要求被访者填写有关其个人基本情况的背景资料。问卷正文包括两个部分:第一部分是对概念模型中的执行层要素进行测量,由城市品牌识别、城市品牌结构、城市品牌定位、城市品牌沟通、城市品牌审计、城市品牌更新六个部分构成,共 47 个题目;第二部分测量概念模型中的支撑层要素,由协同组织者、管理制度和文化氛围三个部分构成,共 24 个题目。

本问卷主要采用了李科特(Likert)5点评分量表的形式。例如,问卷中对"城市品牌定位"指标相关测量项目及问句设计举例如下:

[例]城市品牌定位要素的测量

19-26题是一些关于本市在城市品牌定位方面具体做法的描述,请结合您的实际感受,确定对各个描述的同意程度,1分代表很不同意,5分代表非常同意,并在相应数字下的空格里打"√"。

有关本市城市品牌定位的表述,您是否同意?	很不 同意		→		非常 同意		
	1	2	3	4	5	6	7
19 城市品牌定位获得了本市公众的持续认同							
20 城市品牌定位能够与竞争城市的定位区别开来							
21 城市品牌定位能够表达城市发展的雄心壮志							
22 城市品牌定位能够表现城市的鲜活形象和吸引力							
23 城市品牌定位具有挑战性和前瞻性							
24 城市品牌定位能够很容易地被不同群体所理解和接受							
25 城市品牌定位时选择的目标市场彼此不冲突							
26 针对不同细分市场分别进行了城市品牌定位							

(三)问卷的预测试

问卷设计完成之后,为了保证问卷指标的有效性和问卷填写者能够很好的理解各个问题,笔者邀请了城市营销方面的一些专家和城市政府管理人员阅读、填写问卷。他们基本上能够在10-20分钟的时间之内完成,符合传统顾客问卷调查的时间长度设计。另外,他们在阅读、填写过程中也发现问题,对个别问卷的措词提出了修改建议,确保了问卷的简洁且不会造成歧异。另外,笔者在博士生学术讨论会上向各位博士生做了说明,包括各个问卷条款的由来,并让他们填写问卷,然后由他们提出修改完善问卷设计的意见和建议。

(四)小样本检验

小样本问卷调查主要是于 2007 年 7 月至 8 月,在北京市、成都市、湖州市的政府公务人员和各市社科院相关专家当中进行的,受访者主要来自政府宣传部门、旅游部门、招商引资部门以及其他对本地城市品牌化较为了解的部门和机构。在这一阶段的研究中共收集到有效问卷 74 份,其中 49 份来自政府职能部门,25 份来自政府研究部门。

1.小样本资料的分析方法

对问卷的处理方法包括:使用修正条款的总相关系数(corrected-item total correlation,CITC)净化(Purify)测量条款;利用克隆巴哈(Cronbach)一致性系数 α 信度值(The Cronbach alpha)检验测量条款的信度;通过结构变量(constructs)层面的因子分析检验单维度性(unidimensionality)。

另外,在进行因子分析前需要对测量条款进行净化,即消除"垃圾条款"(garbage items)[①]。如果在没有净化条款之前就对条

---

① G. A. Churchill,Jr.,"A Paradigm for Developing Better Measures of Marketing Constructs." *Journal of Marketing Research*,February,1979,16:64~73.

款进行因子分析,就有可能导致多维度的现象,从而更加难以解释
每个因子的含义。净化条款的处理技术是利用 CITC 方法,如果
CITC 指数(在同一变量维度下,每一条款与其他所有条款之和的
相关系数)低于 0.4,除非有特别的理由,一般就应该删除这个条
款。在净化的前后,克隆巴哈一致性系数 α 都要进行计算。

对条款进行净化后,每一维度的剩余条款要进行因子分析,以
评价剩余条款的单维度性。这一目的是消除不是纯粹因子性的条
款①。然而,对于交叉负载的那些条款,如果研究者出于理论的原
因而认为值得保留的话,这些因子可以保留下来,在大规模样本研
究中进行处理。如果因子分析的结果显示不止一个因子,就必须
删除多余的因子,或者认可该变量具有比预先所期望的更加复杂
的维度,从而在理论的基础上对结构变量和研究模型进行修正。

一旦变量的单维度得到了保证,并且有条款被删除,那么就需
要再次计算剩余条款的 α 系数。如果删除这些条款可以带来 α 系
数得到改善并且内容信度没有改变的话,就可以对这些条款进行
删除。有学者认为,剩余条款的 α 系数超过 0.70 就认为已经取得
了很好的效果②。最后,为了确保测量条款的质量并降低调查问
卷的复杂程度,对于超过七个测量条款的维度,那些因子负载小于
0.70的条款一般需要删除。

2. 小样本测试结果

通过考察各变量不同维度测量项目的相关性,并进行探索性

---

① L. E. Baum, T. Petrie, G. Soules & N. Weiss,"A Maximization Technique
Occurring in the Statistical Analysis of Probabilistic Functions of Markov Chains. " *The
Annals of Mathematical Statistics*, 1970, 4, 1:164~171.

② J. C. Nunnally, *Psychometric Testing*. New York:McGraw Hill, 1978.

因子分析和一致性系数 α 值的检验,小样本分析力图删除那些低负荷、对 α 值有消极作用或者低指标相关性的测量项目[1]。基于城市品牌化执行层要素和城市品牌化支撑层要素各个维度的理论探讨结果,本研究分别对各变量维度的测量条款进行了探索性因子分析:反映城市品牌化执行层要素的六个变量维度得到保留(特征值大于 1),由于因子负荷低于 0.50,本书删除了与城市品牌识别测量有关的 PIDE01、PIDE02、PIDE03、PIDE04 四个测量条款,与城市品牌结构测量有关的 PARC05 这一测量条款,与城市品牌沟通测量有关的 PCOM07 一个测量条款;反映城市品牌化支撑层要素的三个变量维度(特征值大于 1)得到保留。经过调整后,问卷正文第一部分城市品牌化执行层要素测量项目变成 41 个;第二部分城市品牌化支撑层要素测量项目的数量没有变化,仍然是 24 个。

通过对模型各变量维度的 CITC、信度和单维度分析,本书进一步改善了研究模型测量条款的质量,为大规模的数据调查提供了良好的基础。虽然,在小样本调查中,有些数据的质量还不是很高,例如有些维度的 KMO 指标很低,但是在前人研究的基础上,本书认为这可能是由于样本量较小的原因造成的,在大规模的数据调查之后,这些指标可能会得到改善,因此本书也将这些测量项目加以保留。然后本书将初始问卷的问项打乱,重新编号,形成最终问卷。

---

[1]　L. E. Baum, T. Petrie, G. Soules & N. Weiss,"A Maximization Technique Occurring in the Statistical Analysis of Probabilistic Functions of Markov Chains." *The Annals of Mathematical Statistics*, 1970, 4, 1:164~171; J. C. Nunnally, *Psychometric Testing*. New York: McGraw Hill, 1978.

第四节 样本设计与调查方法

本书选择对城市品牌化比较了解的政府职能部门公务人员和政府政策研究部门专家为调查对象。数据收集方法采用问卷调查法,主要考虑到实验法往往是在人为的(artificial)并可能是严格控制的情形中进行的,这种研究中的"发现"与现实生活可能没有太大的关系[①]。此外,实验法的研究人员必须控制外生变量带来的威胁,例如历史纪录、测试(主检测效应和互动检测效应)、工具化、统计回归和选择偏差等[②]。相比较而言,调查法有较为严格的抽样程序,整体的研究设计与实施过程明确,对研究问题的界定清晰以及严谨的数据分析和解释方法比较严谨等优点[③]。这种方法涉及的人为操纵和控制条件较少,从而更符合实际情况。另外,本书还将同时研究多个不同变量之间的相互关系,所以选择了调查法来展开研究。

一、样本选取

为了使研究成果具有较高的可靠性和可推广性,本书选择中国各地政府部门当中参与城市品牌化相关工作的公务人员和政府政策研究部门当中相关领域的专家作为最终的问卷调查对象。之

---

① E. J. Pedhazur & L. P. Schmelkin, *Measurement, Design, and Analysis: An Integrated Approach*. Hillside: Lawrence Erlbaum Associates, 1991.

② 马尔霍特拉著、涂平译:《市场营销研究:应用导向》,电子工业出版社 2006 年版。

③ F. N. Kerlinger, *Foundations of Behavioral Research* (*2nd Ed*). New York: Holt, Rinehart and Winston, 1973.

所以选择这些人员为调查对象,原因之一是因为中国各地的城市品牌化工作基本上都是由各地方政府主导的,政府部门是城市品牌化过程中的主要力量。另一个原因是,城市品牌化领域的已有文献在开展城市品牌化的案例研究时,往往是以当地政府部门和相关机构为研究对象。由此可见,选择政府部门作为城市品牌化相关问题的研究对象是相对比较稳健的策略。

此外,本书的研究中还会对调查对象进行过滤筛选,以确保调查对象符合本研究的要求。考虑到相关概念的含义和实际抽样过程中的可操作性,本书把抽样总体定义为"在问卷调查期间,所能够接触到的并参与了所在城市品牌化实施过程的所有当地政府职能部门公务人员和政府政策研究部门专家"。

二、样本数量

通常而言,样本量越大、样本结构越有代表性,实证研究的效果就越好。然而在实际研究过程中,由于受时间、精力、财力以及人力等诸多因素的影响,样本的选择只要达到可接受的程度就可以了。至于什么是"可接受的程度",不同的学者有不同的看法。有的学者认为样本量底限应当至少是量表测量项目数量的 10 倍[1],有的学者则认为样本量应当是量表测量项目数量的 5 到 10 倍[2],还有的学者认为 3 倍左右就足够了[3]。本书研究中设计的调查问卷总共包含 65 个测项,因此按照戈萨奇(Gorsuch)的建议,

---

[1] J. C. Nunnally, *Psychometric Testing*. New York: McGraw Hill, 1978.

[2] 张文彤:《SPSS II 统计分析教程(高级篇)》,希望电子出版社 2002 年版。

[3] R. L. Gorsuch, "Exploratory Factor Analysis: Its Role in Item Analysis." *Journal of Personality Assessment*, 1997, 68, 3:532~560.

本书的样本总数在195个左右就可以满足研究的需求了。

三、样本结构

数据收集采用问卷调查的方法，为了增加样本的代表性，本书将从以下几个方面来控制样本的构成：

1.由于受访者的城市品牌化实践经验是否丰富对于研究结果的影响较大，所以调查对象应该为有较多城市品牌操作经验的管理人员和研究人员；

2.为了接触不同年龄层次的受访者，样本应尽可能使年龄层次多元化，避免某个年龄段的受访者所占比例过大；

3.为了增强样本的代表性，在调查时应适当控制样本所在部门的构成，避免某部门群体比例过大；

4.调查将集中在某一段时间内进行，以接触不同类型的受访者。

四、调查方法

本书采取纸质问卷调查与电子问卷调查相结合的调查方式。问卷调查时间从2007年10月开始，到12月结束，分别在国内32个主要城市展开：北京、上海、深圳、广州、杭州、苏州、宁波、天津、南京、青岛、大连、无锡、武汉、成都、珠海、扬州、绍兴、沈阳、威海、烟台、重庆、东莞、昆明、长沙、合肥、郑州、济南、嘉兴、芜湖、石家庄、潍坊、淄博。

最终本书通过邮寄发放了180份纸质问卷，回收145份，根据回收数统计，纸质问卷调查表的回收率高达80.56%；通过网络发放电子问卷540份，回收479份，根据回收数统计，电子问卷调查表的回收率达到 88.70%。全部回收问卷扣除无效问卷后,有效问卷为 588 份,占整体发放调查问卷数的 81.67%,占回收问卷数的 94.23%。

第五节　样本数据的可靠性分析

本书用到的数据分析方法主要有描述性统计、信度/效度检验、因子分析、相关分析、回归分析以及结构方程建模(SEM)。主要采用 SPSS15.0 和 LISREL8.70 这两个统计分析软件,其中,SPSS15.0 主要用于描述性统计分析、信度检验、相关分析、回归分析,而验证性因子分析和结构方程建模则通过 LISREL8.70 软件来实现。本研究提出的不同研究假设将借助不同的统计分析方法来验证。

一、描述性统计分析

描述性统计分析是进行其他统计分析的基础。通过描述性统计可以对数据的总体特征有比较准确的把握,从而可以为采用其他统计分析方法提供参考。本书通过描述性统计分析达到两个目的:一是刻画样本特征,即具体描述样本的构成情况,主要是反映构成样本的被访者背景信息;二是采用均值(Mean)和标准误差(S. E. Mean)两个统计指标来描述样本总体特征。均值能够表现出某个变量所有取值的集中趋势或平均水平,而标准误差可以描述这些样本均值与总体均值之间的平均差异程度。

(一)样本数据特征

针对有效问卷,为了能够清楚地了解其人口统计特征,本书分别从性别、年龄、学历、职务、所在城市和工作单位名称等方面对样本进行了描述（表 4 - 16）。

表 4 - 16　有效样本的描述性统计（N＝588）

人口统计变量		数量	百分比（%）	累计百分比（%）
性别	男	343	58.33	58.33
	女	245	41.67	100.00
年龄	18 - 24 岁	19	3.23	3.23
	25 - 29 岁	141	23.98	27.21
	30 - 39 岁	260	44.22	71.42
	40 - 49 岁	144	24.49	95.91
	≥50 岁	24	4.08	100.00
学历	高中及以下	6	1.02	1.02
	中专	9	1.53	2.55
	大专	78	13.27	15.82
	大学本科	294	50.00	65.82
	硕士及以上	201	34.18	100.00
职务	高层领导	38	6.46	6.46
	中层管理者	228	38.78	45.24
	一般职员	322	54.76	100.00
工作单位性质	旅游管理部门	116	19.73	19.73
	文化事业部门	38	6.46	26.19
	招商引资部门	59	10.03	36.22
	政府宣传部门	66	11.22	47.44
	政府研究部门	128	21.77	69.21
	新闻媒体机构	91	15.48	84.69
	其他单位	90	15.31	100.00

从人口统计特征来看,样本的分布呈现如下特点:

1.性别分布比较平衡,男女分别占 58.33% 和 41.67%,其中男性所占比重稍多,符合中国政府部门的性别构成特征;

2.从年龄分布上看,中青年人占了绝大多数,25 岁至 49 岁的被访者占 92.69%;

3.受访者普遍具有较高的学历,绝大多数(84.18%)的受访者具有大学及以上的学历;

4.从职务构成来看,中层管理者和一般职员占有 93.54% 的比例;

5.从样本的单位性质分布来看,以政府研究部门和旅游管理部门稍多。

另外,本书将还对各个变量进行描述性统计分析,以了解样本在各个研究变量中的集中趋势和离散情况,并对初步分析结果进行简要解释。

(二)城市品牌化执行层要素与支撑层要素的描述性统计

按照之前构建的概念模型,城市品牌化执行层要素共包括六个主要维度,其测量涉及 41 个测量项目;城市品牌化支撑层要素共包括三个主要维度,其测量涉及 24 个测量项目。对这 65 个测量项目进行描述性统计分析,分别考察每个测量项目的均值、标准差、偏度(Skewness)和峰度(Kurtosis)等指标。

从描述性统计结果来看,所有变量的偏度绝对值均小于1.00,所有变量的峰度都在 -3.00 到 3.00 的范围之内(全部变量的峰度均在 -1.00 到 1.00 之间),因此可以认为样本近似符合正态分布的假设,可进行下一步的相关分析、回归分析和结构方程建模

(SEM)分析[①]。

(三)城市品牌指数的数据结构

作为因变量的"城市品牌指数",主要是根据中国社科院财政与贸易经济研究所研究员倪鹏飞主编的《中国城市竞争力报告 No. 5》中公布的北京、上海、深圳、广州、杭州、苏州、宁波、天津、南京、青岛、大连、无锡、武汉、成都、珠海、扬州、绍兴、沈阳、威海、烟台、重庆、东莞、昆明、长沙、合肥、郑州、济南、嘉兴、芜湖、石家庄、潍坊、淄博 32 个国内主要城市的数据。本书中所使用的"城市品牌指数"由该报告里的城市总体品牌指数、城市营商品牌指数、城市旅游品牌指数和城市宜居品牌指数等四项指数来反映。

二、信度与效度检验

信度(reliability)指的是如果重复进行测量,一个量表产生一致性结果的程度,即测量工具(问卷和量表)能够稳定地测量所测的事物和变量。评价信度的方法包括重复测试法、复本法和内部一致性法,其中内部一致性信度(internal consistency reliability)是评价信度最为常用的方法。效度(validity)可以定义为观察值之间的差异所能反映的事物之间被测特性的真实差异的程度。检验效度的实证性标准包括检验量表的内容效度和建构效度。本书将借助信度检验和确认性因子分析来评估数据的信度和效度。

---

①　一般认为,如果偏度在－1 到 1 之间,并且峰度在－3 到 3 之间时,可以认为其满足近似正态分布的假设。而满足正态分布假设是进行相关分析、回归分析和结构方程建模分析的重要前提条件。

(一)信度检验

在实证研究中,由于克隆巴哈内部一致性系数比其他方式计算信度效果要好,因此本书采用克隆巴哈 α 值作为信度的判断标准,测量同一维度下各测量项目之间的内部一致性以及量表的整体一致性。关于克隆巴哈 α 系数的取舍标准,不同学者有不同的看法。有的学者认为,如果克隆巴哈 α 系数大于 0.7,则表明信度相当高;如果介于 0.35 与 0.7 之间,则表明信度尚可;如果小于 0.35,则表明信度偏低①。有的学者认为克隆巴哈 α 若介于 0.7 和 0.98 之间,则表明各衡量指标间存在高信度值②。还有的学者认为,当计量变量的项目小于 6 个时,克隆巴哈 α 大于 0.6,表明数据是可靠的;如果计量变量的项目大于 6 个,则克隆巴哈 α 系数应大于或等于 0.7,否则拒绝使用③。在这些取舍标准中,最被大家接受的是南纳利(Nunnally)提出的标准,因此本书也采用这一标准,即设定克隆巴哈 α=0.7 为信度检验的临界值。

在运用克隆巴哈 α 系数检验量表条款的信度时,修正条款的总相关系数 CITC 可以对量表的各个条款进行检验,其目的是检验同一变量下是否包含不是同一变量含义的条款。修正条款的总相关系数也是量表信度的一个检验指标,但对于其临界值问题学术界也有不同看法,比如中国学者郭志刚认为 0.3 作为临界值比较合适④,

① J. P. Cuieford, *Fundamental Statistics in Psychology and Education* (4th Ed). New York: McGraw Hill, 1965.

② R. Wortzel,"New Life Style Determinants of Woman's Food Shopping Behavior." *Journal of Marketing*, 1979, 43, 3:28~29.

③ J. C. Nunnally, *Psychometric Testing*. New York: McGraw Hill, 1978.

④ 郭志刚:《社会统计分析方法——SPSS 软件应用》,中国人民大学出版社 1999 年版。

而还有一些学者则认为应取 0.35[1]。该临界值的大小与测量项目的删除数量有关,删除过多或过少都不合适,因此本研究选择 CITC＝0.4 作为临界值,并作为信度检验的标准[2]。

在上述两条信度检验标准的基础上,本书对研究中的九个变量维度进行了信度检验(表 4-17)。

表 4-17　量表信度检验结果

维度	测项数目	α 值	观测变量	修正条款的总相关系数	删除该题项后的 α 值
城市品牌识别	7	0.892	IDE1	0.651	0.881
			IDE2	0.612	0.885
			IDE3	0.666	0.879
			IDE4	0.723	0.872
			IDE5	0.709	0.874
			IDE6	0.786	0.865
			IDE7	0.687	0.877
城市品牌结构	4	0.846	ARC1	0.696	0.799
			ARC2	0.703	0.798
			ARC3	0.684	0.805
			ARC4	0.653	0.818
城市品牌定位	8	0.918	POS1	0.751	0.906
			POS2	0.741	0.907
			POS3	0.642	0.915
			POS4	0.758	0.905
			POS5	0.764	0.905

---

[1]　A. L. Lederer & V. Sethi, "Key Prescriptions for Strategic Information Systems Planning." *Journal of MIS*, 1996, 13, 1:35～62.

[2]　Churchill(1979)指出,除非有特殊理由,否则(修正条款的总相关系数)低于 0.4 的条款都应予以删除,这一过程被 Churchill 称之为"清除垃圾条款"的过程。本研究也采用 0.4 的临界值。

续 表

			POS6	0.718	0.909
城市 品牌定位	8	0.918	POS7	0.731	0.908
			POS8	0.731	0.908
			COM1	0.696	0.926
			COM2	0.745	0.922
			COM3	0.736	0.923
			COM4	0.798	0.919
城市 品牌沟通	9	0.931	COM5	0.691	0.926
			COM6	0.734	0.923
			COM7	0.769	0.921
			COM8	0.789	0.920
			COM9	0.742	0.923
			AUD1	0.812	0.940
			AUD2	0.873	0.935
			AUD3	0.827	0.940
城市 品牌审计	7	0.948	AUD4	0.851	0.937
			AUD5	0.842	0.938
			AUD6	0.853	0.937
			AUD7	0.717	0.948
			REN1	0.735	0.889
			REN2	0.695	0.895
城市 品牌更新	6	0.905	REN3	0.771	0.884
			REN4	0.730	0.890
			REN5	0.739	0.889
			REN6	0.768	0.884
			ORG1	0.679	0.713
			ORG2	0.749	0.698

			ORG3	0.765	0.706
			ORG4	0.697	0.716
城市品牌化 协同组织	8	0.703	ORG5	0.693	0.706
			ORG6	0.589	0.757
			ORG7	0.562	0.763
			ORG8	0.437	0.864
			SYS1	0.831	0.959
			SYS2	0.812	0.959
			SYS3	0.824	0.959
			SYS4	0.731	0.962
城市品牌化 管理制度	10	0.963	SYS5	0.834	0.959
			SYS6	0.832	0.959
			SYS7	0.868	0.957
			SYS8	0.848	0.958
			SYS9	0.876	0.957
			SYS10	0.856	0.958
			CUL1	0.743	0.881
			CUL2	0.768	0.878
城市品牌化 文化氛围	6	0.901	CUL3	0.673	0.893
			CUL4	0.755	0.879
			CUL5	0.669	0.892
			CUL6	0.779	0.876

从上表可以看出,城市品牌识别、城市品牌结构两个维度的内部一致性系数都大于 0.8,城市品牌定位、城市品牌沟通、城市品牌审计、城市品牌更新、城市品牌化管理制度、城市品牌化文化氛围等六个维度的内部一致性系数都超过 0.9,这八个维度的内部

一致性系数都高于 0.7 的临界值,表明量表有良好的信度。各个维度所属测量项目的修正条款总相关系数均大于 0.4,且删除任何一个测项都不会带来各维度内部一致性系数的显著提升,因此本书保留这八个维度内的所有测量项目,并且认为由目前这些测量项目构成的量表具有良好的信度。

对于城市品牌化协同组织这个维度,其所属的 8 个测量项目的内部一致性系数为 0.703,只是略高于 0.7 的临界值。虽然测量城市品牌化协同组织的 8 个测量项目的修正条款总相关系数均在 0.437 以上,高于 0.4 的临界值,但是删除 ORG6、ORG7、ORG8 三个测项后,内部一致性系数会显著提升。不过考虑到测量量表中,测量项目 ORG6 代表"邀请了城市规划、城市管理、城市营销、旅游管理等方面的专业人士参与本市的城市品牌管理",ORG7 代表"参与城市品牌管理的人员拥有营销规划、沟通传播等方面的专业知识",ORG8 代表"参与城市品牌管理的人员具有自我激励、自我发展、诚实守信的品质",这三个量测项目均体现了城市品牌化协同组织中人员配置方面的内容。因此,本书在这里依然保留了这三个测量项目,留待后面的分析进一步验证。

(二)效度检验

一份好的量表必须有较高的信度和效度作保证。以上分析已经对量表的信度进行了深入的讨论并证明本书所使用的量表在信度方面是比较理想的。下面重点讨论量表效度方面的质量控制。

效度的分类有很多种,包括内容效度(content validity)、建构效度(construct validity)和预测效度(predict validity)。

(1)内容效度,有时也叫表面效度,是对量表内容表现特定测量任务的优劣程度的一个主观而系统的评价,反映的是量表测量

项目是否充分覆盖了被测概念的全部范围,也就是实证评价结果
与人们的理论共识或人们头脑中的印象的吻合程度。对内容效度
的评估更多的属于定性而非定量的评价,一般内容效度可由专家
定性判断。这种评估一般包括两个方面,一是全面评价相关概念
测量量表中的题目和范围是否明确;二是这个量表在多大程度上
能够表述概念的含义。在本书中,量表的开发是在参考了大量文
献研究成果和进行专家访谈的基础上进行的,并且都尽量围绕着
概念的整体含义而展开。2007 年 7 月 17 日,笔者将初始问卷通
过电子邮件发给三位营销管理专业的博士研究生和四位城市品牌
实践领域的专家进行讨论审核,并根据他们的反馈意见进行了修
订,然后又将修改过的问卷再次发给他们,最终获得认可和通过。
这表明本书使用的问卷具有较高的内容效度。

(2)建构效度,致力于解决量表实际测量的是哪些概念或特性
的问题。当评价建构效度时,主要是考察量表为什么有用,以及根
据相应的理论可以得到哪些推论。因此,建构效度要求对被测量
概念的本质及其与其他概念之间的关系有一个合理的理论解释。
较高的信度水平以及一致性的因子结构将为高水平的建构效度提
供一定的保证。但是,高信度和内部一致性只是量表具备建构效
度的必要而非充分条件①。建构效度包括收敛效度、鉴别效度和
法则效度(convergent validity)。检验量表的收敛效度主要通过
确认性因子分析(CFA)进行②;另外一种测量收敛效度的方法是

---

① G. A. Churchill, Jr. ,"A Paradigm for Developing Better Measures of Mar-
keting Constructs. " *Journal of Marketing Research* , February, 1979, 16:64~73.

② J. L. Aaker,"Dimensions of Brand Personality. " *Journal of Marketing Re-
search* , August, 1997, 34:347~356.

依据所有测量项目的因子载荷是否显著区别于零。量表的鉴别效度(discriminant validity)指的是"不同概念的测量指标的差异程度"。平均提取方差可以用来评估鉴别效度,每个概念的平均提取方差应该大于概念之间的相关系数平方。本书同时将对开发的测量量表进行鉴别效度检验,以形成一套科学的测量工具。这部分内容将在本书后续的章节中进行讨论,此处暂不展开。

(3)预测效度,也称为标准效度,是指一个量表是否能够像预期的那样反映与选作标准的其他变量(标准变量)之间的关系。标准变量可以包括人口统计和心理特性、态度和行为测量值,或者从其他量表得来的分值。评价预测效度需要研究人员在一个时间点收集量表数据,而在后面一个时间点收集标准变量上的数据。本书采用的是横截面数据,限于时间和精力,很难再去收集另一个时间点的标准数据,而且预测效度并不会影响本书的其他分析,因此这里不对此效度进行过多讨论。

第六节　因子构成一致性的检验:城市品牌影响因素结构分析

因子构成一致性检验将涉及探索性因子分析(EFA)和验证性因子分析(CFA)两个方面。探索性因子分析的目的是找出事物内在的本质结构,是在事先不知道影响因素的基础上,完全依据资料数据,利用统计软件以一定的原则进行因子分析,并得出因子构成的过程。验证性因子分析是用来检验已知的特定结构是否按照预期的方式产生作用[1]。一般要求探索性因子分析和验证性因

---

① 于秀林、任雪松:《多元统计分析》,中国统计出版社 1999 年版。

子分析分别采用两组不同的数据来进行,为此本书将所收集到的 588 个数据进行了分组。南纳利认为探索性因子分析的样本量应至少是量表测量项目的 5～10 倍[①]。本书中初始量表包含 65 个测项,因此运用 SPSS15.0 软件随机从 588 个样本中抽取 400 个样本做探索性因子分析,剩余的 188 个样本将用于验证性因子分析。

一、探索性因子分析

本节将对研究模型的有关变量进行探索性因子分析,以便揭示各个变量的内在结构,并为后续的分析打下基础。

(一)城市品牌化执行层要素的因子分析

1. 充分性检验

进行因子分析前,首先要对样本进行充分性检验,考察的指标为 KMO(Kaiser-Meyer-Olkin Measure of Sampling Adequacy)和巴特莱特(Bartlett's)球体检验。KMO 用于比较观测相关系数和偏相关系数的值,该值越接近于 1,表明这些变量越适合进行因子分析,通常而言,KMO 的值高于 0.7 时才可以进行因子分析。

城市品牌化执行层要素充分性检验显示,样本的 KMO 测试系数为 0.954,样本分布的巴特莱特球体检验值为 6650.638,显著性为 0.000,表明适合对数据进行因子分析。

2. 因子数目确定

通过主成分分析法可以发现,前 6 个因子的特征值变动较大,且大于 1,从第 7 个因子开始特征值小于 1,且变动趋缓,因此初步

---

① J. C. Nunnally, *Psychometric Testing*. New York: McGraw Hill, 1978.

证实可以得到 6 个因子。通过这 6 个因子可以累积解释70.047%的方差,说明因子分析结果较好(表4-18)①。

3.因子命名

通过方差最大正交旋转法,得到了 41 个变量维度在 6 个因子上的负载矩阵(表4-19)。选择显示大于 0.4 的因子负载,可以观测到一些变量维度在两个或两个以上的因子上具有较大负载,对于这些变量维度,本书选择暂时不做删除,通过验证性因子分析判断其归属维度。

表 4-18 城市品牌化执行层要素因子的特征值和方差贡献率

主成分数目	初始特征值			旋转后		
	特征值	方差贡献率%	累计方差贡献率%	特征值	方差贡献率%	累计方差贡献率%
1	21.174	51.645	51.645	7.005	17.086	17.086
2	2.253	5.495	57.140	5.372	13.103	30.189
3	1.612	3.932	61.071	5.177	12.626	42.816
4	1.500	3.659	64.730	4.207	10.261	53.077
5	1.115	2.720	67.451	3.810	9.293	62.370
6	1.065	2.597	70.047	3.148	7.678	70.047
7	0.911	2.222	72.269			
8	0.784	1.912	74.181			
9	0.744	1.815	75.996			
10	0.674	1.643	77.639			

注:(1)因子抽取方法:主成分分析法。

(2)由于变量数目较多,限于篇幅,仅列举前 10 个主成分。

---

① 根据美国著名市场营销专家 Malhotra(1999)的研究结果,特征值大于 1 的因子的累积方差贡献率大于 60%时,因子分析的结果比较好。

表 4 - 19　城市品牌化执行层要素的因子负载矩阵

测量项目	因子					
代码	1	2	3	4	5	6
IDE1				0.757		
IDE2				0.596		
IDE3				0.684		
IDE4				0.597		
IDE5				0.530		
IDE6				0.596		
IDE7				0.476	0.471	
ARC1						0.632
ARC2						0.827
ARC3						0.664
ARC4	0.433					0.466
POS1			0.652			
POS2			0.504			
POS3		0.488	0.456			
POS4			0.623			
POS5			0.610			
POS6			0.732			
POS7			0.634			
POS8			0.501			
COM1		0.499				
COM2		0.584				
COM3		0.749				
COM4		0.608				
COM5		0.707				
COM6		0.554				
COM7		0.447	0.480			
COM8		0.452	0.465			
COM9		0.457				
AUD1	0.724					
AUD2	0.786					

续　表

AUD3	0.814		
AUD4	0.862		
AUD5	0.796		
AUD6	0.746		
AUD7	0.655		
REN1			0.533
REN2			0.579
REN3			0.720
REN4	.		0.541
REN5	0.438	0.415	0.468
REN6	0.433	0.433	0.449

注:(1)因子抽取方法:主成分分析法。

(2)因子旋转方法:方差最大正交旋转法(Varimax with Kaiser Normalization)。

依据因子的负载矩阵,本书将各因子进行命名。测量项目 IDE1 至 IDE7 仍旧归属于一个因子,本书将其命名为"城市品牌识别";测量项目 ARC1 至 ARC4 代表"城市品牌结构";测量项目 POS1 至 POS8 代表"城市品牌定位";测量项目 COM1 至 COM9 仍旧表示"城市品牌沟通";AUD1 至 AUD7 代表了"城市品牌审计"因子;测量项目 REN1 至 REN6 的因子负载较为复杂,总体来看归属于一个维度,将其命名为"城市品牌更新"。其中,测量项目 IDE7、ARC4、POS3、COM7、COM8 和 REN5、REN6 在两个或两个以上的因子上具有较高的负载,需要进一步通过验证性因子分析来判定其归属。

由此,将城市品牌化执行层要素的六个因子依此命名为:城市品牌识别(Identification)、城市品牌结构(Architecture)、城市品牌定位(Position)、城市品牌沟通(Communication)、城市品牌审计

（Audit）和城市品牌更新（Renewing）。

为了保证上述结论的科学性，需要检验各个变量维度的内部一致性。采用 α 系数对各因子进行有效性检验（表 4 - 20）。

表 4 - 20　城市品牌化执行层要素各维度的内部一致性分析（N＝400）

变量名称	项目内容	α 系数
城市品牌识别	IDE1：城市品牌能够真实综合反映城市的基础设施和产业特征 IDE2：城市品牌能够真实综合反映城市的社会文化特点 IDE3：城市品牌能够真实综合反映城市的自然景观特色 IDE4：城市品牌体现了本地政府、居民、企业和协会组织的意见和观点 IDE5：城市品牌拥有清晰而有吸引力的未来发展方向 IDE6：本市具有系统的城市品牌战略规划 IDE7：产业政策与城市品牌发展方向相协调	0.832
城市品牌结构	ARC1：本市拥有能够提升城市声誉，使人们产生美好联想的城市主品牌 ARC2：本市拥有能够反映特色资源的城市旅游品牌、营商品牌、宜居品牌等 ARC3：城市主品牌与城市副品牌（如：城市旅游品牌、城市营商品牌、城市宜居品牌等）能够传递一致的信息 ARC4：确定城市主品牌与各城市副品牌的数量时考虑到了目标市场的类型与特点	0.806
城市品牌定位	POS1：城市品牌定位获得了本市公众的持续认同 POS2：城市品牌定位能够与竞争城市的定位区别开来	

续　表

	POS3：城市品牌定位能够表达城市发展的雄心壮志	
	POS4：城市品牌定位能够表现城市的鲜活形象和吸引力	
	POS5：城市品牌定位具有挑战性和前瞻性	
	POS6：城市品牌定位能够很容易地被不同群体所理解和接受	0.873
	POS7：城市品牌定位时选择的目标市场彼此不冲突	
	POS8：针对不同细分市场分别进行了城市品牌定位	
城市品牌沟通	COM1：针对不同城市顾客的需求，开发了多样化的城市产品与服务	
	COM2：具有反映城市品牌核心内容的品牌识别系统（包括品牌标识、口号、象征物、仪式等）	
	COM3：根据所要打造的城市品牌有针对性地建设城市标志性建筑和基础设施	
	COM4：根据所要打造的城市品牌有针对性地提升城市服务	
	COM5：根据所要打造的城市品牌有针对性地开展节事、会展等文化活动	0.901
	COM6：有计划地根据城市历史、文化、居民生活、自然景观等来演绎城市品牌故事	
	COM7：各种城市品牌的推广活动传递的城市品牌内涵信息是一致的	
	COM8：重视向本市居民、企业等沟通城市品牌内涵，认为此举与向外部目标市场的沟通同等重要	
	COM9：持续的城市品牌事件营销能够给目标受众真实感	

续　表

城市品牌审计	AUD1：定期监测城市品牌发展环境的变化 AUD2：对城市品牌内涵表达中存在的问题进行检视 AUD3：定期收集本市定居者（市民、企业等）对城市品牌建设的意见或建议 AUD4：定期收集目标市场受众对本市各个城市品牌的评价 AUD5：定期收集各类媒体对本市各个城市品牌的报道 AUD6：定期审核城市品牌管理部门的目标实现状况 AUD7：定期检查城市品牌管理机构之间的信息沟通状况	0.909
城市品牌更新	REN1：会依据社会环境、政府政策等的变化来调整城市品牌识别 REN2：会依据社会环境、政府政策等的变化调整各城市副品牌的数量与重要性 REN3：会依据社会环境、政府政策等的变化来调整城市品牌定位 REN4：会依据社会环境、政府政策等的变化来调整城市品牌沟通策略 REN5：能够对有关城市品牌建设的意见或建议做出及时反应 REN6：能够对有关城市品牌的负面报道做出及时反应	0.867

表中各个变量的 α 系数都大于 0.806，所以这六个因子的有效性都符合统计要求，因子的内部一致性获得通过。

接下来,本书对城市品牌化执行层要素的各维度进行赋值,赋值方法是对每个因子根据测量项目得分进行算术平均,进而使每一个样本在每一个变量维度上得到最终的一个综合值,然后根据赋值对各个变量维度进行描述性统计(表4-21)。

表4-21 城市品牌化执行层要素各维度描述性统计(N=400)

公因子	极差	最小值	最大值	均值	标准差
1.城市品牌识别	3.857	1.143	5.000	3.417	0.640
2.城市品牌结构	4.000	1.000	5.000	3.549	0.802
3.城市品牌定位	4.000	1.000	5.000	3.353	0.673
4.城市品牌沟通	4.000	1.000	5.000	3.340	0.914
5.城市品牌审计	4.000	1.000	5.000	3.155	0.600
6.城市品牌更新	4.000	1.000	5.000	3.332	0.808

(二)城市品牌化支撑层要素的因子分析

1.充分性检验

同样,在进行因子分析前还是要先对样本进行充分性检验。城市品牌化支撑层要素的充分性检验显示,样本的KMO测试系数为0.952,样本分布的巴特莱特球体检验值为4233.236,显著性为0.000,表明适合对数据进行因子分析。

2.因子数目确定

通过主成分分析法可以发现,前4个因子的特征值变动较大,且大于1,从第5个因子开始特征值小于1,且变动趋缓,因此初步证实可以得到4个因子。通过这个因子可以累积解释76.360%的方差,说明因子分析结果较好(表4-22)。

表4-22　城市品牌化支撑层要素因子的特征值和方差贡献率

主成分数目	特征值	初始特征值方差贡献率%	累计方差贡献率%	特征值	旋转后方差贡献率%	累计方差贡献率%
1	14.156	58.984	58.984	6.671	27.870	27.870
2	1.929	8.037	67.021	4.743	19.763	49.633
3	1.232	5.202	72.223	4.056	16.899	66.532
4	1.015	4.137	76.360	2.456	9.837	76.360
5	0.615	2.563	77.283			
6	0.559	2.331	79.613			
7	0.539	2.248	81.861			
8	0.495	2.064	83.925			
9	0.478	1.992	85.917			
10	0.438	1.824	87.741			

注:(1)因子抽取方法:主成分分析法。

　(2)由于变量数目较多,限于篇幅,仅列举前10个主成分。

3.因子命名

通过方差最大正交旋转法,得到了24个变量维度在4个因子上的负载矩阵(表4-23)。选择显示大于0.4的因子负载,可以观测到一些变量维度在两个或两个以上的因子上具有较大负载,对于这些变量维度,本书选择暂时不做删除,通过验证性因子分析判断其归属。

表4-23　正交旋转后的因子负载矩阵

测量项目代码	因子			
	1	2	3	4
ORG1			0.684	
ORG2			0.739	
ORG3			0.717	
ORG4			0.563	

续　表

ORG5		0.700	
ORG6			0.700
ORG7		0.424	0.739
ORG8			0.639
SYS1	0.697		
SYS2	0.679		
SYS3	0.719		
SYS4	0.753		
SYS5	0.765		
SYS6	0.768		
SYS7	0.833		
SYS8	0.755		
SYS9	0.830		
SYS10	0.821		
CUL1		0.778	
CUL2		0.799	
CUL3		0.634	
CUL4		0.796	
CUL5		0.692	
CUL6		0.708	

注：(1)因子抽取方法：主成分分析法。

　　(2)因子旋转方法：方差最大正交旋转法。

因子分析结果使得研究模型变量的构成维度发生了变化。具体来说，测项 ORG1 至 ORG5 仍旧归属于一个因子，本研究将其命名为"城市品牌化协同组织"。而测量项目 ORG6 至 ORG8 成为一个独立因子，并且在其他维度上也具有一定的负载，在测量量表中，测量项目 ORG6 代表"邀请了城市规划、城市管理、城市营销、旅游管理等方面的专业人士参与本市的城市品牌管理"，测量项目 ORG7 代表"参与城市品牌管理的人员拥有营销规划、沟通传播等方面的专业知识"，测量项目 ORG8 代表"参与城市品牌管

理的人员具有自我激励、自我发展、诚实守信的品质",笔者认为这
三个测量项目侧重反映了城市品牌化过程中的人员构成及人员素
质方面内容,因此将其命名为"城市品牌化人才素质"(City Bran-
ding People Factor,简称 People)因子,使之暂时成为城市品牌化
支撑层要素一个新的变量维度①,同时将此三项的编号分别调整
为 PEO1、PEO2、PEO3。测量项目 SYS1 至 SYS10 很好地成为
"城市品牌化管理制度"因子。测量项目 CUL1 至 CUL6 代表"城
市品牌化文化氛围"因子。

　　由此,将城市品牌化支撑要素的四个因子依此命名为:城市品
牌化协同组织、城市品牌化管理制度、城市品牌化文化氛围和城市
品牌化人才素质。

　　为了保证上述结论的科学性,需要检验各个变量维度的内部一
致性。采用 α 系数对各因子进行有效性检验,结果如表 4-24 所示。

表 4-24　城市品牌化支撑层要素各维度的内部一致性分析(N=400)

变量名称	项目内容	α 系数
城市品牌化 协同组织	ORG1:已设立专门的城市品牌管理组织机构 ORG2:参与城市品牌管理的组织除政府部门外, 　　　还包括社会团体、公司企业、大众媒体、本 　　　市居民等 ORG3:城市品牌管理组织的运作很灵活 ORG4:本市的各类群体(政府部门、社会团体、公 　　　司企业、本市居民等)对城市品牌内涵与特 　　　征有共同的期望 ORG5:有良好的组织平台使得本市的各类群体都 　　　可以参与到城市品牌管理中来	0.855

　　① 此处之所以称城市品牌化人才素质作为城市品牌化支撑层要素的一个新维度
是"暂时性"的,是因为该要素要成为城市品牌化支撑层要素的第四个维度还需要经过
验证性因子分析的进一步检验,检验结果将在后续的章节中报告。

续　表

城市品牌化 管理制度	SYS1：建立起了本市各群体（政府部门、社会团体、 　　　　公司企业、本地居民等）参与城市品牌管理 　　　　的协调机制 SYS2：建立起了各政府部门参与城市品牌建设时 　　　　的沟通协调制度 SYS3：有对城市品牌管理人员的培训制度 SYS4：有对提供城市服务（如市政服务、旅游服务、 　　　　交通服务等）的一线人员的培训制度 SYS5：建立起了对城市品牌管理长期研究和改进 　　　　的制度 SYS6：建立起了对城市品牌建设长期投资的制度 SYS7：建立起了对城市品牌建设的投资预算制度 SYS8：有全面的衡量城市品牌知名度和美誉度的制度 SYS9：建立起了城市品牌管理的责任考核机制 SYS10：建立起了城市品牌建设的目标管理制度	0.920
城市品牌化 文化氛围	CUL1：开展城市品牌管理时坚持以市场为导向、 　　　　以顾客为导向 CUL2：开展城市品牌建设时有较好的服务意识 CUL3：城市品牌建设具有公司化运作的特点 CUL4：本市政府愿意充分协调企业、个人、协会等 　　　　参与城市品牌管理 CUL5：行业协会、公司企业、本地居民等具有参与 　　　　城市品牌管理与建设的使命感与主动性 CUL6：本市的城市品牌管理组织注重实际行动的 　　　　效率和效果	0.867
城市品牌化 人才素质	PEO1：邀请了城市规划、城市管理、城市营销、旅游管理 　　　　等方面的专业人士参与本市的城市品牌管理 PEO2：参与城市品牌管理的人员拥有营销规划、 　　　　沟通传播等方面的专业知识 PEO3：参与城市品牌管理的人员具有自我激励、 　　　　自我发展、诚实守信的品质	0.869

表中各个变量的 α 系数都大于 0.855,所以这 4 个因子的有效性都符合统计要求,因子的内部一致性获得通过。

然后,本书对城市品牌化支撑层要素的各维度进行赋值,根据赋值对各个维度进行描述性统计(表 4-25)。

表 4-25　城市品牌化支撑层要素各维度描述性统计(N＝400)

公因子	极差	最小值	最大值	均值	标准差
1. 城市品牌化协同组织	4.000	1.000	5.000	3.052	0.808
2. 城市品牌化管理制度	4.000	1.000	5.000	3.304	0.904
3. 城市品牌化文化氛围	4.000	1.000	5.000	3.346	0.710
4. 城市品牌化人才素质	4.000	1.000	5.000	3.249	0.849

二、验证性因子分析

本节对研究变量进行验证性因子分析,确认部分归属模糊的测量项目的归属维度,并检验量表的效度[①]。采用 LISREL8.70 中的极大似然法进行参数估计和模型拟合。

在进行验证性因子分析之后,一般通过如下指标对每个因子的测量模型进行检验:χ^2/df 值、p 值、RMSEA 以及 NFI、RFI、TLI 和 CFI。上述指标的定义与判断标准见表 4-26。

(一)城市品牌化执行层要素

1. 因子构成

城市品牌化执行层要素的探索性因子分析结果表明,部分测

---

① 在测量构念效度时最常采用的方法之一是 multitrait-multimethod(MTMM) (Campbell and Fiske, 1959)。但由于 CFA 能够更为恰当地测量构念的特征以及误差,因此,越来越多的研究开始采用这种方法来验证构念效度。

表 4 - 26 结构方程建模的拟合指标及评估标准

拟合指标	指标名称	评估标准及依据
χ^2/df 值	卡方比率	小于 3 时,可以认为模型拟合较好(Sharma,1996)
RMSEA	近似误差均方根(Root Mean Square Error of Approximation)	取值在 0.08 及以下表示拟合程度较好(Bollen,1989)
NFI	规范拟合指数(Normed Fit Index)	取值越接近于 1 表示拟合程度越好(Sharma,1996)
RFI	相对拟合指数(Relative Fit Index)	取值越接近于 1 表示拟合程度越好(Sharma,1996)
IFI	修正拟合指数(Incremental Fit Index)	取值越接近于 1 表示拟合程度越好(Sharma,1996)
SMRM	标准化残差均方根(Standardized Root Mean square Residual)	取值在 0.08 及以下表示拟合程度较好(Hu and Bentler,1998)
CFI	比较拟合指数(Comparative Fit Index)	取值越接近于 1 表示拟合程度越好(Sharma,1996)

量项目在两个或两个以上的因子上负载大于 0.4,为了确定这些测量项目的归属维度,本过程设计了六个比较模型进行了验证性因子分析(表 4 - 27)。

模型 1(M1):原始的因子结构模型,即本书在一开始进行测量项目开发时假定的因子结构模型,以此作为标准衡量其他调整后模型的优劣。

模型 2(M2):在 M1 基础上,将测量项目 IDE7 移入因子 Renewing 后得到的模型。

模型 3(M3)：在 M1 基础上，将测量项目 Arch4 移入因子 Audit 后得到的模型。

模型 4(M4)：在 M1 基础上，将测量项目 POS3 移入因子 Communication 后得到的模型。

模型 5(M5)：在 M1 基础上，将测量项目 COM7、COM8 移入因子 Position 后得到的模型。

模型 6(M6)：在 M1 基础上，将测量项目 REN5、REN6 同时归属于因子 Communication 和因子 Renewing 后得到的模型。

表 4 - 27　城市品牌化执行层要素验证性因子分析过程的拟合指标变化

	χ^2	df	P-level	χ^2/df	RMREA	NFI	RFI	IFI	SMRM	CFI
M1	1566.468	764	0.000	2.050	0.075	0.959	0.978	0.978	0.053	0.053
M2	1576.744	764	0.000	2.064	0.075	0.958	0.978	0.978	0.054	0.054
M3	1593.559	764	0.000	2.086	0.076	0.958	0.978	0.978	0.058	0.058
M4	1567.715	764	0.000	2.052	0.075	0.958	0.978	0.978	0.054	0.054
M5	1566.520	764	0.000	2.050	0.075	0.958	0.978	0.978	0.054	0.054
M6	1547.084	762	0.000	2.030	0.074	0.959	0.979	0.979	0.052	0.052

观察六个模型的拟合指标，不难发现 M1 和 M6 是拟合最好的两个模型，但是，M6 表示两个变量同时归属于两个因子，一般来说，研究中希望量表趋向清晰和简洁，即使 M6 的拟合较好，但在操作上会带来很大麻烦。所以，最终选择 M1 表示城市品牌化执行层要素的因子结构(图 4 - 1)。

从模型 M1 的拟合指标来看，χ^2 值等于 1566.468，自由度(df)

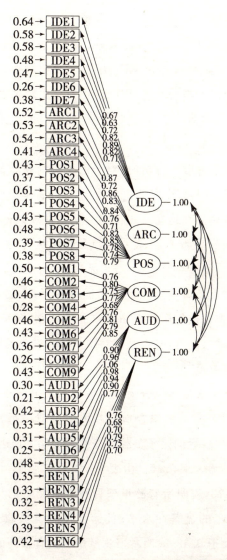

图 4 - 1　城市品牌化执行层要素的测量模型

为 764,p 值为 0.000,近似误差均方根 RMSEA 为 0.075,SRMR
为 0.053,这说明模型拟合程度较好。在其他反映模型拟合程度
的指标方面,标准拟合指数 NFI 为 0.959、相对拟合指数 RFI 为
0.956、修正的标准拟合指数 IFI 为 0.978、比较拟合指数 CFI 为
0.978 等都非常接近于 1,这说明数据与测量模型之间的拟合程度
较好。

在进行验证性因子分析时,对于因子载荷系数低于 0.4 的变
量应该予以删除。从图 4-1 可以看出,城市品牌化执行层要素的
因子载荷标准化系数均在 0.63 以上,所有观测变量所衡量的潜变
量上的因子载荷值都显著,表明城市品牌化执行层要素可以通过
城市品牌识别、城市品牌结构、城市品牌定位、城市品牌沟通、城市
品牌审计和城市品牌更新六个因子进行解释,证明了假设 H2 成
立,即城市品牌化执行层要素由城市品牌识别、城市品牌结构、城
市品牌定位、城市品牌沟通、城市品牌审计和城市品牌更新构成。

2. 量表的效度

量表的结构效度可以分为收敛效度和区分效度[①]。收敛效度
通过验证性因子分析的拟合指标和因子负载进行检验。具体来
说,可以对观测变量的因子负载显著性水平(T 值)进行检验,且要
求因子负载必须大于 0.45。由表 4-28 可知,所有因子负载的 T
值均大于 9.423,表明所有测量项目在各自测量的概念上都达到
了 P 值<0.01 的显著性水平;且标准化因子负载介于 0.628—
1.058之间,大于 0.45,表明本书测量量表具有较高的收敛效度。

---

① 阳翼、卢泰宏:《中国独生代价值观系统的研究:一个量表的开发与检验》,《营销科学学报》2007 年第 3 卷第 3 期,第 104～114 页。

表 4 - 28 城市品牌化执行层要素 CFA 的因子负载及 T 值

路径	标准化因子负载	T 值
IDE1 ← Identification	0.667	9.539
IDE2 ← Identification	0.628	9.423
IDE3 ← Identification	0.722	10.431
IDE4 ← Identification	0.820	12.085
IDE5 ← Identification	0.887	12.717
IDE6 ← Identification	0.825	14.182
IDE7 ← Identification	0.713	11.862
POS1 ← Position	0.869	11.915
POS2 ← Position	0.722	10.580
POS3 ← Position	0.860	11.731
POS4 ← Position	0.826	12.376
POS5 ← Position	0.835	12.714
POS6 ← Position	0.760	12.530
POS7 ← Position	0.715	10.285
POS8 ← Position	0.816	12.691
ARCH1 ← Architecture	0.853	12.842
ARCH2 ← Architecture	0.780	11.748
ARCH3 ← Architecture	0.735	12.087
ARCH4 ← Architecture	0.794	12.749
AUD1 ← Audit	0.760	11.513
AUD2 ← Audit	0.801	12.213
AUD3 ← Audit	0.747	11.646
AUD4 ← Audit	0.766	13.598
AUD5 ← Audit	0.676	10.957
AUD6 ← Audit	0.755	12.043
AUD7 ← Audit	0.810	13.105
COM1 ← Communication	0.793	14.128
COM2 ← Communication	0.853	12.916

续　表

COM3	← Communication	0.905	14.522
COM4	← Communication	0.957	15.814
COM5	← Communication	1.058	14.445
COM6	← Communication	0.983	14.754
COM7	← Communication	0.945	14.723
COM8	← Communication	0.902	15.057
COM9	← Communication	0.771	11.808
REN1	← Renewing	0.763	12.752
REN2	← Renewing	0.683	12.116
REN3	← Renewing	0.700	12.468
REN4	← Renewing	0.729	12.564
REN5	← Renewing	0.746	12.200
REN6	← Renewing	0.704	12.124

区分效度常见的判别方法有两种:潜变量之间的相关系数加减标准误差的两倍,结果不包含1,表明数据有较高的区分效度;潜变量的平均方差萃取量(AVE,Average Variance Extracted)应该大于0.5,潜变量的相关系数平方(潜变量的共同方差)应该小于潜变量的平均方差萃取量。平均方差萃取量可以由下列公式进行计算:

$$\rho_v = \frac{(\sum_{\lambda^2})}{[(\sum_{\lambda^2}) + \sum_\theta]}$$

其中,ρ_v 为平均方差萃取量,λ 为观测变量在潜变量上的标准化参数,θ 为观测变量的测量误差。

表4-29列示了城市品牌化执行层要素六个维度的相关系数、AVE和潜变量间相关系数平方。

表 4 - 29　城市品牌化执行层要素六个维度的相关
系数、AVE 和潜变量间相关系数平方

	Identification	Architecture	Position	Communication	Audit	Renewing
Identification	0.897	0.616	0.667	0.658	0.445	0.752
Architecture	0.785	0.906	0.587	0.635	0.473	0.681
Position	0.817	0.766	0.906	0.776	0.496	0.783
Communication	0.811	0.797	0.881	0.906	0.621	0.753
Audit	0.667	0.688	0.704	0.788	0.931	0.582
Renewing	0.867	0.825	0.885	0.868	0.763	0.871

注:(1)下三角矩阵为潜变量相关系数;

　(2)对角线数值为各潜变量的平均方差萃取量;

　(3)上三角矩阵为潜变量相关系数平方。

　　由表 4 - 29 中的数值可以看出,城市品牌化执行层要素六个维度的平均方差萃取量均大于 0.5,且各维度的相关系数平方均小于 AVE。由此可见,量表具有较高的区分效度。

(二)城市品牌化支撑层要素

1.因子构成

　　通过对城市品牌化支撑层要素的探索性因子分析,得到一个新的因子"人才素质",由测量项目 ORG6、ORG7 和 ORG8 构成,同时测量项目 ORG7 在 Organization 因子上同时具有高于 0.4 的因子载荷。本部分将通过验证性因子分析对城市品牌化支撑层要素的因子构成进行确认。为此,本书设计了两个比较模型进行了验证性因子分析,结果如表 4 - 30 所示。

　　模型 1(M1):探索性因子分析后得到的测量项目 ORG7 归属于 People 因子的原始模型,以此作为基准衡量调整后模型的优劣。

　　模型 2(M2)：在 M1 的基础上，将测量项目 ORG7 移入因子 Organization 因子后得到的模型。

表 4 - 30　城市品牌化支撑层要素验证性因子分析过程的拟合指标变化

	χ^2	df	P-level	χ^2/df	RMREA	NFI	RFI	IFI	SRMR	CFI
M1	600. 110	246	0. 000	2. 439	0. 088	0. 966	0. 961	0. 980	0. 043	0. 980
M2	670. 950	246	0. 000	2. 727	0. 096	0. 960	0. 956	0. 974	0. 053	0. 974

　　从模型 M1、M2 的拟合指标来看，M1 的各项参数均好于 M2，所以认为将测量项目 ORG7 归属于 People 因子的模型结构较为合理。M1 的 χ^2 值等于 600. 110，自由度（df）为 246，P 值为 0. 000，近似误差均方根 RMSEA 为 0. 088，SRMR 为 0. 043，这说明模型拟合程度较好。在其他反映模型拟合程度的指标方面，标准拟合指数 NFI 为 0. 966、相对拟合指数 RFI 为 0. 961、修正的标准拟合指数 IFI 为 0. 980、比较拟合指数 CFI 为 0. 980 等都非常接近于 1，这说明数据与测量模型之间的拟合程度很好。

　　城市品牌化支撑层要素的因子载荷标准化系数均在 0. 74 以上，所有观测变量所衡量的潜变量上的因子载荷值都显著，表明城市品牌化支撑层要素可以通过协同组织、管理制度、文化氛围和人才素质这四个因子进行解释（图 4 - 2）。此处未能支持本研究的第三个假设 H3，即城市品牌化支撑层要素由协同组织、管理制度和文化氛围构成不成立。不过却由此确认了在探索性因子分析中的重要发现，即城市品牌化支撑层要素还具有第四个重要的维度——城市品牌化人才素质。

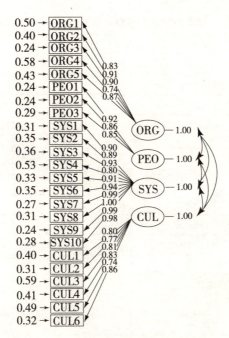

图 4 - 2　城市品牌化支撑层要素的测量模型

2.量表的效度

检验量表的收敛效度,对观测变量的因子负载显著性水平(T值)进行检验。由表 4 - 31 可知,所有因子负载的 T 值均大于10.633,表明所有测量项目在各自测量的概念上都达到了 P 值<0.01 的显著性水平;且标准化因子负载介于 0.739 - 1.003 之间,大于 0.45,表明本测量量表具有较高的收敛效度。

在前面已经提到,区分效度常见的判别方法有两种,一是潜变量之间的相关系数加减标准误差的二倍,结果不包含 1,表明数据有较高的区分效度;二是潜变量的平均方差萃取量应该大于0.5,潜变量的相关系数平方(潜变量的共同方差)应该小于 AVE。

表 4 - 31 城市品牌化支撑层要素 CFA 的因子负载及 T 值

路径		标准化因子负载	T 值
ORG1 ←	Organization	0.828	12.008
ORG2 ←	Organization	0.914	13.427
ORG3 ←	Organization	0.897	14.919
ORG4 ←	Organization	0.739	10.633
ORG5 ←	Organization	0.872	12.880
PEO1 ←	People	0.917	15.095
PEO2 ←	People	0.859	14.694
PEO3 ←	People	0.846	14.028
SYS1 ←	System	0.897	14.427
SYS2 ←	System	0.888	13.945
SYS3 ←	System	0.934	14.197
SYS4 ←	System	0.804	11.785
SYS5 ←	System	0.912	14.310
SYS6 ←	System	0.944	14.347
SYS7 ←	System	0.989	15.402
SYS8 ←	System	1.003	15.078
SYS9 ←	System	0.986	15.709
SYS10 ←	System	0.982	15.272
CUL1 ←	Culture	0.800	12.483
CUL2 ←	Culture	0.770	13.138
CUL3 ←	Culture	0.806	11.172
CUL4 ←	Culture	0.827	12.604
CUL5 ←	Culture	0.739	11.177
CUL6 ←	Culture	0.863	13.819

表 4 - 32 列示了城市品牌化支撑层要素四个维度的相关系数、AVE 和潜变量间相关系数平方。

表 4－32　城市品牌化支撑层要素四个维度的相关
系数、AVE 和潜变量间相关系数平方

	Organization	People	System	Culture
Organization	0.916	0.615	0.672	0.598
People	0.784	0.928	0.812	0.498
System	0.820	0.901	0.931	0.479
Culture	0.773	0.706	0.692	0.908

注:(1)下三角矩阵为潜变量相关系数;

　　(2)对角线数值为各潜变量的平均方差萃取量;

　　(3)下三角矩阵为潜变量相关系数平方。

由表 4－32 中的数值可以看出,城市品牌化支撑层要素的四个维度平均方差萃取量均大于 0.5,且各维度的相关系数平方均小于 AVE。由此可见,量表具有较高的区分效度。

三、高阶因子模型分析

为了进一步探索城市品牌影响因素的组成结构,以验证研究假设 1,笔者在这里设计了四个比较模型,通过理论模型与样本数据之间的拟合检验,比较不同模型的优劣(表 4－33)。

模型 1(M1):一阶十因子模型(ten factor model),以验证性因子分析确定的十个因子为基础模型。

模型 2(M2):二阶单因子模型(high-order single factor model),假定存在一个高阶因子主宰一阶因子的表现。

模型 3(M3):二阶双因子(相关)模型(two correlated high-order factors model),按照本书的概念模型,认为城市品牌影响因素可以从执行层和支撑层两个方面进行研究,因此设计两个高阶因子,同时设定这两个因子之间相关。

模型 4(M4)：二阶双因子(不相关)模型(two uncorrelated high-order factors model)，在 M3 的基础上，同样是两个高阶因子，但各自独立，彼此间不相关。

表 4-33　高阶因子竞争性模型的拟合指标

	χ^2	df	$\chi^2/\mathrm{d}f$	RMR	RMSEA	PGFI
M1	3541.46	1970	1.798	0.057	0.065	0.580
M2	3869.81	2005	1.930	0.072	0.071	0.570
M3	3762.46	2004	1.877	0.068	0.071	0.580
M4	3946.72	2005	1.968	0.340	0.068	0.580
	NFI	CFI	PNFI	AIC	CAIC	ECVI
M1	0.96	0.98	0.91	3891.46	4632.84	20.81
M2	0.96	0.98	0.92	4149.74	4742.91	21.63
M3	0.96	0.98	0.92	4008.46	4605.8	21.44
M4	0.96	0.98	0.92	4610.82	4610.82	21.49

表 4-33 给出了上述四个模型在绝对拟合指数、相对拟合指数和简约拟合指数等三大方面的拟合指标。

以一阶十因子模型为基础，可以看到模型 M2 代表的二阶单因子模型与基础模型相比，χ^2 值上升改变($\chi^2=318.35$)达到了显著水平，说明确实有一个高阶因子在主导这十个一阶因子的表现。

二阶双因子(相关)模型 M3 与二阶单因子模型相比，χ^2 值下降的改变($\chi^2=57.35$)也都达到了显著水平，而且 RMR、PGFI 等指标略有上升，这说明二阶双因子(相关)模型与二阶单因子模型相比，能更好地说明城市品牌化影响因素的因子构成情况，且两个高阶因子之间的相关系数为 0.86，在 95% 的置信水平下未包含 1，说明有必要将其一分为二。

　　同样,二阶双因子(不相关)模型 M4 与模型 M3 相比,拟合指标稍显逊色,而且模型的残差均方根(RMR)为 0.34。基于以上考虑,本研究认为二阶双因子(相关)模型 M3 是反映因子结构的最优模型。证明城市品牌化影响因素确实由执行层和支撑层两个层面构成,并且分别包含一定数量的因子来反映该层内容。

　　城市品牌影响因素的高阶验证性因子分析结果如图 4 - 3 所示。

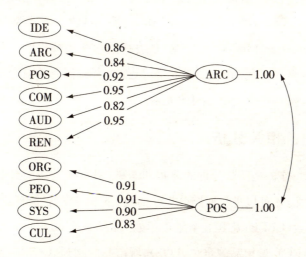

图 4 - 3　城市品牌化影响因素的测量模型

注:限于图形篇幅,在本图中未显示 9 个一阶因子的观测变量。

　　从图 4 - 3 可以看出,城市品牌化执行层要素的因子载荷标准化系数均在 0.82 以上,所有观测变量所衡量的潜变量上的因子载荷值都显著,表明城市品牌影响因素可以通过城市品牌化执行层要素和城市品牌化支撑层要素两个因子进行解释,证明了假设 H1 成立,即城市品牌化影响因素可以分为城市品牌化执行层要素和城市品牌支撑层要素。

第七节　模型变量的关系分析:城市品牌影响因素作用机理分析

本书旨在研究城市品牌成功要素,这是通过分析城市品牌化执行层要素、城市品牌化支撑层要素与城市品牌指数之间的关系来进行的。这三者的关系可以描述为一个结构方程,进而可以根据结构方程模型的解法求证它们的关系。结构方程模型(Structural Equation Modeling,SEM)是进行结构关系分析的一种有效工具,本书主要利用 LISREL8.70 软件对所需研究的内容进行建模分析,发现各个变量之间的关系。

一、相关分析

相关分析是回归分析的前提和基础,只有变量之间具有显著的相关性,才可以进行回归分析。为此,本节将先就城市品牌化执行层要素(CBEF)及其五个维度[城市品牌识别(IDE)、城市品牌结构(ARC)、城市品牌定位(POS)、城市品牌沟通(COM)、城市品牌审计(AUD)]、城市品牌化支撑层要素(CBSF)及其四个维度[城市品牌化协同组织(ORG)、城市品牌化管理制度(SYS)、城市品牌化文化氛围(CUL)、城市品牌化人才素质(PEO)]和城市品牌指数(CBI)之间进行相关分析。

另外,前文已经提到,本书中的城市品牌指数数据来自《中国城市竞争力报告 No.5》。这里需要说明的是,在本节进行相关分析、回归分析和结构方程建模时,是将城市品牌指数(CBI)作为一个潜变量,以《中国城市竞争力报告 No. 5》中的"城市总体品牌指数"(CBI1)、"城市营商品牌指数"(CBI2)、"城市旅游品牌指数"(CBI3)和"城市宜居品牌指数"(CBI4)四项作为 CBI 的测量项目来进行数据处理的。

各变量及其各维度之间的相关分析结果如表 4-34 所示。从表中可以看到各变量及其维度之间具有显著的相关性,从而为后续各节的数量分析奠定了基础。

表 4-34　各变量及其各维度之间的相关系数

	CBEF	IDE	ARC	POS	COM	AUD	REN	CBI
CBSF	0. 842(**)	0. 732(**)	0. 668(**)	0. 800(**)	0. 787(**)	0. 814(**)	0. 777(**)	0. 562(**)
ORG	0. 781(**)	0. 675(**)	0. 612(**)	0. 729(**)	0. 736(**)	0. 786(**)	0. 710(**)	0. 540(**)
SYS	0. 708(**)	0. 621(**)	0. 575(**)	0. 683(**)	0. 648(**)	0. 680(**)	0. 645(**)	0. 453(**)
CUL	0. 805(**)	0. 705(**)	0. 643(**)	0. 751(**)	0. 744(**)	0. 774(**)	0. 758(**)	0. 506(**)
POE	0. 726(**)	0. 625(**)	0. 568(**)	0. 705(**)	0. 695(**)	0. 681(**)	0. 677(**)	0. 515(**)
CBI	0. 719(**)	0. 684(**)	0. 656(**)	0. 666(**)	0. 672(**)	0. 572(**)	0. 647(**)	1. 000

注:** 表示相关系数在 0.01 水平上显著

二、城市品牌化执行层要素对城市品牌指数的作用

在前面的讨论中,本书提出了假设 H4:城市品牌化执行层要素对城市品牌指数具有正向的影响,以及六个子假设 H4a:城市品牌识别对城市品牌指数具有正向的影响;H4b:城市品牌结构对城市品牌指数具有正向的影响;H4c:城市品牌定位对城市品牌指数具有正向的影响;H4d:城市品牌沟通对城市品牌指数具有正向的影响;H4e:城市品牌审计对城市品牌指数具有正向的影响;H4f:城市品牌更新对城市品牌指数具有正向的影响假设。下面

本书将通过回归分析和结构方程建模(SEM)来验证上述假设是否成立。

(一)回归分析

在回归分析中,本书以城市品牌化执行层要素为自变量,以城市品牌指数为因变量进行回归分析,同时分析城市品牌化执行层要素各个维度在城市品牌指数上的回归系数(表4-35)。

表4-35　各变量回归系数估计值(CBEF-CBI)

	路径		Estimate	S. E.	C. R.	P-level
CBI	←	CBEF	0.71	0.06	11.54	0.000
CBI	←	Identification	0.47	0.08	5.926	0.000
CBI	←	Architecture	0.29	0.06	4.417	0.000
CBI	←	Position	0.15	0.07	2.133	0.033
CBI	←	Communication	0.38	0.08	4.751	0.000
CBI	←	Audit	0.18	0.07	2.501	0.012
CBI	←	Renewing	0.09	0.06	1.484	0.138

从表4-35可以看出,除城市品牌更新维度外(回归系数不显著),城市品牌化执行层要素及其另外的五个维度对城市品牌指数的(非标准化的)回归系数均大于0且均显著。因此,城市品牌化执行层要素对城市品牌指数具有显著的正向影响力,从而研究假设H4得到了部分支持,其中H4a、H4b、H4c、H4d、H4e得到了支持,而H4f没有得到支持。

(二)SEM分析

接下来,本书使用LISREL8.70对这城市品牌化执行层要素和城市品牌指数两个变量进行结构方程建模分析,以进一步验证在上一步回归分析中得到的结论。侯杰泰等学者指出,近年来很多学者为减低模型中题目的数量,将数题合并成小组(parcel),求每组题目的总分或平均分,将小组得分作为新指标处理①。本书通过高阶验证性因子分析,获得了二阶双因子(相关)的变量结构。出于结构方程建模的需要,本书将用每个一阶因子的均值作为该因子在二阶因子上的测量项目得分,以形成更为简约的结构模型。

另外,在前面的回归分析中,"城市品牌更新"这一要素已被证明与城市品牌指数之间的关系不显著,因此"城市品牌更新"将不能作为城市品牌成功要素之一。基于本书的目标,此处开始本书将"城市品牌更新"这一维度从城市品牌化执行层要素中剔除。剔除后得到的城市品牌化执行层要素的 CFA 结果如图 4-4 所示。模型的拟合指标如表 4-36 所示。

表 4-36　调整后的城市品牌化执行层要素验证性因子分析拟合指标

χ^2	df	P-level	χ^2/df	RMREA	NFI	RFI	IFI	SRMR	CFI
1196.018	550	0.000	2.175	0.0793	0.959	0.956	0.978	0.062	0.978

从模型的拟合指标来看,χ^2 值等于 1196.018,自由度(df)为 550,P 值为 0.000,近似误差均方根 RMSEA 为 0.0793,SRMR 为 0.062,这说明模型拟合程度较好。在其他反映模型拟合程度的指标方面(表 5-21),标准拟合指数 NFI 为 0.959、相对拟合指数 RFI 为 0.956、修正的标准拟合指数 IFI 为 0.978、比较拟合指数 CFI 为 0.978 等都非常接近于 1,这说明数据与测量模型之间的拟合程度很好。

①　侯杰泰、温忠麟、成子娟:《结构方程模型及其应用》,教育科学出版社 2004 年版。

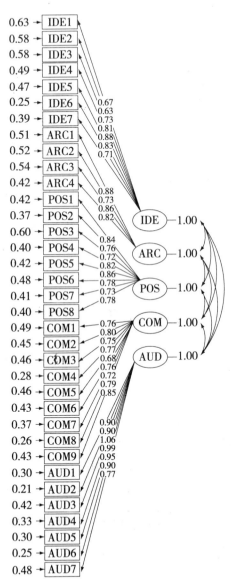

图 4-4　城市品牌化执行层要素的测量模型(调整后)

接着,本书对城市品牌化执行层要素与城市品牌指数进行 SEM 分析,分析结果如图 4-5 所示。模型的拟合结果如表 4-37 所示。

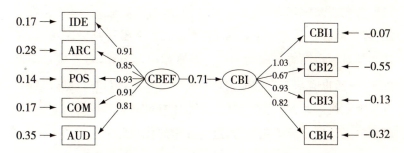

图 4-5　城市品牌化执行层要素与城市品牌指数的关系

表 4-37　城市品牌化执行层要素与城市品牌指数关系模型拟合结果

指标	数值	判断标准
χ^2	199.54	
df	26	
P-level	0.000	越接近于 1.0 拟合度越好
RMSEA	0.122	≤0.08 拟合度较好
GFI	0.80	越接近于 1.0 拟合度越好
NFI	0.90	越接近于 1.0 拟合度越好
IFI	0.91	越接近于 1.0 拟合度越好
CFI	0.91	越接近于 1.0 拟合度越好

从中可以看出,城市品牌化执行层要素对城市品牌指数的路径系数(标准化)为 0.78,这一结果再次支持了研究假设 H4。在反映数据与模型之间拟合程度的指标方面(表 5-22),χ^2 为 199.54,RMSEA 为 0.122,其他指标 NFI、RFI、IFI 和 CFI 也都较好,说明数据与模型之间具有一定程度的匹配性。

（三）相关讨论

前期的文献分析和专家访谈中都发现,城市品牌化执行层要素确实有助于城市品牌化的成功,从而带来城市品牌指数的提高。特别是城市品牌识别、城市品牌结构、城市品牌定位、城市品牌沟通、城市品牌审计等五个要素,不论是研究文献还是专家访谈,都认同其对城市品牌化成功实施的重要作用。但是,对于城市品牌更新,虽然也有研究文献提到这一要素的作用,但很可能在出现城市品牌危机的时候,这一要素的作用才有可能突显出来,但是就一般意义上的城市品牌化而言,这一要素的作用并不突出。

因此,可以得到初步的分析结果,即城市品牌管理者可以通过精心设计城市品牌化执行层要素的组合,充分发挥好各要素的协同作用来促进城市品牌化的成功。

三、城市品牌化支撑层要素对城市品牌指数的作用

本书在前面的讨论中提出了假设 H5:城市品牌化支撑层要素对城市品牌指数具有正向的影响。以及三个子假设 H5a:城市品牌化协同组织对城市品牌指数具有正向的影响;H5b:城市品牌化管理制度对城市品牌指数具有正向的影响;H5c:城市品牌化文化氛围对城市品牌指数具有正向的影响。另外,在之前的章节中还报告了本书发现的城市品牌化支撑层要素变量的第四个维度——城市品牌化人才素质。因此,在这里本书将补充研究假设 H5 的一个子假设,即假设 H5d:城市品牌化人才素质对城市品牌指数具正向的影响。下面本书将通过回归分析和结构方程建模来验证上述假设是否成立。

(一)回归分析

在回归分析中,本书以城市品牌化支撑层要素为自变量,以城市品牌指数为因变量进行回归分析,同时分析城市品牌化支撑层要素各个维度在城市品牌指数变量上的回归系数(表4-38)。

表4-38　各变量回归系数估计值(CBSF-CBI)

路径			Estimate	S. E.	C. R.	P-level
CBI	←	CBEF	0.91	0.08	10.87	0.000
CBI	←	Organization	0.22	0.08	2.842	0.004
CBI	←	System	0.22	0.07	3.245	0.001
CBI	←	Culture	0.36	0.08	4.322	0.000
CBI	←	People	0.33	0.06	5.384	0.000

从表4-38可以看出,城市品牌化支撑层要素及各维度对城市品牌指数的(非标准化的)回归系数均大于0且均显著。因此,城市品牌化支撑层要素对城市品牌指数具有显著的正向影响力,研究假设H5得到了支持,包括H5a、H5b、H5c、H5d均得到了支持。

(二)SEM分析

接下来,本书将使用LISREL8.70对这城市品牌化支撑层要素和城市品牌指数两个变量进行结构方程建模分析。按照前面的做法,本书将使用城市品牌化支撑层要素包含的四个一阶因子的均值,作为新的测量项目得分,简化结构方程模型的复杂程度。进一步验证在上一步回归分析中得到的结论。SEM分析的结果如图4-6所示,模型的拟合结果如表4-39所示。

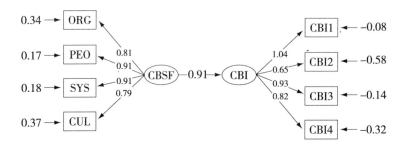

图 4 - 6　城市品牌化支撑层要素与城市品牌指数的关系

表 4 - 39　城市品牌化支撑层要素与城市品牌指数关系模型拟合结果

指标	数值	判断标准
χ^2	217.78	
df	19	
P-level	0.000	越接近于 1.0 拟合度越好
RMSEA	0.107	≤0.08 拟合度较好
GFI	0.81	越接近于 1.0 拟合度越好
NFI	0.83	越接近于 1.0 拟合度越好
IFI	0.84	越接近于 1.0 拟合度越好
CFI	0.83	越接近于 1.0 拟合度越好

从上表中可以看出,城市品牌化支撑层要素对城市品牌指数的路径系数(标准化)为 0.91,这一结果再次支持了研究假设 H4。在反映数据与模型之间拟合程度的指标方面,χ^2 为 217.78,RMSEA 为 0.107,其他指标 NFI、RFI、IFI 和 CFI 也都在 0.8 以上,说明数据与模型之间有一定程度的匹配性。

(三)相关讨论

此前的文献研究和专家访谈也都指出了城市品牌化支撑层要素对推动城市品牌化成功的重要意义。特别是城市品牌化协同组

织、城市品牌化管理制度、城市品牌化文化氛围等三个要素,不论
是研究文献还是专家访谈,都强调了其对城市品牌化成功实施的
重要作用。虽然城市品牌化人才素质在文献中没有受到学者们的
特别重视,但这并不能否定其对城市品牌化成功的重要价值。本
部分的实证研究结果揭示了城市品牌化人才素质这一要素的突出
作用。由此可以得到初步的分析结果,即城市品牌管理者可以通
过管理城市品牌化支撑层要素,配置好各要素的关系,来促进城市
品牌化的成功。

四、城市品牌化支撑层要素对城市品牌化执行层要素的作用

在之前讨论中本书还提出了假设 H6:城市品牌化支撑层要
素对城市品牌化执行层要素具有正向的影响。以及三个子假设
H6a:城市品牌化协同组织对城市品牌化执行层要素具有正向的
影响;H6b:城市品牌化管理制度对城市品牌化执行层要素具有正
向的影响;H6c:城市品牌化文化氛围对城市品牌化执行要素具有
正向的影响。另外,前面的章节还报告了研究发现的城市品牌化
支撑层要素变量的第四个维度——城市品牌化人才素质。因此,
在这里本书也补充研究假设 H6 的一个子假设,即假设 H6d:城市
品牌化人才素质对城市品牌化执行层要素具正向的影响。下面,
本书将通过回归分析和结构方程建模来验证上述假设是否成立。

(一)回归分析

在回归分析中,本书以城市品牌化支撑层要素为自变量,以城
市品牌化执行层要素为因变量进行回归分析。同时分析城市品牌
化支撑层要素各维度在城市品牌化支撑层要素上的回归系数。由

于城市品牌化执行层要素是一个二阶因子和六个一阶因子构成的高阶因子结构,将其作为因变量进行回归和结构方程建模,可以如前文的做法,使用一阶因子的均值替代,成为新的测量项目得分。因此,在以下的分析中,本书均使用替代后的新测量项目得分进行。回归分析的结果如表 4 - 40 所示。

表 4 - 40　各变量回归系数估计值(CBSF－CBEF)

路径			Estimate	S. E.	T	P-level
CBEF	←	CBSF	0. 810	0. 070	11. 82	0. 000
CBEF	←	Organization	0. 245	0. 043	5. 732	0. 000
CBEF	←	System	0. 458	0. 067	6. 840	0. 000
CBEF	←	Culture	0. 205	0. 039	5. 201	0. 000
CBEF	←	People	0. 358	0. 052	6. 891	0. 000

从表 4 - 40 中可以看出,城市品牌化支撑层要素及其四个主要维度对城市品牌化执行层要素的(非标准化的)回归系数均大于 0 且均显著。因此,城市品牌化支撑层要素对城市品牌化执行层要素具有显著的正向影响,研究假设 H6 得到了支持,包括 H6a、H6b、H6c、H6d 均得到了支持。

(二)SEM 分析

接下来,本书使用 LISREL8.70 对这城市品牌化支撑层要素和城市品牌化执行层要素两个变量进行结构方程建模分析。参照之前的做法,本书将使用城市品牌化执行层要素包含的六个一阶因子的均值,作为新的测量项目得分,对城市品牌化支撑层要素做同样处理,简化结构方程模型的复杂程度。进一步验证在上一步回归分析中得到的结论。SEM 分析的结果如图 4 - 7 所示。模型的拟合结果如表 4 - 41 所示。

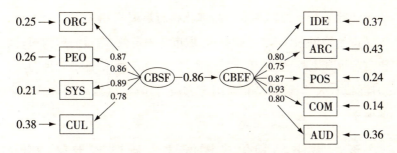

图 4 - 7　城市品牌化支撑层要素与城市品牌指数的关系

表 4 - 41　城市品牌化支撑层要素与城市品牌指数关系模型拟合结果

指标	数值	判断标准
χ^2	138.25	
df	34	
P-level	0.000	越接近于 1.0 拟合度越好
RMSEA	0.103	≤0.08 拟合度较好
GFI	0.87	越接近于 1.0 拟合度越好
NFI	0.96	越接近于 1.0 拟合度越好
IFI	0.97	越接近于 1.0 拟合度越好
CFI	0.97	越接近于 1.0 拟合度越好

从中可以看出,城市品牌化支撑层要素对城市品牌化执行层要素的路径系数(标准化)为 0.86,这一结果再次支持了研究假设 H6。在反映数据与模型之间拟合程度的指标方面(表 5 - 26),χ^2 为 138.25,RMSEA 为 0.103,其他指标 NFI、RFI、IFI 和 CFI 也都较好,说明数据与模型之间有较好的匹配性。

(三)相关讨论

这部分的数据分析结果证明了城市品牌化支撑层要素对城市品牌化执行层要素具有重要的支持作用。因此,为了更加有效地发挥城市品牌化执行层要素在城市品牌建设中的作用,城市品牌管理者除了要重视发展城市品牌化执行层要素相关的各项工作，如城市品牌识别、城市品牌结构、城市品牌定位、城市品牌沟通、城市品牌审计之外，也还要搞好与这些工作相匹配的诸如管理制度、协同组织、人才素质、文化氛围等方面的建设，以提高城市品牌化的效率。

五、城市品牌化支撑层要素通过城市品牌化执行层要素对城市品牌指数的作用

本节将对城市品牌化支撑层要素、城市品牌化执行层要素和城市品牌指数这三个变量进行关系验证。由于本书的重点在于探索城市品牌化支撑层要素及其各个维度的作用，而城市品牌化支撑层要素包含四个因子，因此本部分将逐一检验以下四种关系：ORG、CBEF 与 CBI 的关系；SYS、CBEF 与 CBI 的关系；CUL、CBEF 与 CBI 的关系以及 PEO、CBEF 与 CBI 的关系。在对这些关系进行验证的基础上，检验假设 H7 和假设 H7a、H7b、H7c、H7d。

（一）城市品牌化支撑层要素、城市品牌化执行层要素与城市品牌指数的关系

1. 回归分析

首先需要检验城市品牌化支撑层要素与 CBEF 和 CBI 之间的关系，使用 LISREL8.70 进行结构方程模型建模和假设检验。按照前面的做法，本书将模型中涉及的高阶因子所包含的一阶因子用其测量项目均值替代，进行模型简化，得到城市品牌化支撑层要素（4个维度）、城市品牌化执行层要素（6 个维度）以及城市品牌指数（4个维度）。三个变量的回归分析结果如表 4 - 42 所示。

表 4-42　各变量回归系数估计值（CBSF—CBEF—CBI）

路径			Estimate	S. E.	T	P-level
CBEF	←	CBSF	0.93	0.07	13.41	0.000
CBI	←	CBEF	0.80	0.06	12.46	0.000

从表 4-42 中可以看出，城市品牌化支撑层要素对城市品牌化执行层要素的（非标准化的）回归系数为 0.93（P 值＜0.001），而城市品牌化执行层要素对城市品牌指数的（非标准化的）回归系数为 0.80（P 值＜0.001）。因此，城市品牌化执行层要素是城市品牌化支撑层要素和城市品牌指数的中介变量，即城市品牌化支撑层要素通过城市品牌化执行层要素对城市品牌指数产生间接的正向影响，假设 H7 成立。

2.结构方程模型分析

为了进一步确认城市品牌化支撑层要素、城市品牌化执行层要素与城市品牌指数之间的关系，需要进行结构方程建模分析，结果如图 4-8 所示。模型的拟合结果如表 4-43 所示。

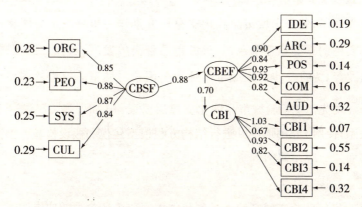

图 4-8　城市品牌化支撑层要素、城市品牌化
执行层要素与城市品牌指数的关系

表 4 - 43   城市品牌化支撑层要素与城市品牌指数关系模型拟合结果

χ^2	df	P-level	RMREA	NFI	RFI	IFI	CFI
346.68	63	0.000	0.112	0.92	0.91	0.93	0.93

从图 4 - 8 可以看出,城市品牌化支撑层要素与城市品牌化执行层要素的标准化路径系数为 0.88,城市品牌化执行层要素与城市品牌指数的标准化路径系数为 0.70,这一结果再次支持了研究假设 H7。在反映数据与模型之间拟合程度的指标方面(表 4 - 27),χ^2 为 346.68,RMSEA 为 0.112,其他指标 NFI、RFI、IFI 和 CFI 也都接近于 1,说明数据与模型之间有较好的匹配性。此外,所有的回归系数均显著(P 值<0.01)。

3.相关讨论

这一研究结果表明,城市品牌化支撑层要素不仅能够直接对城市品牌指数产生正向影响作用,而且能够通过作用于城市品牌化执行层要素对城市品牌指数产生间接的正向影响。这一发现的意义在于,解释了城市品牌化支撑层要素作为影响城市品牌化成功实施的重要管理平台,其对城市品牌指数发生影响的又一条作用路径,为进一步探索城市品牌影响因素对城市品牌指数的作用机理奠定了基础。

(二)城市品牌化协同组织、城市品牌化执行层要素与城市品牌指数的关系

1.回归分析

这部分验证的是城市品牌化支撑层要素所包含的四个维度之一——城市品牌化协同组织维度分别与 CBEF 和 CBI 之间的关

系。本书将模型中涉及的高阶因子城市品牌化执行层要素所包含的一阶因子用其测量项目均值替代,进行模型简化,得到城市品牌化协同组织(5个变量)、城市品牌化执行层要素(6个变量)以及城市品牌指数(4个变量)。三个构念的回归分析结果如表4-44所示。

表4-44 各变量回归系数估计值(Organization—CBEF—CBI)

路径			Estimate	S. E.	T	P-level
CBEF	←	Organization	0.94	0.08	11.05	0.000
CBI	←	CBEF	0.80	0.06	12.58	0.000

由表4-44可以看出,城市品牌化协同组织维度对城市品牌化执行层要素的(非标准化的)回归系数为0.94(P值<0.001),而城市品牌化执行层要素对城市品牌指数的(非标准化的)回归系数为0.80(P值<0.001)。因此,城市品牌化执行层要素是城市品牌化协同组织和城市品牌指数的中介变量,即城市品牌化协同组织通过城市品牌化执行层要素对城市品牌指数产生间接的正向影响,假设H7a成立。

2. 结构方程模型分析

为了进一步确认城市品牌化协同组织、城市品牌化执行层要素与城市品牌指数之间的关系,本研究又进行了结构方程建模分析,结果如图4-9所示,模型的拟合结果如表4-45所示。

**表4-45 城市品牌化协同组织、城市品牌化执行层要素与
城市品牌指数关系模型拟合结果**

χ^2	df	P-level	RMREA	NFI	RFI	IFI	CFI
330.30	75	0.000	0.126	0.93	0.91	0.94	0.94

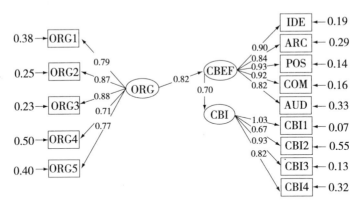

图 4 - 9　城市品牌化协同组织、城市品牌化执行层
要素与城市品牌指数的关系

从图 4 - 9 可以看出,城市品牌化协同组织与城市品牌化执行层要素的标准化路径系数为 0.82,城市品牌化执行层要素与城市品牌指数的标准化路径系数为 0.70,这一结果再次支持了研究假设 H7a。在反映数据与模型之间拟合程度的指标方面(表 4 - 29),χ^2 为 330.30,RMSEA 为 0.126,其他指标 NFI、RFI、IFI 和 CFI 也都接近于 1,说明数据与模型之间有较好的匹配性。

3. 相关讨论

这一研究结果表明,城市品牌化协同组织不仅能够直接对城市品牌指数产生正向影响作用,而且能够通过作用于城市品牌化执行层要素对城市品牌指数产生间接的正向影响。这一发现的意义在于,解释了城市品牌化协同组织对城市品牌指数发生影响的又一条作用路径,有助于进一步探索城市品牌影响因素对城市品牌指数的作用机理。

(三)城市品牌化管理制度、城市品牌化执行层要素与城市品牌指数的关系

1. 回归分析

本部分检验城市品牌化支撑层要素所包含的管理制度维度与 CBEF 和 CBI 之间的关系。本书将模型中涉及的高阶因子城市品牌化执行层要素所包含的一阶因子用其测量项目均值替代,进行模型简化,得到城市品牌化管理制度(10 个维度)、城市品牌化执行层要素(6 个维度)以及城市品牌指数(4 个维度)。三个变量的回归分析结果如表 4-46 所示。

表 4-46 各变量回归系数估计值(System—CBEF—CBI)

路径			Estimate	S. E.	T	P-level
CBEF	←	System	0.75	0.07	11.64	0.000
CBI	←	CBEF	0.81	0.06	12.74	0.000

从表 4-46 可以看出,城市品牌化管理制度对城市品牌化执行层要素的(非标准化的)回归系数为 0.75(P 值<0.001),而城市品牌化执行层要素对城市品牌指数的(非标准化的)回归系数为 0.81(P 值<0.001)。因此,城市品牌化执行层要素是城市品牌化管理制度和城市品牌指数的中介变量,即城市品牌化管理制度通过城市品牌化执行层要素对城市品牌指数产生间接的正向影响,假设 H7b 成立。

2. 结构方程模型分析

为了进一步确认城市品牌化管理制度、城市品牌化执行层要素与城市品牌指数之间的关系,本书又进行了结构方程建模分析,结果如图 4-10 所示。模型的拟合结果如表 4-47 所示。

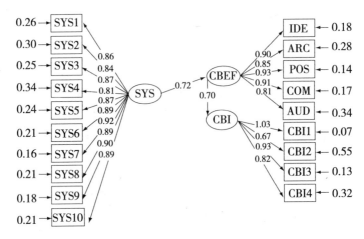

图 4 - 10　城市品牌化管理制度、城市品牌化执行层
要素与城市品牌指数的关系

表 4 - 47　城市品牌化管理制度、城市品牌化执行层要素与
城市品牌指数关系模型拟合结果

χ^2	df	P-level	RMREA	NFI	RFI	IFI	CFI
541.75	150	0.000	0.113	0.95	0.94	0.96	0.96

　　从图 4 - 10 可以看出,城市品牌化管理制度与城市品牌化执行层要素的标准化路径系数为 0.72,城市品牌化执行层要素与城市品牌指数的标准化路径系数为 0.70,这一结果再次支持了研究假设 H7b。在反映数据与模型之间拟合程度的指标方面(表 4 - 31),χ^2 为 541.75,RMSEA 为 0.113,其他指标 NFI、RFI、IFI 和 CFI 也都接近于 1,说明数据与模型之间有较好的匹配性。

　　3. 相关讨论

　　这一研究结果表明,城市品牌化管理制度不但能够直接对城市品牌指数产生正向影响作用,而且能够通过作用于城市品牌化执行层要素对城市品牌指数产生间接的正向影响。这一发现的意义在于,解释了城市品牌化管理制度对城市品牌指数发生影响的又一条作用路径,为进一步探索城市品牌影响因素对城市品牌指数的作用机理准备了基础。

(四)城市品牌化文化氛围、城市品牌化执行层要素与城市品牌指数的关系

1. 回归分析

本部分检验城市品牌化支撑层要素所包含的文化氛围维度与CBEF 和 CBI 之间的关系。本书将模型中涉及的高阶因子城市品牌化执行层要素所包含的一阶因子用其测量项目均值替代,进行模型简化,得到城市品牌化文化氛围(6 个维度)、城市品牌化执行层要素(6 个维度)以及城市品牌指数(4 个维度)。三个构念的回归分析结果如表 4-48 所示。

表 4-48　各变量回归系数估计值(Culture—CBEF—CBI)

路径		Estimate	S. E.	T	P-level
CBEF	← System	1. 01	0. 09	11. 19	0. 000
CBI	← CBEF	0. 80	0. 06	12. 57	0. 000

从表 4-48 可以看出,城市品牌化文化氛围对城市品牌化执行层要素的(非标准化的)回归系数为 1. 01(P 值<0.001),而城市品牌化执行层要素对城市品牌指数的(非标准化的)回归系数为0. 80(P 值<0.001)。因此,城市品牌化执行层要素是城市品牌化文化氛围和城市品牌指数的中介变量,即城市品牌化文化氛围通过城市品牌化执行层要素对城市品牌指数产生间接的正向影响,假设 H7c 成立。

2. 结构方程模型分析

为了进一步确认城市品牌化文化氛围、城市品牌化执行层要素与城市品牌指数之间的关系,本书又进行了结构方程建模分析,结果如图 4-11 所示。模型的拟合结果如表 4-49 所示。

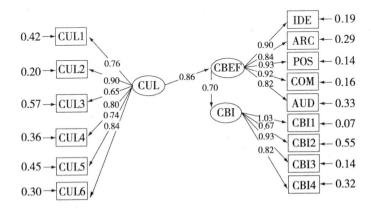

图 4-11   城市品牌化文化氛围、城市品牌化执行层要素与城市品牌指数的关系

表 4-49   城市品牌化文化氛围、城市品牌化执行层要素与城市品牌指数关系模型拟合结果

χ^2	df	P-level	RMREA	NFI	RFI	IFI	CFI
368.01	88	0.000	0.120	0.93	0.91	0.94	0.94

从图 4-11 可以看出,城市品牌化文化氛围与城市品牌化执行层要素的标准化路径系数为 0.86,城市品牌化执行层要素与城市品牌指数的标准化路径系数为 0.70,这一结果再次支持了研究假设 H7c。在反映数据与模型之间拟合程度的指标方面（表 4-33）,χ^2 为 368.01,RMSEA 为 0.120,其他指标 NFI、

RFI、IFI 和 CFI 也都接近于 1,说明数据与模型之间有较好的匹配性。

3.相关讨论

这一研究结果表明,城市品牌化文化氛围不但能够直接对城市品牌指数产生正向影响作用,而且能够通过作用于城市品牌化执行层要素对城市品牌指数产生间接的正向影响。这一发现的意义在于,解释了城市品牌化文化氛围对城市品牌指数发生影响的又一条作用路径,有助于进一步探索城市品牌化成功要素对城市品牌指数的作用机理。

(五)城市品牌化人才素质、城市品牌化执行层要素与城市品牌指数的关系

1.回归分析

本部分检验城市品牌化支撑层要素所包含的人才素质维度与 CBEF 和 CBI 之间的关系。本书将模型中涉及的高阶因子城市品牌化执行层要素所包含的一阶因子用其指标均指替代,进行模型简化,得到人才素质(3 个维度)、城市品牌化执行层要素(6 个维度)以及城市品牌指数(4 个维度)。三个变量的回归分析结果如表 4 - 50 所示。

表 4 - 50　各变量回归系数估计值(People—CBEF—CBI)

路径			Estimate	S. E.	T	P-level
CBEF	←	People	0.80	0.07	11.36	0.000
CBI	←	CBEF	0.80	0.06	12.59	0.000

从表 4 - 50 可以看出,城市品牌化人才素质对城市品牌化执行层要素的(非标准化的)回归系数为 0.80(P 值<0.001),而城

市品牌化执行层要素对城市品牌指数的(非标准化的)回归系数为
0.80(P值<0.001)。因此,城市品牌化执行层要素是城市品牌化
人才素质和城市品牌指数的中介变量,即城市品牌化人才素质通
过城市品牌化执行层要素对城市品牌指数产生间接的正向影响,
假设H7d成立。

2.结构方程模型分析

为了进一步确认城市品牌化人才素质、城市品牌化执行层要
素与城市品牌指数之间的关系。本书又进行了结构方程建模分
析,结果如图4-12所示。模型的拟合结果如表4-51所示。

从图4-12可以看出,城市品牌化人才素质与城市品牌化执

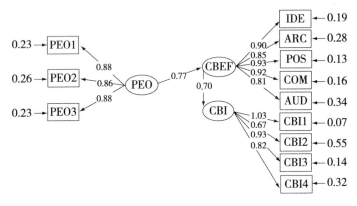

图4-12　城市品牌化人才素质、城市品牌化执行层
要素与城市品牌指数的关系

表4-51　城市品牌化人才素质、城市品牌化执行层要素与
城市品牌指数关系模型拟合结果

χ^2	df	P-level	RMREA	NFI	RFI	IFI	CFI
248.13	52	0.000	0.103	0.92	0.90	0.93	0.93

行层要素的标准化路径系数为 0.77,城市品牌化执行层要素与城市品牌指数的标准化路径系数为 0.70,这一结果再次支持了研究假设 H7d。同时,各个变量的回归系数也都比较类似,这说明这些变量的信度水平都比较好。在反映数据与模型之间拟合程度的指标方面,χ^2 为 248.13,RMSEA 为 0.103,其他指标 NFI、RFI、IFI 和 CFI 也都接近于 1,说明数据与模型之间有较好的匹配性。

3. 相关讨论

这一研究结果表明,城市品牌化人才素质不但能够直接对城市品牌指数产生正向影响作用,而且能够通过作用于城市品牌化执行层要素对城市品牌指数产生间接的正向影响。这一发现的意义在于,解释了城市品牌化人才素质对城市品牌指数发生影响的又一条作用路径,为进一步探索城市品牌影响因素对城市品牌指数的作用机理奠定了基础。

六、理论模型的整体检验

本章以上部分深入讨论了本书研究模型中所有变量之间的关系,得出的结论基本上支持了此前提出的研究假设。这里将在以上分析的基础上利用结构方程建模对本书提出的理论模型进行整体检验和讨论。本书所涉及的所有构念包括城市品牌化支撑层要素、城市品牌化执行层要素和城市品牌指数全部整合到最终的模型中,运行 LISREL8.70 进行结构方程模型分析,得到最终的分析结果如图 4-13 所示。模型的拟合结果如表 4-52 所示。

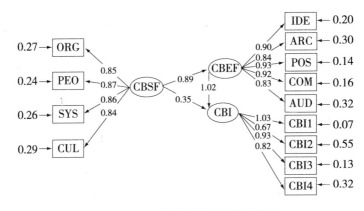

图 4 - 13　研究模型的整体检验结果

表 4 - 52　研究模型整体检验的拟合结果

χ^2	df	P-level	RMREA	NFI	RFI	IFI	CFI
337.19	62	0.000	0.091	0.93	0.91	0.93	0.93

从表征模型拟合程度的各项指标来看,χ^2 为 349.64,RMSEA 为 0.092,P 值为 0.000,表明数据与模型的拟合程度较好。其他反映模型拟合程度的指标如 NFI、RFI、IFI 和 CFI 也都接近于 1,这也说明数据与模型之间有较好的匹配性。

为了进一步考察各个变量的相互关系,需要分析城市品牌化支撑层要素、城市品牌化执行层要素和城市品牌指数的直接影响、间接影响和总影响,结果如表 4 - 53 所示。

从表 4 - 53 可以看出,城市品牌化支撑层要素对城市品牌化执行层要素和城市品牌指数既有直接影响,也有间接影响,也就是说城市品牌化支撑层要素不但能够直接作用于城市品牌指数,而且会通过城市品牌化执行层要素而间接作用于城市品牌指数。

表 4 - 53　变量之间的直接影响、间接影响和总影响

标准化总影响			
	城市品牌化支撑层要素	城市品牌化执行层要素	城市品牌指数
CBSF	—		
CBEF	0.89	—	
CBI	0.91	1.02	—
标准化直接影响			
	城市品牌化支撑层要素	城市品牌化执行层要素	城市品牌指数
CBSF	—		
CBEF	0.89	—	
CBI	0.35	1.02	—
标准化间接影响			
	城市品牌化支撑层要素	城市品牌化执行层要素	城市品牌指数
CBSF	—		
CBEF	0.00	—	
CBI	0.56	0.00	—

而城市品牌化执行层要素对城市品牌指数只有直接影响,而无间接影响。

另外,比较城市品牌化支撑层要素对城市品牌指数的直接影响系数(0.35)与其对城市品牌指数的间接影响系数(0.56)可以看到,城市品牌化支撑层要素对城市品牌指数的间接作用要大于对城市品牌指数的直接作用。这意味着,虽然城市品牌化支撑层对城市品牌指数能够产生直接的积极作用,但其更多地是通过为城市品牌化执行层要素发挥作用提供有效的管理平台而间接贡献于城市品牌指数。

七、假设检验结果汇总

至此,本章通过对研究模型变量之间关系的探讨检验了本论文提出的所有假设条件。总结研究假设的检验情况发现,除了假设 3、假设 4 部分成立,假设 4f 不成立之外,其他假设条件都得到了实证数据的支持。这说明本书提出的理论框架和发展的研究假设比较符合实际的情况。

另外,在本章的实证研究过程中,本书发现城市品牌化支撑层要素的构成维度除了城市品牌化协同组织、城市品牌化管理制度、城市品牌化文化氛围三个方面之外,还存在第四个维度,即城市品牌化人才素质。事实上,在已有的关于城市品牌化影响因素的研究文献中,也有学者提到了人才素质这一因素[①],只是没有专门加以强调。本书在之前提出研究假设时,将"人才素质"这一因素的测量项目纳入到了"协同组织"当中,作为组织中人员配置的一个方面。现在,通过本章的实证研究,本书认为应将"人才素质"因素从"协同组织"中独立出来,作为城市品牌化支撑层要素的一个新维度。相应地,有关城市品牌化人才素质的几个补充假设在本章的实证研究中也得到了检验。

在检验了研究假设的基础上,本章还对研究的理论模型进行了整体检验,证明本书提出的理论模型比较符合实际情况,并且与数据有较好的拟合程度。

---

① A. Kalandides,"Fragmented Branding for a Fragmented City: Marketing Berlin." Sixth European Urban & Regional Studies Conference, 2006, http://www.geography. dur. ac. uk/onferences/Urban _ Conference/Programme/pdf _ files/Ares%20Kalandides. pdf;M. S. Allan,"Leadership-Key to the Brand of Place. "Spirit In Business-Forum 2004 – Great Leaders Good Leaders,2004,28th September.

八、城市品牌模型

本章的实证研究发现,城市品牌化成功要素包括两大类,一类是城市品牌化执行层要素,另一类是城市品牌化支撑层要素。其中,城市品牌化执行层要素包括城市品牌识别、城市品牌结构、城市品牌定位、城市品牌沟通、城市品牌审计五个维度;城市品牌化支撑层要素包括城市品牌化协同组织、城市品牌化管理制度、城市品牌化文化氛围、城市品牌化人才素质四个维度。另外,城市品牌化支撑层要素对城市品牌化执行层要素具有支持作用。基于这样的研究发现,本书进一步提炼了城市品牌模型,如图 4 - 14 所示。

图 4 - 14　城市品牌化飞轮模型(ISE 模型)

从图 4 - 14 中可以看到,城市品牌模型从总体结构上分为三个层面。核心层是城市品牌指数,该指标直接反映城市品牌化成功与否,城市品牌化成功要素发挥的作用和效果将直接体现在该指数之中。因此,在一定程度上该指标揭示了城市品牌化的发展目标。

中间层是城市品牌化支撑层,由城市品牌化协同组织、城市品牌化管理制度、城市品牌化文化氛围、城市品牌化人才素质四个方面组成。该层面要素一方面会对城市品牌化成功与否产生直接的影响,另一方面会对城市品牌化执行层要素起到支撑作用,成为执行层要素发挥作用的重要管理平台和基础。图 4－14 中,中间层的四根支柱形象地表示了城市品牌化支撑层四大要素对城市品牌化执行层的支持作用。

最外层是城市品牌化执行层,由城市品牌识别、城市品牌结构、城市品牌定位、城市品牌沟通、城市品牌审计五个方面构成,该层面要素涉及城市品牌战略实施的主要环节,其作用发挥得好坏直接影响城市品牌指数的高低。在图 4－14 中,该层由五个带方向的曲六边形首尾相接构成,既表达了城市品牌识别等五大要素是构成城市品牌化执行层的有机整体,同时曲六边形的箭头指示方向表明了城市品牌识别等五大要素在城市品牌化过程中的作用流程。

如图 4－14 所示,整个城市品牌模型总体造型呈现飞轮形状,因此该模型被称作城市品牌飞轮模型。另外,也正是因为城市品牌飞轮模型由城市品牌指数、城市品牌化支撑层、城市品牌化执行层这三个层面构成,分别取每个层面英文名称最后一个单词的首字母,则该模型又称作 ISE 模型。

另外,基于本章实证研究的成果,结合本书所开发的城市品牌影响因素量表,本书还可以由此进一步得到城市品牌成功要素量表。该量表分两大部分,第一部分是对城市品牌化执行层要素的测量,包括城市品牌识别、城市品牌结构、城市品牌定位、城市品牌沟通和城市品牌审计五个维度;第二部分是对城市品牌化支撑层要素的测量,包括城市品牌化协同组织、城市品牌化管理制度、城市品牌化文化氛围和城市品牌化人才素质四个维度。

本章小结

　　本章介绍了两个方面的论证目标:首先,证明城市品牌影响因素的构成,即通过实证研究确定影响城市品牌化过程的重要管理因素是否包括城市品牌化执行层要素和城市品牌化支撑层要素两大类,每一类要素的构成维度如何,从而确定本书拟探索的城市品牌成功要素的框架或范围;其次,研究各类城市品牌影响因素与城市品牌指数之间的关系,从而确定城市品牌成功要素,并归纳城市品牌模型。

　　本书的实证研究设计以已有的研究为基础,以城市品牌化执行层要素和城市品牌化支撑层要素为影响城市品牌指数的主要因素。在提出了城市品牌影响因素的概念模型和研究假设之后,为了进行实证研究,本章设计了一套针对概念模型中各变量的测量项目,开发了研究量表。本书选择对城市品牌化比较了解的政府职能部门公务人员和政府政策研究部门专家为调查对象,数据收集方法采用问卷调查法。

　　本章运用探索性因子分析、验证性因子分析、相关分析、回归分析以及结构方程建模等数量分析方法,对提出的概念模型和研究假设进行了验证。研究发现:城市品牌成功要素包括两大类,一类是城市品牌化执行层要素,另一类是城市品牌化支撑层要素。

其中,城市品牌化执行层要素包括城市品牌识别、城市品牌结构、城市品牌定位、城市品牌沟通、城市品牌审计五个维度;城市品牌化支撑层要素包括城市品牌化协同组织、城市品牌化管理制度、城市品牌化文化氛围、城市品牌化人才素质四个维度。另外,城市品牌化支撑层要素对城市品牌化执行层要素具有支持作用。在此基础上,本书提出了城市品牌飞轮模型(ISE 模型),并提出了获得城市品牌成功要素量表的操作思路。

第五章　城市品牌实践启示

本章采用案例研究方法,通过对中国城市品牌化实践较活跃的城市——成都市的案例剖析,重点考察成都城市品牌化执行层要素和支撑层要素,总结成都城市品牌化建设的经验,进一步来验证本书在前面的讨论中所提出的城市品牌模型。

第一节　城市品牌的案例说明①

一、关于案例选取

本书选取四川首府成都作为案例城市来进行城市品牌化研究。做出这样的选择并不是随意的,而是基于如下三方面的考虑:

第一,成都一直以来都非常重视打造城市品牌,其城市品牌化的努力由来已久。从"休闲之都"到"东方伊甸园",从"中国第四

---

　　①　笔者曾作为核心成员参与中国社科院倪鹏飞研究员领导的中国城市竞争力课题组的"成都城市国际营销战略规划"项目,目前该项目的成果《成都城市国际营销战略:创造田园城市的世界标杆》已于 2010 年 5 月由社会科学文献出版社出版。本章的案例研究中,笔者采用了一部分在参与该项目期间所收集的研究素材,在此也对倪鹏飞研究员及刘彦平老师等课题组成员在项目工作期间对笔者给予的帮助和支持表示感谢。读者如果对成都的案例感兴趣,也可以查阅《成都城市国际营销战略:创造田园城市的世界标杆》一书以获得更加深入的了解。

城"到"一座来了就不想离开的城市"等等,虽然屡屡尝试各种新的城市品牌名称与口号①,但从中却不难看出成都在打造城市品牌上所付出的心血。近几年来,成都市政府相关部门、社会团体及部分企业更是积极在各自相关领域进行城市营销探索。特别是市委宣传部、市旅游局等,每年都积极进行相关的规划和宣传活动。同时,成都的专家学者在如何更好地建设、推广成都形象方面也进行了大量成绩显著的研究。这些城市利益相关者的努力,使得成都在城市品牌化方面不断迈出坚实的步伐。

第二,成都通过城市品牌战略不断提升城市品牌形象,并越来越多地受到外界的认可和欢迎。成都通过加大城市品牌化工作力度,开展大量富有成效的常设性和非常设性的城市品牌宣传推广活动,使得城市品牌的知名度和美誉度不断获得提升。成都市曾先后荣获了"国家环境保护模范城市"、"中国十大最具经济活力城市"、台商"极力推荐"城市、"十大中国大陆最佳商务城市"、"中国城市综合实力十强"、"中国最佳旅游城市"、"国家森林城市"等称号。成都所取得的一个又一个成绩,也不断引起理论界的兴趣,孕育了不少可资深入研究的城市品牌化课题。

第三,也是最重要的一点,成都这一城市品牌化案例的选择符合本书的研究宗旨。本书的研究目的之一,就是希望可以整合城市品牌化理论成果和实践路径,并加以创新和升华,为中国(内地)城市的品牌化实践提供理论支持。

---

①　根据本书所掌握的资料,成都曾先后使用(或同时使用)过 30 多个城市品牌名称或口号。这些名称与口号使用时间长短不一,长的使用了几年以上,短的甚至使用时间不到一年。

二、案例研究框架

案例研究要遵循既定的思路、准则和方法,才能通过案例分析得出研究结论。在本章对成都城市品牌化案例进行分析的过程中,将以第五章提炼的"城市品牌飞轮模型(ISE 模型)"为案例分析的核心架构。具体的案例研究框架如下:

1.城市简介。介绍案例城市的概要情况。

2.城市品牌化历史。梳理、考察案例城市所开展的城市品牌化工作的发展历程,研讨得失,考察趋势。

3.执行层要素考察。按照 ISE 模型中所概括的五个执行层要素,分别考察案例城市所进行的城市品牌化实践。一方面可以考察案例城市在城市品牌化执行方面的操作水平,另一方面也可以检验理论的适用性和适用界面。具体来说,分别考察如下五个方面:

(1)城市品牌识别要素。考察案例城市在发掘影响城市品牌价值的核心要素方面所开展的工作,这些要素涉及城市在招商、旅游、人居、文化、空间位置、代表性建筑与节事活动等各个方面的优势与特色。

(2)城市品牌结构要素。考察案例城市在搭建城市品牌结构方面所进行的努力,包括案例城市所建设的城市主品牌、城市副品牌,对各个城市品牌之间的关系所开展管理等。

(3)城市品牌定位要素。考察案例城市所要确立的独特的城市品牌定位体系,以及为获得这个品牌定位体系而经历的过程。

(4)城市品牌沟通要素。考察案例城市在向受众沟通城市品牌定位、创建城市品牌形象的过程中所开展的各类工作,特别是其

中的代表性营销事件与活动、沟通渠道的创新与发展、城市标志性
建筑与代表性节事的建设等。

（5）城市品牌审计要素。考察案例城市对城市品牌沟通效
果的监测与评估，对城市品牌化工作各环节的自我审视和反思，
以及所形成的将品牌审计结果用于改进城市品牌化工作的途径
等。

4.支撑层要素考察。按照 ISE 模型中所概括的四个支撑层
要素，分别考察案例城市在支撑城市品牌战略执行方面的能力和
状况。一方面可以考察案例城市在一些对城市品牌战略执行起到
支撑作用的管理要素上的专业水准，另一方面也可以验证之前提
出的理论框架对实践的解释能力。具体来说，分别考察如下四个
方面：

（1）城市品牌化协同组织要素。考察案例城市在建设城市品
牌管理组织过程中所进行的工作，这一品牌管理组织将能够有效
地协同城市各个利益相关者对城市品牌的期望，使之认同城市品
牌建设的目标，并能够以此为平台为案例城市的城市品牌化共同
努力。

（2）城市品牌化管理制度要素。考察案例城市为保障城市品
牌化工作的顺利开展而搭建的相关管理制度状况。

（3）城市品牌化文化氛围要素。考察案例城市的城市品牌化
工作氛围，即参与案例城市品牌化建设的主体对城市品牌化的认
知和态度。

（4）城市品牌化人才素质要素。考察案例城市中直接参与城
市品牌工作的相关人员的专业素养和工作能力。

第二节　城市品牌的成都实践

一、城市简介①

成都,四川省省会,位于中国西南,地处成都平原心腹地带,总面积1.24万平方公里,其中,中心城区面积283.86平方公里。全市总人口1082万,其中市区人口464.5万。成都平原海拔高度540米左右,属亚热带湿润季风气候,四季分明,夏无酷暑,冬无严寒,年平均气温16.7℃,年平均降雨量945.6毫米,年无霜期337天以上。成都城区绿化覆盖率为37.3%、全市森林覆盖率达32.2%。城区环境噪声常年保持在54.6分贝以下。城区空气质量良好,空气污染指数常年保持在100以下。

成都市现辖锦江区、青羊区、金牛区、武侯区、成华区、龙泉驿区、青白江区、新都区、温江区等九个区,都江堰市、彭州市、邛崃市、崇州市等四个市以及金堂、双流、郫县、大邑、蒲江、新津等六个县。

(一)成都历史

成都,公元前310年建都,其名"成都"一直相沿至今未曾改变。在其2300多年的历史上,成都曾六次成为封建王朝都城,并一直是中国西南地区政治、经济、文化的中心。成都是一座具有悠

① 案例研究的资料来源包括笔者在成都市委宣传部、成都市旅游局、成都市文化局、成都市投资促进委员会、成都市招商局、成都市文化旅游发展集团、成都市国际会展中心、成都市社科院等部门调研访谈时所得的大量资料,成都市政府网站、成都在线、成都经济信息网、成都对外经济贸易服务中心网站、成都市统计局网站、成都市文化局网站等成都相关网站、与相关人士的Email通信,相关研究文献、统计信息等,由于资料类别庞杂,数量繁多,为节约篇幅,除特别注明外,不再一一列举资料的来源。

久而独特的发展轨迹,文化积淀极其深厚的历史文化名城,有着四千多年的文明史和两千多年的城市发展史。在历史上,成都是一个生产文豪和吸引文豪的地方,是一个人文荟萃、群星灿烂的地方。中国文学史上最著名的文学家、诗人,要么出自成都,要么曾在成都获得创作灵感,迎来他们创作的高峰期。另外,成都作为蜀汉政权的都城,又是中国古代最富传奇色彩、最脍炙人口的一段历史上演的地方。

(二)成都生活

成都是一座典型的因水而生、因水而兴的城市。水不仅赋予成都平原的富饶,而且赋予成都城市的灵气,为成都人提供了一片美丽缤纷的乐土。自然环境与人文环境的长期协调发展,使成都变成一座善于品味生活、富于生活情趣,悠闲舒适,节奏舒缓的城市。成都拥有世界闻名的中国第一大菜系——川菜。成都的餐饮不仅以品质上乘著称,而且以价格低廉闻名全国。成都市治安状况良好,刑事案件发案率低,并呈历年下降趋势。在连续六年针对成都市民的随机抽样调查显示,市民对社会治安状况满意率在99.4%以上,大中型企业对社会治安状况满意率达100%。

(三)成都旅游

成都旅游资源丰富,旅游地理位置优越。除拥有都江堰—青城山世界文化遗产、三千多年历史的金沙遗址、武侯祠、杜甫草堂等17个国家级文物保护单位外,以成都为中心的周边地区还聚集了九寨沟、三星堆、峨眉山和乐山大佛等一大批世界级旅游景区景点。世界唯一的大熊猫繁育研究基地设在成都。良好的自然环境加上良好的人文环境,造就了成都人乐观、豁达、幽默的群体性格特征。另一方面,由于成都自古就是一个众多外来人口杂居的移民城市,从来就具有包容的社会心理和开放的公众心态,他们愿意接受新思想,尝试新事物。

(四)成都投资

成都是国务院确定的西南地区科技中心、商贸中心、金融中心、交通枢纽和通讯枢纽。近年来,成都的城市竞争力在不断增强,成都平原经济圈已成为长江上游经济密集度最高、辐射力最广的地区。成都是中国西部地区最重要的科技研发中心和智力资源库,汇集了29所高等院校、2700多个科研机构和58万名各类专业技术人员。在电子、生物、高新材料、光学、光纤通讯、航空航天技术等领域具有较强的综合优势和技术开发能力。目前,成都已与11个国外城市结为友好城市,与150多个国家和地区开展了经贸、文化交流与合作。目前,美国、德国、韩国、泰国、法国、新加坡已在成都开设了总领事馆。

(五)综合竞争力

2004年与2006年,成都获得《财富》(中文版)中国大陆最佳商务城市前十名;2006年6月,在中国社科院财政与贸易经济研究所与美英等8国研究机构共同发布的《全球城市竞争力报告(2005—2006)》中,成都名列全球第94位,在中国城市中(不含港澳台)名列第11位,在中国中西部地区和东北地区中名列第一位;2006年8月,在中国社会科学院工业经济研究所和《中国经营报》发布的《2006跨国公司眼中最具投资潜力的中国城市》中,成都排名第四位,领先于长沙、西安等城市,在中西部城市中名列前茅。

二、城市品牌化实践

成都早在东汉时期就以织锦业驰名天下而有"锦官城"、"锦城"之称;又曾在五代后蜀以城墙之上遍植芙蓉、"成都四十里为锦绣"而轰动一时,乃有"芙蓉城"、"蓉城"之谓;更曾以河湖密布、江桥众多、树木葱茏、繁花似锦威仪四方,又有"花城"之名。另有一些品牌形象,则是因为成都本身的一些资源禀赋特征而逐渐在国内外城市顾客中形成的,比如"熊猫故乡"、"中国红粉之都"或"红粉第一城"、"耍都"等。还有一些品牌形象则是近年来,成都的各个城市营销主体着力打造或试图打造而成的。本书专门对成都一直以来所使用过的城市品牌形象进行了系统的整理,下面就进一步分析成都各类城市品牌形象中应用相对较广、认知相对比较普遍的几个品牌形象。

（一）东方伊甸园

"东方伊甸园"的正式提出是在 2004 年 4 月 4 日开幕的成都市人民政府"东方伊甸园放水盛典"活动中。在成都市政府的新闻发布词中是这样陈述的:成都,是古老的,它有着 4500 多年文明史,是世界上仅有的一座悠然度过 3000 多年却能保持城址不变、历史不断的城市。成都,又是现代的,现代科技、现代经济的不断发展,使成都成为西部特大中心城市。成都是古代文明与现代科技相结合的城市,是美丽、富足、爱情、自由、人与自然和谐共生的城市。不论是从自然环境还是从人文历史来看,成都都具备着成为"东方伊甸园"的天然优势。"东方伊甸园"这一称谓对于成都来讲是当之无愧的。"东方伊甸园""不是回归原始,而是在城市文明高度发达的前提下对成都城市魅力的全新阐释和塑造"。

作为佐证,成都的媒体找出了美国《国家地理杂志》于 1920 年曾经发表的一个美国人约瑟夫·比奇的文章《登临中国西部的阿尔卑斯山》和《东方伊甸园——中国西部》两篇游记,其中的"西部"

指的就是四川。这位比奇看到了都江堰、四姑娘山等地,为之惊叹,于是便称之为"东方伊甸园"。而在 1999 年,美国著名制片人比尔·爱恩瑞夫又恰好在近一个世纪前的美国《国家地理杂志》上看到了这两篇描绘四川风光人物的文章,于是怀揣着寻找"东方伊甸园"的梦想,他来到了成都,在这个城市生活了三天,确认成都就是他寻找的"东方伊甸园",拍摄出了一部名为《东方伊甸园——美国电视制片人比尔眼中的成都》的宣传片,在片中讲述证明成都是"东方伊甸园"的所有地方。这位美国制片人认为,从地理环境上来看,成都的高山、河流等等与《圣经》里的伊甸园很吻合,是最适宜人类生活和发展的理想家园;在精神方面,成都具有几千年的古老文化和历史,可以满足人们对于伊甸园的向往,也是对古代文明的追忆。

这部由美国独立制片人为中国城市拍摄制作的对外宣传片同时也成为成都市政府对外推广"东方伊甸园"城市品牌的一个重要内容。从 2004 年 7 月 28 日起开始,不仅在成都电视台四个频道滚动播出,同期在成都公众信息网"视频成都"播出,该片还通过美国有线电视台的 150 个有线系统、300 家有线频道,在西雅图、特帕、奥兰多、西帕姆海滩、拉斯维加斯、奥斯汀、圣巴巴拉等地播出。如此大规模地在美国主流电视媒体集中播出中国城市的宣传片,足见成都市政府对于塑造这一城市品牌的努力与投入。

(二)休闲之都

从历史来看,成都在秦汉之际便形成了一种安于闲适享乐的生活方式。自古至今,成都平原土地肥沃、气候温和、水源丰富、物产富饶,形成了蜀人享受自然、享受人生的生活内容,而这与当今"休闲"在国内外的发展和需要可谓不谋而合。2001 年 11 月,成都市召开"城市旅游发展座谈会"。与会专家在对这座城市的文脉、旅游发展的有利与不利因素进行详细剖析之后,提出"成都应该树立起'中国休闲之都'的主题形象"。2003 年 12 月,成都市第十次党代会报告提出,要积极促进和引导文化娱乐、体育健身、医疗保健、餐饮等休闲产业发展,整合自然与人文资源,打造休闲之都。而后,成都市又邀请来自北京、上海、浙江、海南等地及本市的专家举行成都"休闲之都"城市品牌研讨会。2006 年 12 月 7 日,《成都市旅游业发展第十一个五年规划》出台,提出要以把成都建设成为中国最佳、国际知名的旅游城市为目标,调整优化旅游产业结构,创新完善旅游产业体制机制,着力抓好重大项目、重点活动和精品线路。为打造"休闲之都"的城市品牌,《规划》提出到 2007年,把成都建设成为旅游主题形象鲜明,历史文化旅游、休闲度假旅游、餐饮美食旅游三大品牌特色突出的中国最佳旅游城市。据规划,在 2020 年前,成都将重点把浣花风景区、武侯祠片区、水井坊片区、文殊院片区、北郊风景区、十陵历史文化区等六大片区建成新型旅游休闲商业区。

(三)天府之都

举世闻名的都江堰水利工程,灌溉渠网呈扇形展开在广阔的成都平原上,使之成为"水旱从人,不知饥馑"的"天府之国"。而"蜀号天府之国"的美誉是东汉末年赢得的,历经魏晋唐宋一直到近代,至今两千余年,积淀了浓厚的政治、经济、文化含义。"天府"既指整个经济条件的优势和社会的繁荣,也指成都作为西南文化中心的地位。成都作为四川的省会城市,便于九十年代初提出了"天府之都"的城市形象。

（四）多彩之都、美食之都、成功之都

"多彩之都、美食之都"的品牌形象，是成都在 2001 年左右从发展旅游的角度提出的。但将其作为一个城市的主品牌，确实存在一定程度上的局限性。为了克服这个局限性，魏明伦先生于 2003 年提出了"成功之都"的品牌形象，作为对"多彩之都、美食之都"的补充。于是，"多彩之都、美食之都、成功之都"就成为一段时间里成都城市品牌形象的完整表达。多彩之都——涵盖了成都旅游的古蜀文明、三国文化、天府风光、熊猫保护等诸多元素；美食之都——自不待言，更是让成都美食的色、香、味等鲜明特色一览无余；成功之都——从"成都"字面本身破解其含义，指成都历来人才辈出，并在西部开发的机遇下具备了投资发展的良好环境。从历史、地理的角度来看，成都自古是西南重镇，经济发达。在发展过程中，如果只强调其作为消费城市的特点，就忽视了其巨大的经济优势。同时，这几年东南沿海城市经济发展加快，商务成本随之提高，各大公司在逐步选择新的落脚点。成都具有良好的区位优势，且商务成本较低。在此背景下，应当抓住市场上的新机遇，吸引大量渴望成功的人士前来创业。由此，"成功之都"的定位超越了旅游的概念，适应成都长远发展的利益，也契合了古人提出的"成都"二字的含义。

（五）一座来了就不想离开的城市

2003 年 7 月，成都邀请国际著名导演张艺谋为其拍摄一部城市形象宣传片，表达的主题是"一座来了就不想离开的城市"。该片一改宣传片单纯的橱窗式展示，以一个外地人在成都的感受为线索，以具有浓郁川西风格的音乐为主题音乐，将成都的自然和人文、传统和现代特色融入其中。突出成都是一座现代与传统融合

完美、生活氛围浓郁的城市。该片被剪辑成 30 秒钟、60 秒钟、5 分钟等三个版本,先后在央视、上海卫视、四川卫视等全国重要电视台播出,在国内产生一定影响。成都也由此获得了"一座来了就不想离开的城市"的品牌形象。

(六)中国第四城

"成都,中国第四城,最闲逸的城市",2000 年 9 月 15 日,成都被《新周刊》的一期主题策划叫响,从此,"第四城"成了成都的又一个代名词,虽然这个称号引起许多人的异议,但其独特的生活方式与人文气质却从历史的盛名中更加鲜活了起来,受到世人关注。用《新周刊》的话来说,北京有大城之美,上海有时尚之美,广州有创富之美,成都则有生活之美。城市可以复制,时尚可以追赶,财富可以累积,而生活方式却有着独一无二的城市竞争力。如果从成都的 GDP、城市规模等方面来考证,成都被称为"第四城"的确名不副实,但是从文化、社会潮流、特色的生活方式等方面看,成都被称为第四城并非名不副实。比如,传媒业方面,以《成都商报》《华西都市报》为两大龙头的成都传媒业蓬勃发展,使成都成为继北京、上海、广州之后,中国第四个舆论中心和传播平台;会展业方面,成都会展业已处于西部领先地位,成为成都对外交流的一个重要平台;广告业方面,作为各行业的展示平台和晴雨表的广告业,成都在广告投放、发布等方面仅次于北京、上海、广州等大城市,领先于国内其他城市;城市自然的多样性,成都最得天独厚。成都在中国三大自然资源交汇的地带,有南来北往的财路、大量的资源,说它是"第四",并非名不副实。

(七)会展之都

从 2002 年开始,成都在取得了会展经济一定发展的基础上,开始瞄准打造"会展之都"的城市发展目标。2003 年 12 月,成都市委、市政府在"发展会展经济、构建会展之都"研讨会上,首次抛出《成都市会展经济发展规划(征求意见稿)》,明确提出将以打造品牌会展为突破口,着手构建辐射全国、面向世界的会展之都。此后,成都市一直致力于会展经济的发展,不仅申办了全国糖酒会、全国医博会等一系列大型展会,还从医药保健(中医药大会、医疗器械展)、生态环保(温江花博会、世界环境与发展论坛)、文化旅游(龙泉桃花节、旅交会)、美酒美食(糖酒会、美食文化节)、电子信息(成都电脑节、四川电视节、软件洽谈会)、汽车房产(国际汽车展、房交会、住博会)等六大领域发掘和培育品牌会展。目前,成都已培育出中国国际美食旅游节、啤酒节等具有自主品牌的节会。"世纪城"新国际会展中心、成都国际会展中心以及九寨天堂国际会议度假中心则一起构成了成都"会展之都"的三大平台。

(八)中国女鞋之都

2006 年 1 月,中国轻工业联合会、中国皮革工业协会授予成都市武侯区为"中国女鞋之都"。于是,"中国女鞋之都"成为成都的城市品牌形象之一而被成都着力打造。为此,成都先后举办了2006"中国女鞋之都"国际采购节暨"中国女鞋之都"文化节、"中国女鞋之都'东鞋西移'国际论坛"等大型推广活动。

(九)摄影之都

2006 年 9 月,成都力图通过承办"摄影奥运会"——第 28 届国际摄影艺术联合会大会(FIAP 大会)来打造一批国际领先、中国一流的摄影基地,把成都建设成为中国第一个"摄影之都"。成都有成为"摄影之都"的两大自身优势:一是有着丰富的自然、文化资源,二是成都的摄影家和摄影爱好者群体大,素质也较高。成都如果深挖这些资源优势,建立摄影产业链,对推动文化旅游产业的发展将会有不小的价值。

(十)中国西部金融中心

2004 年 6 月,"中国西部金融中心国际论坛"在成都正式举行,成都也以此作为利用国内外优势资源、提升成都国际知名城市形象的重要契机,努力打造中国西部金融中心的城市品牌形象。2004 年底,成都市就着手规划西部金融中枢——成都国际金融中心。总投资超过 18 亿元的金融中心将充分发挥区域众多银行聚集优势,使其成为经济发展要素的配置中心,西部辐射力量最强的商流、资金流、人才流、技术流的集散地,把成都全方位融入国际金融体系之中。自 1994 年 3 月 22 日新加坡华联银行有限公司在成都设立第一家外资银行代表处后,截至 2006 年 12 月,在成都的外资银行数量增至九家,其中包括七家营业性机构和两家代表处,这个数量在西部地区处于领先地位。

(十一)中国农家乐旅游发源地

2006 年 4 月,在首届中国乡村旅游节上,成都获得了由国家旅游局颁发的"中国农家乐旅游发源地"的称号,于是成都的城市品牌形象又多了一抹色彩。早在 1987 年首个农家乐旅游形态在成都郫县农科村出现后,成都近郊的区(市)县,相继出现了一系列利用庭院、堰塘、果园、花圃、农场等农、林、牧、渔业的资源和乡村风土民俗吸引旅游者的措施。2004 年开始实施的成都市《农家乐开业基本条件》和《农家乐旅游服务质量登记划分及其评定》地方标准,开展了成都市农家乐星级评定。成都目前已形成了以农家乐、乡村酒店、全国农业旅游示范点、旅游古镇为主要元素的成熟的乡村旅游产业形态,这同时也成为成都旅游特色品牌。

(十二)西部硅谷

2000 年,成都借西部开发的机遇提出了打造"西部硅谷"的目标,并为此积极努力:推行积极的产业政策;兴建高新技术产业园和西部软件园区;2001 年底争取到"国家软件产业基地"称号……然而,在当时各地兴建"硅谷"的热潮中,成都并未显现任何特别之处。而接下来世界性的网络泡沫破灭和 IT 业低迷,也使"西部硅谷"的讨论渐趋平淡。

(十三)中国数字娱乐产业中心

2002 年,成都市政府成为中国第一个正式支持网络游戏发展的地方政府,公开宣称要把成都打造成"中国数字娱乐产业的中心",并实施了包括"游戏人才"计划和建立全国首家数字娱乐软件园等一系列措施。2003 年,成都网络文化市场经营总额达 8 亿元,对 IT 产业的累积拉动达 10 亿元,对相关产业的拉动为 5 亿元。目前,成都已吸引了 60 多家知名软件企业落户,并准备在 10 多所大学新开设数字娱乐专业。2004 年,成都还申报了国家数字娱乐产业基地,以打造数字娱乐竞技中心。

(十四)东方音乐之都

2006 年 9 月,《四川文化旅游发展报告(送审稿)》确定了以成都为主的四川文化旅游产业规划,在未来 5 年内,四川文化旅游产业将整合金沙遗址、三星堆遗址与成都战国船棺葬遗址及宝墩文化遗址等古蜀文化资源,形成"太阳神鸟"文化旅游品牌的主要载体。报告重点推出"八大特色文化产品",包括古蜀文化旅游产品、三国文化旅游产品、少数民族旅游文化产品、名城古镇文化旅游产品、宗教文化旅游产品、红色文化旅游产品、民俗文化旅游产品、非物质文化旅游产品。其中,古蜀文化旅游产品包括以"蜀国弦"恢复工作为主的古代宴乐展示体系建设，打造成都成为东方世界的音乐之都。

（十五）中国的班加罗尔

早在 1997 年，成都就开始创建国家软件产业基地。同年 5 月 23 日，被国家科技部确定为中国首批国家火炬计划软件产业基地之一。此后，成都还成为商务部命名的全国五大"中国服务外包基地城市"、"国家软件出口创新基地"之一。2006 年 4 月，有"亚洲硅谷"、"软件之都"美誉的印度班加罗尔市与中国西部科技中心的成都市签订了友好合作关系城市协议，内容包括：推动两市友好交流、开展在软件外包、软件新产品开发方面的全面合作，以及保持两市长期稳定的合作关系等。至此，成都开始逐渐提出把自己打造成为中国的班加罗尔这一品牌形象。2006 年，成都软件产业销售收入突破 200 亿元，软件出口额首次突破 1 亿美元。作为中国西部软件产业的领头羊，成都软件产业迅猛发展。由于市政府将软件产业作为城市发展的战略产业，成都在人才培养、产业规划、软件园区建设上都体现了产业聚集效应，开始成为全球软件企业战略迁徙的"栖息地"。

除此之外，成都还先后提出过物流之都、西部现代物流中心、商业之都、国际大都会、东方西雅图、中国首善之都、西南商贸中心、东方巴黎、魅力之都、China 发源地、天府之国、安逸之都、天堂之都、中国宜商之都等多个品牌形象。

为了打造相应的城市品牌形象，成都政府各相关部门、企事业单位、社会团体等先后组织开展了一系列形式多样的城市品牌推广活动。这些活动既有常设性的活动，也有非常设性活动。

三、城市品牌化成功要素考察

对成都市城市品牌化成功要素的考察包括对城市品牌化执行层要素的考察和城市品牌化支撑层要素的考察两大方面。

(一) 城市品牌化执行层要素考察

对成都市城市品牌化执行层要素的考察涉及城市品牌识别要素、城市品牌结构要素、城市品牌定位要素、城市品牌沟通要素和城市品牌审计要素五个方面的考察。对于每一类要素的考察,将分别从成都市在各项要素的管理中拟达成的目标、所采取的行动过程和已取得的效果三个方面来加以检视和分析。

1.城市品牌识别要素

对城市品牌识别要素的考察如图 5-1 所示。

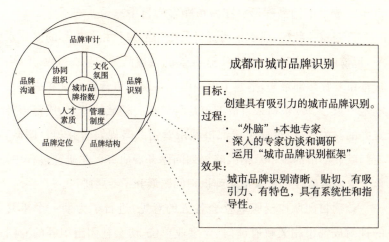

图 5-1 成都市城市品牌识别要素考察

(1)目标

创建城市品牌识别是构建城市品牌的起点,没有城市品牌识别,城市品牌就没有灵魂。成都参与城市品牌建设的相关组织一直致力于发掘成都市在招商、旅游、人居、文化、空间位置、代表性建筑与节事活动等各个方面的优势与特色,创建具有吸引力的城市品牌识别,为城市品牌发展提供坚实的基础。

(2)过程

对于创建城市品牌识别而言,成都市在文化、景点、生活、风俗、投资环境等方面都有很多可资宣传推广的特色要素。事实上,长期以来,大熊猫、都江堰、三国文化、古蜀文化、川菜美食、休闲生活、美景美女等等元素,一直被成都用作城市品牌识别的依据,并围绕这些要素来打造成都的城市品牌。但是,成都市相关部门早期在这方面的工作并不专业,也不系统。他们不是过多地聚焦于其中的某一两点要素,就是不知如何对这些要素加以取舍或组合,以至于成都市的品牌形象在城市顾客心目中总是变幻不定。

针对这一状况,成都市为提升其城市品牌化相关工作的专业水平,拟借助"外脑"的力量来实施有效的城市品牌识别。2006年,由成都市委宣传部牵头,搭建了由中国社科院城市营销专家和成都市本地专家、人员(包括来自成都市社科院相关领域的专家、成都市外宣办的有关人员)组成了成都市城市营销战略规划研究项目团队,专门就成都市的城市营销战略规划问题开展研究。在研究过程中,该专家团队就成都市城市品牌识别问题展开了专题研讨。

该项目团队广泛听取社会各方的意见,进行了为期一个半月的针对成都市相关政府部门、企事业单位、协会社团组织等的专门调研。期间,项目组先后组织社会各界参加的座谈会10余场,如文化学者专场座谈会、传媒组织专场座谈会、政府职能部门专场座谈会等。经过广泛而深入的专家调研,项目组数易其稿,最终提出了明确而完整的成都城市品牌识别。

　　具体来说,成都的城市品牌识别是从四个方面进行界定的,即城市产品识别(消费产品意义上的城市品牌)、城市文化识别(文化存在意义上的城市品牌)、城市空间识别(空间存在意义上的城市品牌)和城市象征识别(符号意义上的城市品牌)(图5-2)。

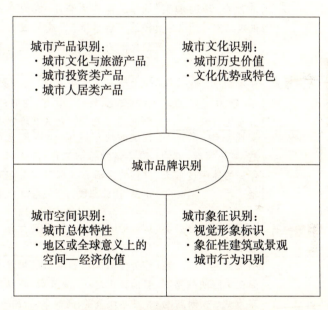

图5-2　成都市城市品牌识别框架

资料来源:据《2007成都市城市营销战略规划报告》整理。

　　成都城市品牌的产品识别。从城市营销的视角出发,城市的某种质量、环境、设施、意象、文化及其未来发展等均可视为是"城市产品"。当然,城市产品识别主要针对的是消费产品意义上的城市产品,因此,其他不可"出售"维度的城市产品并不在产品识别的考察范围之内。项目组分别从城市文化与旅游产品、城市投资类

商品和城市人居类产品三个方面对成都市的城市产品进行识别
（表 5 - 1）。

表 5 - 1 成都市城市产品识别

产品范围与类别		识别描述	识别解释
城市文化与旅游产品	自然观光	城市掩映在大自然的神奇、瑰丽和美的震撼中	独一无二的熊猫之城，以及都市周边从盆地到高原、极为丰富多样的自然景观，为成都成为亚洲最具潜力的旅游目的地之一奠定了基础
	人文旅游	保存完好、意蕴浓厚、魅力无限的东方文化韵律	原生型神秘古蜀文化、三国文化、客家文化、藏羌文化等，构成神秘、厚重、极具吸引力的人文旅游资源
	休闲度假	安逸悠闲、亲近自然、耍乐情趣、节约便利的休闲度假天堂	优越的地理区位、田园般城市氛围、丰富独特的文化、传统与现代并存的生活方式以及友善包容的市民，让成都成为千百年来人们向往的高品质现代休闲度假地
	商贸会展	中国中西部商贸会展中心	区域性国际会展中心；亚太地区新兴商务旅游目的地
城市投资类产品		享受创业与发展：赢在中国的战略制高点之一，创新与灵感迸发的沃土	作为生活成本和生活质量最有优势的城市之一，慢节奏、高品质的生活与快节奏、高效率的经济完美统一，使成都正在成为跨国公司地区总部，以及中国中西部最重要的高新科技企业、生产型服务业和创意产业聚集地
城市人居类产品		成都是两千余年来举世向往的宜居乐土	少不入川，老不出川；天府之国；一座来了就不想离开的城市

资料来源：据《2007 成都市城市营销战略规划报告》整理。

成都城市文化识别。一个城市的文化涉及其全部的物质和非物质形式,既是历史也是现实,又是一种未来的趋向。每一个城市的文化总是具有一定的个性,这种个性可以归结为一种或几种被很多人所体验到的特征。这种特征有其形成的基本原因,这种基本原因又体现出一种城市精神。城市文化识别主要从城市历史价值、城市文化优势或特色等要素层面来考察。项目组将成都城市文化识别表述如下:"穿越时空的文化魅力,多元、丰富并具有相对独立性的文化价值,使成都拥有成为国际文化名城的资质,并负有成为国际文化名城的责任。"

成都城市空间识别。城市空间识别主要从城市总体特性、城市在地区或全球意义上的空间—经济价值等要素层面来考察。项目组将成都城市空间识别表述如下:"'九天开出一成都'。四川是中国西部龙头,而成都历来就是'王冠上的耀眼明珠';成渝经济区发展迅猛,正在形成中国西部经济磁极,并有望成为欧陆、中国大陆、东盟和南亚经济交流、交汇的战略中枢。"

成都城市象征识别。城市象征识别是指从展现城市形象的符号、标记层面来进行的识别。在开展城市象征识别时,主要是从城市的视觉形象标识、象征性建筑或景观、城市行为识别等要素层面来考察。项目组经过深入研究后,认为成都市虽然尚未构建系统而全面的城市视觉形象标识,但利用熊猫、太阳神鸟图案在这方面进行了大量工作;成都市的建筑识别有都江堰、武侯祠、文殊坊、锦里、天府广场等;成都市的行为识别有古琴大赛、放水节、国际桃花节、中国国际美食旅游节、道教文化节、中国西部博览会等。

（3）效果

成都市通过引进"外脑"来参与城市品牌识别的相关工作,使其对城市品牌识别要素的认知跳出了传统的框架,获得了更加专业和国际化的思路。从成都市委宣传部组建的研究团队所取得的成果来看,成都的品牌识别基本上涵盖了成都品牌的内涵和魅力所在,符合城市的文化价值观和社会信条,真实地反映了城市资源。

比如,从成都的文化识别来看,成都是具有四千年文明史,两千多年城市历史的文化名城,是一座融古代文明与现代文明于一体的特大中心城市。改革以来,成都市大力兴建文化基础设施,文化体制改革不断深入,文化产业发展迅速,为构建西部文化中心打下了坚实的现实基础。另外,从亚洲、国际的视野来看,成都的历史文化均是具有较强影响力的。因此,成都丰富的文化底蕴很难用一两个词汇来表达。项目组通过深入调研,最后将成都市的文化识别作了明确表述,从多方面概括成都的历史文化底蕴,体现了成都既包容又独立,既灵犀跃动又兼容并蓄,既温柔婉约又阳刚火辣,虽处封闭盆地却又开放交融的文化特质。

总之,成都市的城市品牌识别清晰、贴切、有吸引力、有特色,同时也具有系统性和指导性,为成都市后续的各项城市品牌化工作奠定了良好的基础。

2.城市品牌结构要素考察

对城市品牌结构要素的考察如图5-3所示。

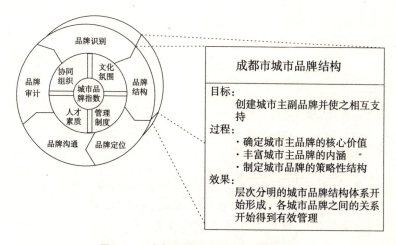

图 5 - 3　成都市城市品牌结构要素考察

（1）目标

成都市城市品牌结构建设的中心任务是创建城市主品牌（umbrella brand）和城市副品牌（sub-brand）并管理两者之间的关系。也就是要创立一个个性鲜明、形象卓越、具有强大凝聚力的城市主品牌，从而能够在战略高度统领和支持其他城市副品牌；同时，还要着力塑造多个具有鲜明个性和独特性的城市副品牌，从而为城市主品牌的发展提供支撑。

（2）过程

从成都城市品牌建设的发展过程来看，成都的城市营销者们曾先后为成都创建了多个城市主品牌和城市副品牌（表 5 - 2）。

在上述城市各类城市品牌中，成都使用较多且为城市顾客接受较广主要有："一座来了就不想离开的城市"、"东方伊甸园"、"天府之都"、"休闲之都"、"美食之都"、"熊猫故乡"等。但是，如此繁多的城市品牌名称以及频繁的城市品牌名称更替，使得成都在城市

表 5 - 2　成都市曾使用过的城市主副品牌

品牌层级	品牌表述
城市主品牌	天府之都、中国第四城、一座来了就不想离开的城市、东方伊甸园、国际大都会、东方西雅图、中国首善之都、东方巴黎、魅力之都
城市旅游副品牌	熊猫故乡、中国红粉之都、红粉第一城、耍都、休闲之都、多彩之都、美食之都、中国的班加罗尔
城市投资副品牌	西部硅谷、会展之都、中国数字娱乐产业的中心、成功之都、中国西部金融中心、中国女鞋之都、物流之都、西部现代物流中心、西南商贸中心、中国宜商之都
城市人居副品牌	休闲之都、美食之都、天府之国、安逸之都
城市文化副品牌	锦城、锦官城、芙蓉城、摄影之都、东方音乐之都、China发源地

顾客心目中的形象显得混乱而不清晰,甚至连成都市的城市营销者自身也一度在这城市品牌的"丛林"中迷失。

为解决这一问题,首先需要成都有一个鲜明突出的城市品牌核心价值,而后以此为基础提炼城市主品牌,对已有的城市品牌主副品牌结构体系实施管理。为此,成都市委决定发起提炼城市精神的活动。2003 年 9 月,成都市委常委会对培育和弘扬成都城市精神作了专题研究,通过了《培育和弘扬成都城市精神活动工作方案》。随后,成都开始了历时一年的城市精神主题词的征集、论证与提炼,成都百万干部群众积极参与,热情关注,"和谐"、"包容"、"创新"、"诚信"、"博雅"、"务实"以及"重商崇文"、"敢为人先"等获得了很高的认同。经过分析整理、综合归纳,2004 年 12 月 29 日,成都市委常委会议集思广益、博采众长,决定把成都城市精神表述为"和谐包容、智慧诚信、务实创新"①。这一表述,也很好地诠释

---

①　成都城市精神 12 个字的具体意义解释如下:和谐包容是成都历史与现实最鲜明的特征;智慧诚信是成都突出的城市品格;务实创新是成都经济社会全面发展的必然要求。

了成都市城市品牌的核心价值①。在此基础上，成都城市营销战略规划研究项目组进一步开展深入研究，帮助成都市提炼了成都城市品牌精髓②——"在悠闲、安逸中绽放生命的美感和张力"和城市品牌个性③——"悠闲洒脱、时尚新潮、真诚热情"。在此基础上，项目组提出了打造成都市"东方田园之都"主品牌的构想。这些工作的开展，使得成都的主品牌形象开始突显，这为有效管理成都城市品牌结构体系奠定了基础。

　　在城市主品牌的统御下，城市各个副品牌的发展地位与权重不是对等的。换句话说，在发展城市品牌体系时，对于各个副品牌并不是平均使力，而是有所侧重，唯有如此才能更加有效地配置和开发城市资源，突显城市的差异化品牌形象。在突出城市主品牌形象之后，成都市开始着手管理城市主副品牌的关系，制定城市品牌的策略结构。

　　在成都市城市品牌策略结构中，城市主品牌是城市品牌的决定性力量，对各个副品牌具有背书及驱动作用，而各个副品牌对城市主品牌起到支撑作用，只是作用和地位有所不同。在对成都已有的城市品牌结构进行深入调研和分析的基础上，成都市开始逐步确

---

　　①　品牌核心价值是一组抽象的能够描述品牌最基本、最重要特征的产品属性或利益的组合。城市品牌核心价值是城市品牌所折射出的城市既往辉煌和未来憧憬，对城市品牌的持续发展和建设起指导作用。它能够使城市顾客清晰地识辨城市品牌的利益点，是驱动城市顾客认同与偏好的主要动力。核心价值是城市品牌的终极追求，也是城市品牌营销传播活动的重心。

　　②　城市品牌精髓由城市品牌识别中最重要的元素组成，是城市品牌识别中其他各要素协同和联系的枢纽，也是与城市顾客取得共鸣并持续推动城市价值取向的深刻力量。

　　③　品牌个性是消费者赋予品牌以人格化特征的集合。通过对城市品牌个性的解读，可以使成都的城市品牌核心价值在城市顾客当中获得更加形象的认知和理解，并在城市顾客心目中留下更加深刻的印象。

立了如下几层品牌结构关系：成都的城市战略性品牌是成都人居品牌，这一品牌直接体现了成都城市品牌的核心竞争力，是各个副品牌中的核心；成都的城市利益品牌是成都文化品牌，这个利益品牌突显或创造顾客的利益，有助于提升城市顾客的忠诚度；成都的城市银弹品牌是成都营商品牌及其子品牌，包括成都的原产地产品品牌；而剩下的成都旅游品牌及其子品牌则是成都品牌策略结构中的金牛品牌，它能够提升城市吸引力，创造城市收益①。由此，形成了成都城市品牌结构关系中的金字塔型结构策略（图 5 - 4）。

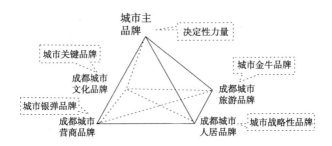

图 5 - 4　成都城市品牌策略性结构

资料来源：据《2007 成都市城市营销战略规划报告》整理。

（3）效果

成都通过积极开展城市品牌结构建设工作，对已有的诸多城

――――――――――

①　在城市品牌策略结构中各品牌一般充当四种角色：战略性品牌、利益品牌、金牛品牌和银弹品牌。战略性品牌预示着城市品牌未来的发展和特色，它目前也许是主控品牌（有时也称为大品牌），正规划着维持或扩大城市现有的地位，或是计划着成为大品牌的城市小品牌；利益品牌是重大目标市场或城市展望未来前景的平衡点，它为建立城市顾客的忠诚度奠定了基础，从而直接影响某个城市产品的营销；银弹品牌是指正面影响其他品牌形象的子品牌，它是创造、改变或维持现有城市品牌形象的力量；金牛品牌的作用就是创造盈余资源，从而使得城市能够对城市战略性品牌、城市关键性品牌和城市银弹品牌开展投资，这是城市品牌策略结构未来增长和保持活力的基础。

市主副品牌进行了梳理,明确了城市主品牌的内涵,使之开始具备统领、背书各个城市副品牌的能力。未来的工作是要将城市主品牌逐渐确定下来,使之在各个领域得到突显和强化。此外,还要将现行的各类城市副品牌进行深入的筛选,进一步明确各个城市副品牌的内涵,使之与城市主品牌能够有效互动。不过,就目前已开展的工作来看,成都正在逐步建立起一个层次分明的城市品牌结构体系。

另外,在逐步确定城市品牌层级结构的过程中,成都目前已将城市品牌结构中主副品牌的关系明确下来。这使得各类城市品牌能够围绕共同的城市发展目标而发挥作用,取得城市品牌化的最佳综合效益。与此同时,过去城市品牌混乱使用,以致于混肴城市顾客认知的状况开始逐步得到改善。

3.城市品牌定位要素考察

对城市品牌定位要素的考察如图5-5所示。

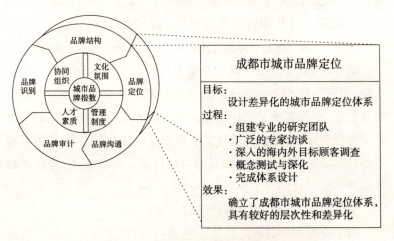

图5-5 成都市城市品牌定位要素考察

（1）目标

成都城市品牌定位的目标就是根据成都自身在旅游、投资、人居、文化、社会生活等各个方面的优势和特色,结合城市目标顾客的需求,来突显城市品牌与竞争性城市相比所具有的差异化价值以及竞争优势（吸引力）,设计出拟在城市顾客心目中占据一个可信和独特地位的品牌形象,从而使得城市品牌的沟通与推广工作更加富有成效。

（2）过程

成都城市品牌建设相关部门长期以来,一直致力于建立统一、清晰的城市品牌定位。但是,这些部门在早期的工作之中进行了多个城市品牌定位的尝试,结果并不理想,给目标顾客造成城市品牌定位游移不定的印象。这其中一个重要的原因是,成都这座城市历史底蕴深厚、是一座多元化的城市,有很多的特色或特点,而成都早些年的城市品牌定位总是侧重于强调某一方面,而忽视其他方面,有的时候甚至是拿某一个城市副品牌的定位来充当城市主品牌的定位使用,用了一段时间发现别的品牌元素没有兼顾,于是又更换。就这样,成都始终无法给目标受众一个清晰的城市品牌定位。

近年来,成都开始认识到了城市品牌定位的专业内涵和真正价值,决定邀请专业的营销团队来进行城市品牌定位设计。2006年底开始,成都起动了设计城市品牌定位体系的各项工作,研究真正能够反映成都特点、与周边竞争城市存在着一定差异、能对目标市场产生真正吸引力的城市品牌定位体系。具体来说,成都的城市品牌定位设计经过了如下五个阶段：

第一阶段：组建研究团队（2007 年 2～3 月）

为了开展城市品牌定位体系的研究,成都市从外部聘请国内品牌问题专家,与当地政府决策研究机构的有关人员一起组成成都市城市品牌定位问题研究课题组。该研究团队一共由 17 人组成,其中 9 人是成都市政府由外部聘请的国内城市营销、城市品牌问题专家,8 人是成都市政府研究机构的相关人员。此后,课题组就成都城市品牌定位体系设计问题展开了近一年的研究工作。

第二阶段:专家访谈(2007 年 3～4 月)

课题组对成都市几乎所有重要的部门和行业进行了针对性的访谈,以深入了解人们对成都市的基本看法和意见,以期在大量意见调查的基础上,准确界定城市的特征和属性。在一个多月的时间里,课题组先后进行了 16 次专家访谈和小组座谈。

第三阶段:海内外目标市场调查(2007 年 5～6 月)

通过广泛的专家访谈,课题组对成都市的特色和优势有了深入的认识。在此基础上,课题组重点针对成都市目标顾客对成都城市品牌形象的认知展开调查。在国内市场研究方面,由于成都以往的研究已积累了相对比较丰富的数据,因此课题组在这方面投入的精力相对小一些,只在北京、上海、广州、重庆四大城市针对普通大众展开了关于成都城市品牌形象的问卷调查。

在海外市场调查方面,成都此前并没有开展过类似的工作。为有效开展针对海外市场的调查,课题组邀请了经验丰富并在业内享有较高声望的 GMI(中国)公司作为海外顾客调查的实施单位。该项调查全部通过在线方式来进行,通过对 GMI 在全球建立的 600 万消费者样本库中符合要求的人员进行调查,获得其对成都的认知。调查在英国、法国、德国、美国、加拿大、日本、韩国、印度、马来西亚、澳大利亚等十个国家展开,涉及英语、法语、德语、日语、韩语、马来语等六种语言。最后,课题组回收到了足够数量的有效问卷,获得了关于海外顾客对成都城市品牌形象认知的了解。

第四阶段:概念测试与深化(2007 年 6～7 月)

这一阶段,课题组就城市品牌定位策略展开了综合性的研究,以便理解城市品牌能成功打动受众的关键因素,从而锁定准确、有效的城市品牌定位。为此,项目组先后进行了七次焦点小组访谈(Focus Group),访谈对象涉及本市居民、本市外籍人士、本市外地游客等受众;此外,还就品牌定位的初期研究成果向市政府各部门及本地有关专家进行了意见征询。

第五阶段:设计完成(2007 年 8 月)

在前期大范围周密研究的基础上,本阶段正式确立了成都城市品牌定位体系,分别针对成都的主品牌、旅游品牌、人居品牌、营商品牌和文化品牌进行了定位设计(表 5-3)。

表 5-3 成都城市品牌定位体系

品牌层级	定位描述	定位支持点
总体品牌	沟通欧亚的知识、创意型田园城市	• 突出"智慧城市"特质,即知识和创意型城市 • 突出"田园城市"与"和谐城市"的特质,即自然与人,城市与乡村,传统与现代,休闲生活与快速经济,文化的独特性与开放性所达成的和谐的田园城市
旅游品牌	国际上原创性文化特色、高品质自然风光、体验式休闲氛围结合最佳的城市之一	• 成都是现代保留传统中国文化最多的城市 • 成都:不一样的中国 • 成都:现代与传统的融合
营商品牌	拥有高品质休闲生活环境的亚洲内陆服务中心及新兴知识经济城市	• 成都:西部中国的中心 • 成都:慢节奏生活,快节奏经济 • 成都:新兴的亚洲服务中心 • 成都:中国的欧洲城市
人居品牌	亚洲最和谐的宜居名城之一	• 一个来了不想走的城市 • 少亦入川,老亦入川

（3）效果

通过专业团队深入细致的研究工作，成都设计了清晰的城市品牌定位体系。相对于国内其他城市的品牌定位，成都市的城市品牌定位显然更加丰富和层次分明，不论是旅游、投资、人居都与总体定位一致，均体现了成都的生活方式、生活品质与本地资源。与成都早期采取的单一城市品牌口号相比，该定位体系将成都的优势与特色提炼得更加到位，并且内涵丰富，竞争者难以模仿，体现了较好的差异化。

4.城市品牌沟通要素考察

对城市品牌沟通要素的考察如图5-6所示。

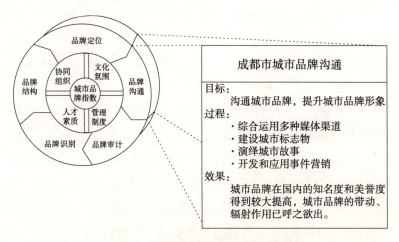

图5-6　成都市城市品牌沟通要素考察

（1）目标

城市品牌沟通旨在向城市的目标顾客传播城市品牌，使城市顾客对城市品牌建立起美好的联想，提升城市品牌形象，提高城市品牌的知名度和美誉度。成都城市品牌沟通的目标就是向城市目标顾客传递所设计的各类城市品牌的内涵和价值,增进城市顾客对成都市的认知,进而产生城市品牌吸引力、凝聚力和辐射力。

(2)过程

一直以来,成都都是一个在沟通城市品牌,宣传城市形象方面非常活跃的城市。成都的城市营销者们非常善于应用形式多样的沟通媒介和沟通方式来宣传推广成都的城市品牌。

首先,在沟通媒介的选择方面,成都的城市品牌沟通基本涉及了目前已有的各种传播渠道,包括电视、电台、报纸、网络、手机短信等。其中,成都市的城市品牌形象宣传片主要通过电视、网络多媒体平台来传播;而关于城市品牌一般的宣传报道则会通过电视、电台、网络、报纸、手机短信等渠道发布。相对于国内其他城市而言,成都对于一些新媒体显得更加关注,甚至会主动宣传那些直接沟通城市品牌信息的媒介形式,以扩大对成都城市品牌的推广。

比如成都非常重视通过互联网来开展城市品牌沟通。"成都在线"作为成都市的门户网站,是成都沟通城市品牌的重要网上平台。特别在该网站全新英文版于 2006 年 6 月正式推出之后,成都市的城市品牌管理部门为该网站实施了积极的推介活动:在google、yahoo、baidu、sina 等国内外网站上开展网络搜索置顶(或广告)业务的推广服务;与国内的北京、上海、青岛、广州等城市网站以及省内四川新闻网站、四川在线、天府热线等网站进行了互换连接;与法国、瑞典、斯洛文尼亚三个友城进行互换连接;通过一些传统媒体进行网站的宣传推广。通过这些努力,"成都在线"的知名度和访问量迅速提升,从而为沟通成都城市品牌创造了良好的网上平台。

其次,在沟通方式的设计方面,成都市的相关部门更是不断创新。从城市标志物的建设到城市品牌故事的演绎再到各类事件营销的开发和运用,成都市总是能够娴熟地采取多种形式的沟通组合来实现城市品牌传播的目标。

在城市标志物的建设方面,成都市并没有像国内某些城市那样,大兴土木,修建一些实用性不强的所谓城市标志性建筑,而是结合城市发展的现实需要和城市的文化内涵来进行适度的开发,并使之能够较好地承载城市品牌沟通的功能。比如天府广场的修建,既可以满足市民日常休闲的需要,又使之成为体现成都休闲文化的标志性建筑,从而直观地诠释了成都城市品牌的内涵特征。此外,还有太阳神鸟标识和金沙遗址的开发,既可以使市民见证成都的悠久历史,又可以作为沟通成都城市文化品牌的有效工具;而针对性极强的经济技术开发区则在满足成都市招商引资发展需要的同时,成为成都市城市营商品牌的良好支撑。

相比传统的说教式沟通方式,讲述城市故事的形式将显得更加鲜活,更为大众喜闻乐见,并且容易留下深刻的印象。在城市品牌故事的演绎方面,成都城市品牌管理部门通过拍摄和播放多部城市形象宣传片及与城市形象有关的影视剧作品而取得实质性的成效。成都先后拍摄或将拍摄《一座来了就不想离开的城市》《天府的记忆》《成都往事》《芙蓉花开》《埋藏的记忆》《影子的故事》《成都之恋》《阅读成都》《印象成都》《创佳·畅游成都》等多部城市形象宣传片,并在国内外一些电视媒体上投放。比如本章开始时就曾提到,《一座来了就不想离开的城市》就是成都市邀请著名导演张艺谋拍摄的,突出了成都是一座现代与传统融合完美、生活氛围浓郁的城市。再比如《芙蓉花开》电视剧作为"成都三部曲"①之一，则是第一部以川菜文化和宅院文化为背景，反映成都文化历史魅力的电视剧，2006 年 9 月 6 日在全国 33 个电视频道首播。

此外，成都的城市营销者还非常善于开发和应用各种事件营销来沟通成都城市品牌。成都市相关部门开展了大量常设性和非常设性的城市品牌宣传推广活动，其中比较有代表性同时也在海内外比较有影响力的就有"全球大熊猫恳亲之旅活动"和"神六"搭载"太阳神鸟"图案的事件营销活动。

（3）效果

通过积极的城市品牌沟通努力以及持续不断的城市品牌沟通创新，成都的城市品牌形象得到了较好的宣传推广。根据 2006 年 5－6 月对新华网、人民网、凤凰网、央视国际、中国新闻网、搜狐、新浪、网易八家国内主流网站刊载 15 个副省级城市及重庆的新闻报道的抽样调查，八家网站共刊载新闻 438 篇，其中涉及成都的报道为 39 篇，分别排在厦门（61 篇）、广州（58 篇）、深圳（54 篇）之后，居第四位，高于同类其他城市②。由此可见，成都市城市品牌在国内的知名度和美誉度已得到较大提高，城市品牌正逐渐在城市顾客心目中建立起积极美好的联想，与此同时，成都作为西部地区的中心城市，其城市品牌的带动、辐射作用也已呼之欲出。

5.城市品牌审计要素考察

对城市品牌审记要素的考察如图 5－7 所示。

---

① "成都三部曲"由《芙蓉花开》《成都往事》《烟雨雾》组成，是专门以成都这个城市为背景打造的电视剧作品，由罗雷导演。其中，《芙蓉花开》已于 2006 年 9 月 6 日在全国首播；《成都往事》于 2006 年 11 月 14 日封镜；《烟雨雾》也在筹划中。

② 数据来源：《2006 上半年成都市外宣工作总结》。

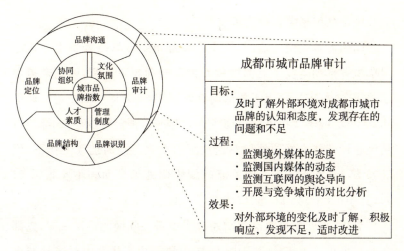

图 5-7　成都市城市品牌审计要素考察

（1）目标

城市品牌审计旨在对城市品牌建设工作的各个环节以及受众对城市品牌的印象和认知进行监测和评估管理，从而维护其他各项城市品牌建设工作所取得的成效。成都城市品牌管理组织进行城市品牌审计的主要目标是及时了解外部环境对成都城市品牌的认知和态度，发现城市品牌管理过程中存在的问题和不足，为城市品牌建设工作的持续提升提供决策支持。

（2）过程

在开展城市品牌审计的过程中，成都市政府相关部门非常重视通过分析媒介舆论的变化来监测城市外部受众对成都城市品牌的认知和态度，并且能够及时对一些城市品牌塑造中的危机情形做出应急处理，维护成都城市品牌形象。

以成都市委外宣办为例，该部门的一项重要职能就是定期监测境外媒体关于成都的舆论动态，以便为成都市面向海外推广和提升城市品牌形象提供决策支持。

国内涉蓉舆论的监测，主要由成都市新闻联络处负责。该部门草拟并推动落实了成都市负面报道处理规范办法，以此来指导成都市各区(市)县、市级各部门有效、科学地开展负面报道协调工作，在负面或不实报道面前切实建立起一道预警防线，为成都城市品牌建设营造良好的外部舆论氛围。在该部门的细致工作下，仅2005年上半年，成都市相关部门就协调处理负面和不实报道21起，其中区(市)县14起，市级部门7起。

另外，与开展城市品牌沟通过程中对互联网的重视一样，成都在开展城市品牌审计过程中，同样非常关注互联网中对成都城市品牌的公众态度和信息传播。为此，成都市对全市政府及企业网站登载新闻的资质进行备案审查，加强对登载新闻的管理。同时，充分发挥网络新闻信息中心的作用，加强对互联网涉蓉信息的搜索和监控力度，掌握成都市重大城市品牌沟通活动的网络宣传和反响，对重大突发事件实行全天候网络舆情监控，及时为决策提供参考。除此之外，成都市还加强"成都在线"网站建设，进一步建立、完善网站采编制度、人员配备和网络宣传协调机制，通过信息中心平台，与国内门户网站和中央、省级新闻网站建立了较好的协调机制，加强正面宣传和有关突发事件的协调。

除了密切关注外部媒体环境对成都的报道之外，成都市在城市品牌审计的过程中还非常关注外部受众对其他竞争城市的态度，并有针对性地开展成都与其他竞争城市的对比分析。比如2006年全年，成都市委宣传部就向市领导报送《每日涉蓉舆情》A版258期、B版210期、《舆情专题》38期、《网络论坛涉蓉信息专报》16 期、《十五个副省级城市及重庆对比分析》3 期[①],使得市政府首脑在制定有关城市品牌决策时,能够及时发现存在的问题和不足,获得切实可循的相关信息支持。

(3)效果

通过有效的外部媒体舆论监测,成都城市品牌管理组织能够及时了解城市顾客对成都城市品牌以及竞争城市的认知和态度,从而为其他各项城市品牌化工作决策提供依据。与此同时,这些努力也使得成都能够对城市外部环境的变化做出迅速的响应,通过各项积极有效的工作,从容应付损害城市品牌形象的危机。

此外,尽管目前成都的城市品牌审计工作所涉及的内容还没有涵盖城市品牌战略的各个方面,工作重点也只是集中在监测外部环境关于城市品牌的了解和态度,工作内容尚不系统,工作方法的专业化程度有待进一步提升,但目前已有的城市品牌审计工作还是能够切实帮助成都的城市品牌管理组织及时发现城市品牌建设工作中的问题和不足,使得相关工作能够得到有针对性的改进。

(二)城市品牌化支撑层要素考察

对成都市城市品牌化支撑层要素的考察涉及城市品牌化协同组织要素、城市品牌化管理制度要素、城市品牌化文化氛围要素、城市品牌化人才素质要素四个方面的考察。

1.城市品牌化协同组织要素考察

对成都市城市品牌化协同组织要素的考察如图 5-8 所示。

---

① 　数据来源:《成都市委外宣办 2006 年工作总结》。

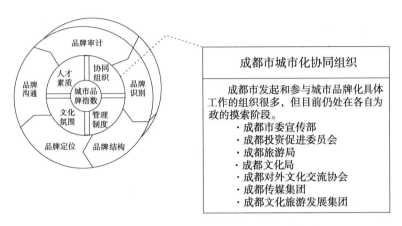

成都市城市化协同组织

成都市发起和参与城市品牌化具体工作的组织很多，但目前仍处在各自为政的摸索阶段。
·成都市委宣传部
·成都投资促进委员会
·成都旅游局
·成都文化局
·成都对外文化交流协会
·成都传媒集团
·成都文化旅游发展集团

图 5－8　成都市城市品牌化协同组织要素考察

成都市发起和参与城市品牌化具体工作的组织很多，但从城市品牌战略规划的角度来看，成都还缺乏统一的领导和协调组织，目前仍处在各自为政的摸索阶段。经过筛选和甄别，本书认为成都具有代表性的直接参与城市品牌化建设的组织有成都市委宣传部（成都外宣办、新闻联络处等）、投资促进委员会、旅游局、文化局、对外文化交流协会、传媒集团、文化旅游发展集团等部门。表5－4列示了成都市协同参与城市品牌管理的代表性组织、与城市品牌管理相关的主要职能以及代表性事例。

不过，在开展城市品牌化建设的过程中，尽管各个相关组织积极开展工作，但是由于缺乏一个专门的城市品牌管理组织，现有的城市品牌建设活动往往政出多门，并且各个单位、部门的做法总是很不一致，有时甚至出现相互矛盾的情形，很多管理措施和营销手段都没有能够很好地协同起来，结果造成了城市品牌管理工作中的重复建设，造成城市营销资源的多重浪费。

表 5 – 4　成都市协同参与城市品牌管理的代表性组织

城市品牌管理组织	相关主要职能	代表性事例
成都市委宣传部	制定成都市对外宣传工作规划并组织实施；负责全市对外宣传的策划、编辑、制作及发行；监测国内外媒体有关成都的舆论动向	• 立项制定《2007 成都城市营销战略规划》 • 成都在线的建设
成都市投资促进委员会	负责对全市重点区域、重点产业、重大项目投资促进的统筹协调；牵头做好全市重点产业、重大项目的策划、包装、推介及储备工作；为境内外投资商提供涉及重点产业、重大项目方面的考察、信息、投资导向、申报程序、法律法规等方面的服务工作	• 统筹规划成都各个工业园区的发展 • 拍摄《新工业新成都，加快推进新型工业化，实现成都工业新跨越》宣传片 • 创富精英高峰论坛·成都经济发展论坛 • 成都国际电脑节 • 中国国际软件合作洽谈会
成都市旅游局	研究拟定培育旅游支柱产业的战略并指导实施；组织旅游资源的普查；指导重要旅游产品的开发；研究拟定成都市国际国内旅游市场开发战略，组织实施成都旅游整体形象的对外宣传和国内外旅游市场重大促销活动；管理旅游涉外事务和旅游对外交流与合作	• 成都国际桃花节 • 蒲江石象湖国际郁金香节 • 都江堰放水节 • 中国国内旅游交易会 • 中国国际乡村旅游发展论坛 • 拍摄成都旅游宣传片

成都市文化局	研究、指导全市文化事业管理体制改革；研究制定文化经济政策，调整文化艺术生产经营和投资方向，统筹安排文化事业经费，管理本系统国有资产	·首届中国成都国际非物质文化遗产节 ·三国文化节 ·诗歌文化节 ·打造中国大型原创音乐剧《金沙》 ·金沙遗址博物馆全面建成并对外开放 ·青城山道教文化节
成都市对外文化交流协会	策划、组织成都市对外文化交流	·2007 韩国·中国成都文化周 ·"成都名片"飞向巴塞罗那活动 ·"全球大熊猫恳亲之旅"活动
成都传媒集团	2006 年合并原成都广播电视台和原成都日报报业集团而成立，作为媒体单位，策划、组织、参与有关成都城市品牌沟通传播活动	·我为成都请客人——2007《成都商报》大型城市营销活动 ·报道成都大型城市品牌沟通活动 ·播放成都城市品牌形象宣传片
成都市文化旅游发展集团	承担文化与旅游资源的优化配置和拓展开发、营销；承担重大文化与旅游基础设施的建设与运营；探索国有文化与旅游资源所有权和经营权分离模式；推进全市文化旅游资源集约化、规模化经营	·打造国际休闲度假旅游区 ·搭建欧洲旅游营销网络 ·携手法国旅游集团 ·深度开发西岭雪山

　　所幸的是,成都已经认识到建立一个专门的城市品牌管理组织的重要性,并在内部开展这方面的研究和规划。根据成都市委托外部专家开展的相关研究报告来看,未来的成都城市品牌管理组织将会是一个公私协作的城市营销机构——成都城市营销委员会,作为成都城市营销的主导组织发挥管理协调与实施控制的职能。委员会成员由公共部门(所辖九区四市六县以及高新区的行政首长,市行政职能部门如新闻办、投资促进委员会、旅游局、经济局、投资促进局、商务局、文化局、成都主要博物馆等)、社会部门(成都主要的相关社会团体,如商会、学会、协会等,以及部分重要的新闻媒体)和私人部门(如航空、电信、金融、房地产以及主导产业的龙头企业、新兴产业的代表性企业等)的代表共同组成。

　　2.城市品牌化管理制度要素考察

　　对成都市城市品牌化管理制度要素的考察如图5-9所示。

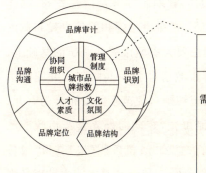

图5-9　成都市城市品牌化管理制度要素考察

为保障各项城市品牌化工作能够规范、有序地进行,成都市参与城市品牌建设的相关组织根据该市城市品牌建设的实际需求,制定了一系列的管理制度。这些制度涉及对城市产品一线服务人员的培训、城市品牌相关信息的对外沟通、相关部门参与城市品牌建设工作的预算和考核、对参与城市品牌建设并做出贡献人员及部门的奖励等方面。

在一线服务人员的培训制度方面,成都市旅游局有对成都市导游人员进行年度集中培训的制度。为了提高培训质量,更好地落实相关培训制度,成都市旅游局还于 2007 年 9 月批复成都大学成立成都旅游人才培训中心,对成都市旅游品牌推广的一线人员进行培训。该中心将依托成都大学旅游文化学院优良的教学资源,采取常规培训和专业培训相结合的方式。中心将分旅游淡、旺季对全市导游采取有针对性的教学;对农家乐、景区人员进行礼仪、英语培训。

城市品牌相关信息对外沟通的管理制度涉及信息发布、媒体舆论动态监测和危机处理等方面。在城市品牌相关信息发布制度方面,成都市委宣传部在对全国主要大中城市展开调研的基础上,结合成都市的实际情况,与成都市政府办公厅共同制定并完善了《成都市人民政府新闻发布会实施细则》,规范新闻发布会的召开;将市政府每月例行新闻发布会制度化,定期向外界发布市政府的重大方针政策和重要举措,增强信息公开;将各区(市)县、市级各部门新闻发布会的审批纳入管理范围。在外部媒体关于城市品牌形象的舆论动态监测制度方面,规定成都市外宣办需要定期对新浪、搜狐、新华网、人民网、央视国际等 19 家国内网站,对香港凤凰网、雅虎香港、台湾中华电视等 11 家港台网站,对美国 CNN、美联社、英国 BBC、路透社、日本朝日新闻、共同社等 31 家国外网站中涉及成都的报道进行采集,编写《涉蓉网络舆情》,定期撰写深度分析报告。在城市品牌沟通中的危机处理制度方面,成都市委宣传部还制定了《负面报道协调处理规范办法》,加强对各区(市)县、市级各部门负面报道处理的理念灌输、业务指导和素质培训,指导各区(市)县、市级各部门有效、科学地开展负面报道协调工作。

成都参与城市品牌建设的各相关部门还有严格的预算制度。每年各部门都要制定年度工作计划,并做出相应的财务预算,再由上级主管部门审批。相应地,在年末还会有针对各个部门的考核制度,对考核的方法、标准、时效等都有明确的规定。

在对参与城市品牌建设并做出贡献的人员及部门的奖励制度方面,成都市政府制定了"宣传成都好新闻"奖励制度,通过评选,发掘在宣传成都方面做出突出贡献的优秀稿件,以市委、市政府的名义进行表彰并给予物质奖励,以鼓励中央、境外驻蓉和省级媒体宣传成都的积极性。

这些管理制度的制定和实施,有力地保障了成都各项城市品牌建设工作的顺利进行。但在另一方面,仍然是由于缺乏一个统一的城市品牌管理组织,成都市的城市品牌管理制度的系统性和协同性还相对不足,尚缺乏行之有效的城市品牌跨部门协调机制。不过,随着成都市政府有关城市品牌管理专门组织研究的深入和相关成果的落实,相信相应的管理制度也会得到进一步的完善。

3. 城市品牌化文化氛围要素考察

对成都市城市品牌化文化氛围要素的考察如图 5-10 所示。

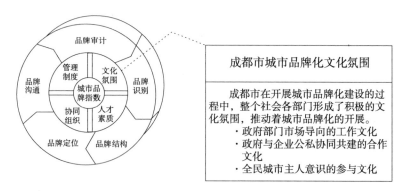

图 5 - 10　成都市城市品牌化文化氛围要素考察

城市品牌化是一项涉及面甚广的系统工程,需要城市里社会各界力量的共同参与。因此,除了组织结构、管理制度上的保障和支撑之外,积极的文化氛围对于城市品牌化建设的有效推进也是十分重要的。成都市在开展城市品牌建设的过程中,参与城市品牌化工作的相关政府部门逐渐形成了以市场为导向的工作文化,政府部门与相关企业之间逐渐形成了公私协同共建的合作文化,全体市民当中逐渐形成了城市主人意识的参与文化。

(1)政府部门市场导向的工作文化

城市品牌化要求在充分了解城市顾客的认知和需求的基础上,对各项品牌管理工作进行统筹规划。这意味着,城市品牌管理组织必须充分了解市场动向,在工作中坚持以市场为导向。成都市参与城市品牌化工作的相关政府部门结合各自工作的日常需要和客观现实,逐渐形成了经常性地研究城市顾客的需求,行政决策坚持以市场为导向的工作文化。

以成都市委宣传部为例,在制定面向海外市场的城市品牌沟通策略时,就曾专门对有关国家的普通消费者展开问卷调查,了解其对成都的认知和评价。比如,通过调查该部门发现,在关于"成都在国际上所能够承担的角色"的这一问题的调查中,"文化城市"、"商贸城市"与"旅游城市"的描述获得较多的认同,其中23.1%的被调查者认为成都是文化城市,20.2%的被调查者认为是商贸城市,17.4%的被调查者认为是旅游城市①。而事实上,成都此前在国内市场的宣传中更多的是将自己描述为"人居城市"、"旅游城市"和"休闲城市"。因此,这一调查结果使得该部门在开展相关城市品牌沟通活动时能够对前期方案加以适时调整,采取更有针对性的措施。

成都市旅游局定期对成都的旅游市场进行深入的市场研究和分析,并针对不同的细分市场采取有针对性的沟通策略。表5-5显示了2005年成都市旅游局对成都市旅游市场客源构成的分析。

此外,为了畅通市民联系市政府首脑及各个政府部门的渠道,及时了解本地城市顾客的各种需求,2007年10月,成都市政府还将市长、区(市)县长公开电话和市政府工作部门及有关单位的公开电话号码及相关资料在互联网上公布,任何人员都可以方便地查询到相关信息。

(2)政府与企业公私协同共建的合作文化

成都在推进城市品牌化的过程中,除了政府部门发挥主导作用之外,也非常注重私人部门的参与,在组织与治理模式上大胆创新,积极把企业部门及其运作方式和理念引入到城市品牌建设中来,形成了政府与企业公私协同共建的合作文化。近年来,成都

---

① 数据来源:成都市委宣传部2007年海外市场调查结果。

表 5 - 5　成都市旅游市场基于客源的市场细分(2005 年)

市场类型	国内客源	境外客源
基本旅游市场	客源市场规模较大、稳定性较高。主要是四川省内旅游市场。	规模大、基数高。主要是港澳台地区游客市场。
首要旅游市场	规模大、类型特征明显、增长方式效益型。主要是长江三角洲、珠江三角洲及北京游客市场。	规模较大、距离较近、增长势头好。主要是日本、韩国游客市场。
重要旅游市场		规模较大、稳定性较好、潜力较大。主要是北美地区游客市场。
支撑旅游市场	有一定规模、区域集中、增长空间大。主要是成都周边重庆、云南、陕西等省、市。	规模较大、距离较近和增长势头较好。主要是新加坡、马来西亚、泰国游客市场。
潜力旅游市场		有一定的发展潜力和区域优势。主要是欧洲,尤其是西欧游客市场。

市先后组建了成都文化旅游发展集团有限公司、成都市小城镇投资有限公司、成都市现代农业发展投资有限公司等企业,作为成都市城市品牌建设的又一重要举措。

以成都市文化旅游发展集团为例,该集团是 2007 年 3 月,经成都市委、市政府批准,市国资委授权,按照现代企业制度要求建立的自主经营、独立核算的国有独资公司,首期注册资金 5 亿元,作为成都市文化与旅游产业的投融资和运营平台。文旅集团的主要职能为:承担文化与旅游资源的优化配置和拓展开发、营销,承担重大文化与旅游基础设施的建设与运营,探索国有文化与旅游资源所有权和经营权分离模式,推进全市文化旅游资源集约化、规模化经营等①。在成都文旅集团组建后短短不到一年的时间里，即在成都市城市品牌化建设中发挥出了重要作用：打造国际休闲度假旅游区；搭建欧洲旅游营销网络；携手法国旅游集团；深度开发西岭雪山等②。

（3）全民城市主人意识的参与文化

在成都市城市品牌建设的过程中，成都市各类参与城市品牌建设的组织会经常性地主动向成都市民征询意见，征集想法，邀请市民参与活动。这些工作极大地培养了市民作为城市主人的责任感，培育了市民参与城市品牌管理的意识和文化氛围。

比如，2007 年 4 月 18 日，成都传媒集团、成都文化旅游发展集团有限公司联合主办了"营销最佳旅游城市 我为成都发名片"活动，征集市民关于营销成都，打造成都旅游品牌的金点子。结果活动第二天，就有近 200 名热心市民通过电话和成都全搜索网站贡献了近 300 个金点子。③ 其中就包括百事可乐成都市场总监钟朝兴的"金点子"——邀请成都美景"登上"百事可乐的最新外包装。事后，这条"金点子"很快被主办方采纳。2007 年 6 月，百事（中国）投资有限公司开始在百事大中华区发售"百事可乐成都印象罐"。该印象罐是将从所有的成都美丽景点（景区）中，把公众推选、能代表成都形象和成都文化底蕴的十大美景与百事本身蕴涵

---

① 资料来源：新浪网，"成都组建文化旅游发展集团"，2007 年 3 月 29 日，http://news. sina. com. cn/c/2007 - 03 - 29/033211518042s. shtml。

② 资料来源：成都晚报，"成都文旅集团 07 大事记"，2007 年 12 月 19 日，http://cdwb. newssc. org/system/2007/12/19/010609629. shtml。

③ 其中还包括：韩国驻成都总领事朴铜先先生、天府丽都喜来登饭店总经理德国人蒲克南、电视节目主持人美国小伙江喃、电子科技大学澳大利亚籍教师沃伦·罗德威尔等在成都的外籍人士的参与。

的现代、时尚元素相融合,作为百事可乐的外包装。

再比如在 2006 年全球大熊猫恳亲之旅活动中,很多市民都送出了自己精心准备的大熊猫礼物,提供给"恳亲团"送到世界各地。其中最具代表性的礼品包括:市民叶牧天的大熊猫剪纸,天和银楼精心制作的纯银国宝大熊猫,画家童昌信的大熊猫油画,卢镜璇小朋友的大熊猫食用竹子礼盒,市民胡泽奎的大熊猫立体明信片,钟建取天府广场的泥土和锦江边青草做的成都标识等[①]。

总之,成都在城市品牌建设中形成的良好文化氛围对于推动城市品牌建设的深入开展,提升管理效率起到了积极的作用。在这样一种文化氛围里,政府、企业、协会、民众等多方社会力量都能够积极参与到城市品牌建设中来,各方资源得到了有效的整合和协同。

4. 城市品牌化人才素质要素考察

对成都市城市品牌化人才素质要素的考察如图 5 - 11 所示。

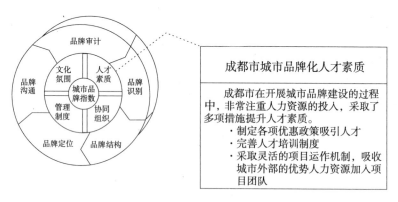

成都市城市品牌化人才素质

成都市在开展城市品牌建设的过程中,非常注重人力资源的投入,采取了多项措施提升人才素质。
·制定各项优惠政策吸引人才
·完善人才培训制度
·采取灵活的项目运作机制,吸收城市外部的优势人力资源加入项目团队

图 5 - 11　成都市城市品牌化人才素质要素考察

---

① 资料来源:搜狐网,"全球大熊猫恳亲团昨从成都出发飞赴美国",2006 年 7 月 18 日,http://news.sohu.com/20060718/n244307264.shtml。

城市品牌建设的积极推进,离不开人力资源的投入。由于城市品牌建设内容复杂,涉及甚广,因此一个专业的城市品牌管理团队需要有来自市场营销、品牌传播、旅游管理、城市科学、城市经济、城市规划、地理学等多个领域的专业人员。成都市在开展城市品牌建设的过程中,非常注重人力资源的投入,或者制定各项优惠政策吸引人才,或者完善人才培训制度,或者采取灵活的运作机制,吸收外部专家的加入,借助城市外部的优质人力资源提升本地的城市品牌建设水平,提高参与城市品牌建设的人才素质。

首先,成都市先后制定了多项吸引人才的优惠政策。比如2007年3月20日出台的《成都市鼓励企业引进急需高层次人才暂行办法》就从"安家补贴"、"财政奖励"、"保障服务"三个方面明确规定被引进人才所能享受的优惠政策①。2007年12月,成都市政府办公厅还就进一步完善吸引留学人员来蓉创业服务政策提出了具体的实施意见,其中就留学人员可享受的优惠政策做出了非常详细的规定②。不仅如此,成都市还十分重视加大人才柔性引进力度,盘活人才存量。在《实施人才强市战略以人才开发为动力——深入推进城乡统筹实现"三新"新突破八条措施》中明确提

---

① 《成都市鼓励企业引进急需高层次人才暂行办法》第五条(优惠政策)规定:"引进到企业工作的急需高层次人才,可享受下列优惠政策:(一)安家补贴。经批准,3年内每人每月给予1000元的安家补贴。(二)财政奖励。经批准,前3年按本人年度上缴个人所得税市和区(市)县级收入部分全额给予奖励;后3年按本人年度上缴个人所得税市和区(市)县级收入部分的70%给予奖励。优惠期满以后的奖励政策视具体情况再定。(三)保障服务。急需高层次人才的配偶和未成年子女可随调或随迁;有工作单位的配偶,可由政府人事、劳动行政管理部门协助安排或推荐就业;未成年子女入托、入学(义务教育阶段)的,由工作单位所在地政府教育行政管理部门按照就近原则安排。"

② 该《意见》对留学人员在住房、落户、社会福利、子女入学、资金支持甚至购车等方面的优惠政策都做了详细的规定,参见成都市人事局网站(http://www.cdrsj.gov.cn)。

出："积极争取本地和外地人才以兼职、短期服务、委托合同、合作研究、技术入股等形式参与我市经济建设。定期与不定期举办'高层次人才成都行科技咨询'、'产业发展名家讲坛'、专家咨询服务团到重点镇、文明新村、重点企业及工业集中发展区提供咨询服务和技术指导活动。"通过这些灵活的优惠政策和引进机制引入的人才，不仅直接为成都社会经济发展作出了贡献，更有一部分人直接参与到了成都城市品牌建设当中。比如，传媒集团、文旅集团、成都市旅游局、成都市招商局、成都市对外交流协会等就从中吸收了大量的优秀人才直接参与城市品牌建设工作。

其次，针对成都市自身的人力资源状况，成都市也制定了日趋完善的培训机制，以此来提高城市品牌建设中的人才素质。比如，前文已提到，成都市旅游局会定期对成都市的导游人员进行培训。此外，成都市人事局还制定并启动了公务员轮训计划，着力提高公务员队伍的素质和能力。2007 年，成都市举办各类公务员培训班60 期、培训 6000 余人，与此同时，成都市人事局还计划在 2010 年底前将全市的公务员轮训一遍。

第三，成都市还采取灵活的人力资源投入机制，在解决城市品牌建设中遇到问题时，会灵活采取以科研项目或课题立项的方式来吸收"外脑"的参加，使之与本地研究人员和工作人员组建成项目团队，共同完成项目，在解决城市品牌建设相关问题的同时，也使得本市城市品牌管理人员获得学习专家经验与创意的机会，提升人才素质。比如，成都为实现更加有效的面向国际市场的城市品牌塑造与传播，就专门成立了"2007 成都市城市营销战略规划研究项目"，并且从外部邀请了多名专家与本地人员组成研究团队。

　　通过上述措施的综合应用,成都城市品牌管理组织中的人才素质不断得到提升,这些人力资源的价值也日益体现出来,使得成都城市品牌管理水平的专业化程度开始获得持续的改善。今后,随着成都市专门的城市品牌管理组织的陆续搭建和相应管理制度的逐步落实,城市品牌管理人才素质的重要性必会更加突显。因此,成都市将进一步加大人才吸引力度,完善人力资源的开发和培训制度,并且创造更加灵活的人力资源投入机制,使得人才素质这一要素在城市品牌化过程中的支撑作用更加显著。

第三节　城市品牌案例的结论与启示

　　之前的实证研究表明影响城市品牌化成功实施的管理要素可以分为两个层次:一是执行层要素,包括城市品牌识别、城市品牌结构、城市品牌定位、城市品牌沟通和城市品牌审计五个方面;二是支撑层要素,包括城市品牌化协同组织、城市品牌化管理制度、城市品牌化文化氛围、城市品牌化人才素质四个方面。在此基础上,本书构建了"城市品牌飞轮模型"。本章对成都城市品牌案例的分析和解读,就是基于该模型而构建分析框架。

一、案例分析结论

　　就成都城市品牌建设案例而言,可以得出如下三点结论:

　　1.成都城市品牌建设已取得显著成绩,五大执行层要素和四大支撑层要素都发挥了重要作用。

　　通过案例分析可以看到,目前成都市在城市品牌建设方面,相对于国内同类城市而言,属于比较成功的城市。成都在城市品牌建设中所取得的成绩,也在一定程度上获得了国内社会各界的认可,城市品牌化建设给成都经济、社会发展所创造的效益也正日益突显。

在成都市开展城市品牌建设的过程中,ISE 模型所揭示的影响城市品牌战略成功的五大执行层要素(城市品牌识别、城市品牌结构、城市品牌定位、城市品牌沟通和城市品牌审计)和四大支撑层要素(城市品牌化协同组织、城市品牌化管理制度、城市品牌化文化氛围、城市品牌化人才素质)都发挥了重要作用。成都市的城市品牌化支撑层要素对执行层要素起到了较好的支撑作用,为执行层要素的运作提供了良好的平台,从而使得执行层要素最终能够对成都市城市品牌建设的出色表现做出积极的贡献。

2.在五大城市品牌化执行层要素中,成都市尤以在城市品牌沟通要素上表现见长,对城市品牌审计要素的把握则有待进一步完善。

尽管五大城市品牌化执行层要素对成都市城市品牌建设都起了重要的积极作用,但是成都市在这五大要素上的表现并不是平均的。从案例分析的情况来看,成都市在城市品牌沟通方面投入最多,表现最为出色。不仅在沟通渠道的选择上能够综合运用传统媒介渠道和新兴媒体形式,使得城市品牌沟通的通路畅通无阻并且覆盖广泛,而且能够在沟通方式上不断创新,将城市标志物的建设、城市故事的演绎、事件营销的开发等城市品牌沟通方式娴熟运用,取得最佳的城市品牌沟通效果。

在城市品牌识别和城市品牌定位方面,由于成都市本身具有丰富的城市内涵和出众的特色资源,使得成都城市品牌建设相关组织机构总是对此琢磨不定,以至于公众心目中关于成都的城市品牌形象并不是十分统一、清晰。不过近年来,成都市已认识到这方面的问题,并借助外脑展开了深入研究,已取得一定成果,相信不久的将来这些研究成果会有助于成都市城市品牌的进一步提升。

对于城市品牌结构要素,成都市已初步形成了层级化的城市品牌结构体系,城市主品牌与城市旅游品牌、城市人居品牌、城市营商品牌、城市文化品牌的策略结构关系明显。成都今后需进一步加强对各类城市品牌之间关系的管理,使得各类品牌之间的协同性得到增强。

相对而言,在五类城市品牌化执行层要素中,成都市在城市品牌审计要素方面的工作还有待进一步完善。尽管城市品牌审计要素对于成都市城市品牌建设的贡献是显而易见的,并且专业的城市品牌审计所涉及的内容应涵盖城市品牌战略的各个环节和各个步骤,但是目前成都城市品牌审计工作的重点主要集中在监测外部环境关于城市品牌的认知和态度方面,工作内容尚不系统化。为此,在未来的工作中,成都市还需加强城市品牌审计工作,使得城市品牌建设更上一个台阶。

3. 在四大城市品牌化支撑层要素中,成都市在城市品牌化文化氛围要素上的优势较为明显,而在城市品牌协同组织要素上的专业水平还有待提升。

就成都市的案例而言,四大城市品牌化支撑层要素对成都市城市品牌建设都起到了积极的作用,不过相对而言,成都市在城市品牌化文化氛围要素上表现出的优势更为明显。在城市品牌建设的过程中,成都市参与城市品牌建设的政府部门之中已形成了关注城市顾客需求的市场导向的工作文化,城市政府与企业部门之间形成了公私协同共建的合作文化,全体市民当中形成了城市主人意识的参与文化,这样一种积极的文化氛围很好地推动了成都城市品牌化的开展。

此外,成都市与城市品牌化相关的一些管理制度也已制定并得到了贯彻落实,一线服务人员的培训制度、城市品牌相关信息发布制度、对外部媒体关于成都城市品牌形象的舆论动态监测制度、城市品牌沟通中的危机处理制度、城市品牌化预算和考核制度、城市品牌化中作出贡献的人员和部门的奖励制度等等管理制度有力地保障了成都市相应的城市品牌化工作得以有序、规范地推进。与此同时,城市品牌建设中多管齐下且灵活多样的人力资源投入机制,使得成都市城市品牌建设中的人才素质得到不断提高。但是,成都市目前的城市品牌化管理制度的系统性相对不足,一个结合成都城市品牌建设实际的相对全面而完整的城市品牌化管理制度体系还需要逐步构建并完善。相应地,在城市品牌建设中相关人员素质的提升方面,成都市也还需要进一步加大力度。

相对而言,尽管成都市发起和参与城市品牌化具体工作的组织很多,但从城市品牌战略规划的角度来看,成都还缺乏统一的领导和协调组织,目前仍处于各相关机构各自为政的摸索阶段。这使得现有的城市品牌建设活动往往政出多门,很多管理措施和营销手段缺乏有效协同,造成城市品牌化中的重复建设和资源浪费。当然,成都市已经意识到了这方面存在的问题,并且也在就改善城市品牌化协同组织要素而展开研究,相信不久的将来成都市会在这方面有所创新和突破,为塑造成都市的城市品牌创建更加有效的组织平台。

二、案例分析启示

通过本章的案例分析,本书发现在实证研究过程中提炼得出的 ISE 模型可以较好地解释影响成都市城市品牌建设之所以能够取得当前成绩的关键管理要素。基于 ISE 模型本身所揭示的城市品牌化相关原理,并结合成都市城市品牌化案例的分析,笔者认为对于城市品牌化而言,如下几点启示值得关注:

1.挖掘反映本地资源特色的城市品牌识别

城市品牌识别指城市营销者希望创造和保持的能引起人们对城市美好印象的独特联想。这些联想代表着城市的价值特征,暗示着城市对其顾客的承诺。城市品牌识别是一种主动的策略安排,表明城市管理者希望城市如何被认知,或者说,是城市管理者所希望标榜的城市特质①。确立清晰的城市品牌识别是塑造城市品牌的前提和基础。而在构建城市品牌识别时,必须从城市的实际出发,能够反映当地资源特色,否则城市品牌识别就会成为无本之木,无源之水。为此,就必须对当地的地理、资源、人文、社会、经济都有充分的了解,同时也要对国际市场的机会和威胁有清醒的认识。此外,如果能够由具有国际视野的外部城市品牌专家与城市当地相关人员组建团队,通力合作共同发掘,那么相信所提炼的城市品牌识别必将更加富有成效和创意。

2.设计合理的城市品牌结构体系

与产品品牌不同,城市品牌是一个复杂的系统,由于城市的功能具有多样性,因此,城市的品牌结构肯定是由一个城市主品牌统领多个副品牌的品牌体系,主副品牌之间、副品牌之间存在着紧密的联系,相互借力,共同构成一个强力的品牌体。反之,如果缺乏一个具有统御功能和整理功能的主品牌,就会导致各项城市产品

---

① 刘彦平:《城市营销战略》,中国人民大学出版社 2005 年版。

在开展各自的品牌宣传和推广时无所依托和参照,只能局限于依据各自的产品设计和目标市场需求来展开推广活动,如此一来品牌结构内部的矛盾冲突势必难以避免,从而导致主品牌与旅游、人居、投资、文化等副品牌之间不能很好地协同,各个城市品牌之间相互离散。

3. 制定差异化的城市品牌定位

城市品牌定位最重要的一点是差异化,从某种程度上讲,差异化是城市品牌定位的生命所在。所谓差异化,并不是刻意求异,而是符合城市品牌内涵的、具有城市内在和外在支撑的差异化。城市是一个复杂的系统,不可能存在两个完全一致的城市。只要对城市加以深入的分析和检视,并结合竞争城市状况综合考虑,必定能够帮助城市品牌在城市顾客心目中确定一个差异化的定位,从而使城市在激烈的竞争中脱颖而出。

4. 策划有效的城市品牌沟通

城市品牌沟通就是将要传递的城市品牌信息,通过某种渠道、方式传递给城市顾客。所谓有效的城市品牌沟通就是指城市品牌沟通要能够引起城市目标受众的共鸣。这就要求城市品牌沟通的内容与城市品牌识别、城市品牌定位相一致,并且能够使城市目标受众获得较强的真实感和体验性。为此,要求城市品牌管理部门综合运用多种城市品牌沟通渠道,不断创新城市品牌沟通形式,使城市顾客最终获得有关城市品牌的美好联想。

5. 开展及时的城市品牌审计

城市品牌管理过程是一个动态的过程,宏观环境、市场需求、竞争状况随时在发生变化,这都要求城市品牌管理部门定期或不定期地进行城市品牌审计。城市品牌审计不仅要采集不同时期的横截面数据来分析和评价城市顾客对城市品牌的认知和态度,考察城市品牌在某一时点上的整体表现,同时还要定期对城市品牌建设的历史状况进行监测和对比,了解在一个时间段内城市品牌管理的效果,从而为后续城市品牌管理工作提供及时有效的决策支持。

6.搭建专业的城市品牌化管理组织

城市品牌化是一项涉及面广、整合城市多种要素的复杂而系统的工作,需要有专门的组织机构来负责这项工作的开展,使得城市品牌化的各个环节可协同发挥作用,为共同的城市品牌建设目标服务。从国际经验来看,很多城市品牌化比较成功的城市都有各自专门的城市品牌管理机构,如香港品牌管理组、阿姆斯特丹合作伙伴(Amsterdam Partners)、亚特兰大品牌有限公司(Brand Atlanta Inc.)等,尽管组织形式多种多样,但都能够确保城市品牌管理的各项工作得到落实和管理。设计并搭建专业的城市品牌管理组织是城市品牌管理的重要支撑,没有专业的组织进行城市品牌管理,城市品牌化工作会有很多方面的限制。

7.制定系统的城市品牌化管理制度

城市品牌管理制度缺失是导致许多城市品牌建设流于形式的重要原因之一。城市品牌化中的很多工作都需要制度性的文件将其固化下来,从城市品牌化的年度经费预算到对城市品牌化的长期研究投入,从城市品牌化中的人员培训到城市品牌沟通中的危机处理,从对城市品牌化策略执行效果的测量与评价到协调各个城市利益相关者对城市品牌化的参与等等,各个方面都需要管理制度来加以规范。因此,为了提高城市品牌化效率,提升城市品牌化效果,需要制定系统的城市品牌管理制度,并将之落到实处。

8.营造积极的城市品牌化文化氛围

良好的城市品牌化文化氛围将有助于调动各方城市利益相关者积极投入到城市品牌建设中来。政府部门的服务意识、顾客理念、市场导向,企业、协会、市民的参与意愿,公共部门与私人部门的协作意向,各个城市利益相关者的城市主人意识等等,都是积极的城市品牌化文化氛围所涵盖的重要方面。在开展城市品牌建设过程中,城市品牌化管理组织要善于营造积极的城市品牌化文化氛围,使之成为凝聚城市各方力量参与城市品牌建设的黏合剂,成为推动城市品牌化效果尽快实现的催化剂。

9.持续提升参与城市品牌建设的人才素质

产品品牌需要品牌经理及其他相应的人才来进行专业化的管理,如市场分析、品牌定位、宣传推广等。同样,城市品牌也需要有专业化的管理团队来实现其品牌价值的不断增值。因此,持续提升参与城市品牌化建设的人才素质,是城市品牌化建设专业化水平不断提高的有力保障。为此,城市品牌化管理组织需要制定灵活的人才引进机制、人才培训机制和人才使用机制,一方面通过完善制度来保障人才素质的持续提升,另一方面通过创造学习机会,营造学习氛围来推动城市品牌化建设人才的自我成长。

本章小结

本章以实证研究中获得的"城市品牌飞轮模型(ISE)"为分析框架,对成都市城市品牌建设案例进行了深入的分析。在简要介绍成都市的基本情况、回顾其城市品牌化历史的基础上,本章重点考察了成都市城市品牌化执行层要素和支撑层要素,即分别对成都市的城市品牌识别、城市品牌结构、城市品牌定位、城市品牌沟通、城市品牌审计、城市品牌化协同组织、城市品牌化管理制度、城市品牌化文化氛围、城市品牌化人才素质九个方面进行了深入考察,总结了成都城市品牌建设的成功经验。

　　本章的案例研究发现,在实证研究的基础上提炼得出的 ISE 模型可以较好地解释对成都城市品牌建设之所以能够取得当前成绩产生影响的关键管理要素。与此同时,基于 ISE 模型本身所揭示的城市品牌化相关原理,并结合成都市城市品牌化案例的分析,本书总结了在城市品牌化过程中值得关注的启示。

第六章　基于城市品牌的政府网站发展模式

　　信息技术的发展和互联网的普及,使得政府信息化的实践日趋繁荣和成熟。政府部门开始在整个系统内应用信息技术来提升其办公效率,并且最大限度地突破时间和空间的限制,来为公众提供及时畅通的公共服务。在一系列政府信息化革新的推动下,"开放的政府"或"透明的政府"(韩国)、"响应的政府"(澳大利亚)、"变革的政府"(英国)等等现代政府公共服务理念得以真正落实。政府信息化的过程,是完成政府定位的转换,实现政府职能转变的过程,是帮助政府改善绩效,提供优质公共服务的过程,是增加政府与公众互动,提升政府公共形象的过程。政府作为城市品牌化的主体,政府形象本身就成为城市品牌形象的重要组成部分,政府形象的提升,也就意味着城市品牌形象的改善。因此,如何将政府信息化建设纳入到城市品牌建设规划中,通过应用城市品牌理念来改进政府信息化过程更成为一个值得深入探讨的问题。因为,以往不论是学术界还是实务界,对于政府信息化问题的思考总是起始于信息技术的应用或行政管理的变革,而很少有人尝试着从城市品牌的视角来捕捉有关政府信息化建设策略的灵感。

　　今天,政府信息化的全面推进使得城市政府网站日益成为政府提供公共服务的基础平台和重要窗口,成为城市政府联系和服务市民的一座桥梁。政府网站建设的优劣正逐渐成为衡量城市政府信息化水平的重要标志。因此,本章将从城市品牌的视角出发,探讨政府信息化中政府网站的发展模式及其对城市品牌建设的影响。

第一节 政府网站在城市品牌建设中的作用

互联网对当前经济社会生活的全面渗透,使得城市品牌建设过程中,利用互联网开展城市网络营销实现城市品牌的有效沟通变得日益重要,并且在诸多城市品牌化实践中显现出其超越传统沟通方式的独特优势。这当中,政府网站正日益成为城市网络营销的重要载体,成为城市品牌建设的重要工具。越来越多的城市营销者和管理者深刻地意识到,政府网站建设是城市品牌建设的重要环节,将在城市品牌化进程中发挥越来越重要的作用。

首先,政府网站是传播城市品牌信息的权威渠道。城市品牌信息包括城市品牌的标识和理念、城市品牌定位的表述、城市品牌价值的解读等。政府网站是向公众传播来自政府的城市品牌信息的媒介渠道之一,并且也是最具有权威性和公信力的网络渠道之一。而政府网站要承担起这一渠道的功能,就必须有很高的可见性。另外,城市政府网站还需要充当访问者获取城市各方面专门信息的入口网站,因此要努力把政府网站建成传播城市品牌信息的最权威最重要的网上渠道。

其次,政府网站是城市外部顾客了解城市服务特色的重要媒介。城市品牌传播的范围不仅超越了城市的界限,而且还经常需要跨越国家的界限,在全球范围内吸引人才、投资者、定居者和游客等各类城市外部顾客。在如此广阔的范围内实施城市品牌传播,互联网无疑是最经济最有效的媒体。一个城市内外部顾客在试图获取城市相关信息时,往往首先会访问这个城市的政府网站。因此,政府网站已逐渐成为城市外部顾客了解城市服务特色的重要媒介。

再次,政府网站为城市内部营销提供了平台。城市营销的利益相关者众多,这不仅包括政府部门、城市里的企事业单位和居民,还包括旅居他乡的民众,以及曾经来过或者希望来本市旅游或者发展的民众等。基于城市产品的复杂性,城市顾客在作出购买决策之前往往会通过各类渠道获取有关该城市的更多信息。在理想的情况下,城市顾客从其他渠道获取的信息应是对从官方渠道所获信息的补充和强化。但是有时候一些非官方渠道传播的是城市业余营销者自身对城市的印象和认识,有些印象可能是片面的,有些认识可能是错误的,因此可能会对城市顾客带来误导。如果城市政府对自发的城市营销行为不加引导,那么这些自发行为不仅有可能无助于城市品牌的建立,还有可能损害城市品牌形象。对于城市品牌而言,每个城市居民都是城市产品的一部分,城市居民的风貌能够影响城市顾客对一个城市的印象。同时,每个市民都是城市的营销者,他们对城市的评价也会在一定范围内影响城市顾客对城市的印象。可见,城市政府应该通过向市民提供满意的服务来增强他们参与城市品牌建设、提升城市品牌形象的动力,通过必要的城市品牌教育来提升市民建设城市品牌的能力。而在这方面,政府网站就会起到十分重要的作用,成为城市内部营销的重要平台。

最后,政府网站本身是构成城市品牌形象的重要元素之一。城市品牌是一种城市的功能性、情感性、相关的和关键的识别要素经过管理后形成的多层次要素组合体,这一要素组合能够作用于公众头脑使之形成一系列关于城市的独特认知和联想[①]。城市品牌是从诸多形成要素中综合、概括、抽象、比较、筛选出来的,形成城市品牌的要素包括历史角色、文化底蕴、人文风情、地理特征、产业优势、经济实力、发展前景等[②]。而政府网站作为城市顾客了解城市的窗口和起点,其视觉设计优美与否,功能使用便利与否,信息更新及时与否等都会给城市顾客带来不同的联想。一个设计优美、功能完善、更新及时、互动流畅的政府网站,必然会给访问这些网站的城市顾客带来美好的联想,形成对相应城市的积极认知,形成对相应城市品牌的持续认同;反之,如果政府网站设计呆板、功能简陋、信息滞后,那么就会给访问这些网站的城市顾客带来极大的不便,从而带给他们关于城市不好的印象。因此,政府网站本身也是构成城市品牌的重要元素之一。

总之,基于政府网站在城市品牌化过程中的重要作用,有必要运用城市品牌的理念来思考政府网站建设的问题,为政府网站的长远发展和全面优化提供一个更加创新而独特的视角,进而更加有效地提升城市品牌化进程中政府网站的运行效率。

第二节 基于城市品牌的政府 网站评价指标构建

随着城市网络营销的兴起和深入,学术界关于城市网络营销

绩效评价的研究也取得了不少进展。有的学者提出的城市营销网站评价指标包括功能、内容、交互性、品牌化、差异化和相关链接六个一级指标以及十几个二级指标[①]。有的学者就中国地方政府门户网站的 G2B 服务能力提出了一个评价指标体系,包括六个一级指标、18 个二级指标与 90 个三级指标[②]。还有的学者就地方政府门户网站的地区营销绩效进行了实证分析,提出信息服务、互动服务、电子政务服务、其他应用服务及网站链接等系列评价体系[③]。值得一提的是,中国社会科学院财政与贸易经济研究所的刘彦平博士在其主编的《中国城市营销发展报告(2009—2010):通往和谐与繁荣》一书中构建了城市营销指数(CMI)测评体系,其中就包涵对城市网络营销的测评指标[④]。本书拟构建的基于城市品牌的政府网站评价指标便是基于上述理论成果,并结合实务界相关人士和专家的意见修改完善而成。

一、基于城市品牌的政府网站初始评价指标

本书中构建的基于城市品牌的政府网站评价指标由四个一级指标构成,包括网站功能、网站设计、网站互动和形象展示。其中,网站功能包括顾客导向、服务信息、营销协同和语言选择四个二级

---

①　G. Christelle,*The Use of a Website as a Branding Tool for City Differentiation in the Representation of a Destination: How Madrid Can Compete in the Urban Tourist Market?* Bournemouth University,2003.

②　王芳、翟丽娜:《我国地方政府门户网站 G2B 服务能评价指标体系的构建》,《图书情报工作》2008 年第 8 期。

③　傅浩、李威巍、李满梅、刘磊磊:《地方政府门户网站地区营销绩效实证分析》,《城市问题》2006 年第 5 期。

④　刘彦平主编:《中国城市营销发展报告(2009—2010):通往和谐与繁荣》,中国社会科学出版社 2009 年版,第 56~58 页。

指标;网站设计包括内容丰富性、界面友好度、设计美学三个二级指标;网站互动包括用户粘度、功能互动四个二级指标;形象展示包括形象规范和形象展示两个二级指标。有关各个指标的内涵和数据获取方式如表 6-1 所示。

表 6-1　基于城市品牌的政府网站初始评价指标

一级指标	二级指标	指标内涵	操作层
网站功能		市场导向的功能设计	
	顾客导向	政府网站设计的顾客导向意识	快速通道或绿色通道的数量
	服务信息	政府网站设计的顾客服务功能	办事服务信息的类别数量
	营销协同	城市政府网站的协同营销意识	到本地其他城市营销网站的链接数量
	语言选择	城市政府网站的海外推广意识	所有有效语种数量(含汉字简、繁体)
网站设计		顾客导向的内容与形式设计	
	内容丰富性	城市政府网站的信息量	专家依据客观资料打分
	界面友好度	城市政府网站设计的使用便利性	专家依据客观资料打分
	设计美学	城市政府网站设计的美观性	专家依据客观资料打分
网站互动		网络营销与服务的互动性	
	用户粘度	吸引城市忠诚顾客的意识	网站注册用户数＋网站社区论坛帖子数＋跟帖数
	功能互动	接纳城市顾客参与的意识	虚拟手册＋城市虚拟地图

续　表

形象展示		网站本身的形象意识	
	形象规范	城市政府网站设计的品牌意识	政府门户网站、旅游网站及招商网站的品牌标识和口号
	形象推广	城市政府网站的城市形象推广意识	不同主题的城市形象图片数量

资料来源:据刘彦平主编《中国城市营销发展报告(2009—2010):通往和谐与繁荣》(中国社会科学出版社 2009 年版)的相关内容修改。

二、样本数据收集

根据指标资料形成方式的不同,本书所构建的政府网站评价指标包括客观指标和主观指标。其中客观指标的资料都是来自对政府网站的实际资料搜集,而主观指标主要通过专家评估打分的方式搜集。

具体而言,一方面本书按照上述指标体系,搜集全国 100 个城市政府网站的客观数据。这 100 个城市分别是:北京、上海、成都、重庆、杭州、宁波、天津、南京、深圳、青岛、广州、泉州、武汉、大连、东莞、无锡、沈阳、温州、苏州、绍兴、昆明、济南、南宁、厦门、烟台、长沙、扬州、潍坊、贵阳、常州、洛阳、郑州、西安、柳州、呼和浩特、海口、中山、威海、宜宾、银川、桂林、西宁、南通、宜昌、乐山、南昌、芜湖、佛山、福州、石家庄、珠海、焦作、三亚、包头、济宁、黄山、丽江、吉林、秦皇岛、长春、马鞍山、太原、大同、唐山、乌鲁木齐、台州、合肥、邯郸、丹东、开封、哈尔滨、绵阳、株洲、惠州、大庆、兰州、徐州、荆州、葫芦岛、十堰、龙岩、沧州、遵义、安庆、衡阳、九江、巢湖、景德镇、北海、湘潭、宝鸡、郴州、玉溪、泰安、鄂尔多斯、延安、汕头、赤峰、阜新、克拉玛依。另一方面,本书在研究过程中还邀请城市网络营销领域的有关专家就这 100 个城市政府网站，结合本书开发的政府网站评价指标给予专业意见，即采用李科特七级量表，通过问卷调查的方式取得主观指标的原始数据。

另外，在本书的研究中，作为因变量的"城市品牌指数"，主要是依据来自《中国城市营销发展报告：通往和谐与繁荣》中公布的上述 100 个城市的数据（表 6 - 2）。

表 6 - 2　100 个国内主要城市的城市品牌指数

排名	城市	CBI	排名	城市	CBI
1	北京	1.3400	23	大连	1.0003
2	成都	1.2392	24	济南	0.9957
3	重庆	1.2234	25	长沙	0.9888
4	上海	1.2093	26	烟台	0.9877
5	宁波	1.1782	27	潍坊	0.9848
6	杭州	1.1667	28	贵阳	0.9844
7	南京	1.0663	29	苏州	0.9818
8	天津	1.0660	30	乐山	0.9740
9	青岛	1.0621	31	柳州	0.9725
10	泉州	1.0606	32	宜宾	0.9696
11	昆明	1.0310	33	呼和浩特	0.9694
12	温州	1.0238	34	桂林	0.9616
13	深圳	1.0204	35	西宁	0.9609
14	南宁	1.0195	36	银川	0.9565
15	东莞	1.0185	37	厦门	0.9501
16	沈阳	1.0182	38	常州	0.9462
17	无锡	1.0172	39	海口	0.9451
18	洛阳	1.0140	40	威海	0.9410
19	绍兴	1.0124	41	宜昌	0.9371
20	武汉	1.0110	42	郑州	0.9345
21	广州	1.0064	43	中山	0.9338
22	扬州	1.0029	44	西安	0.9307

45	芜湖	0.9295	73	台州	0.8311
46	丹东	0.9186	74	兰州	0.8200
47	焦作	0.9163	75	合肥	0.8195
48	开封	0.9115	76	十堰	0.8182
49	吉林	0.9089	77	惠州	0.8163
50	南昌	0.9076	78	哈尔滨	0.8112
51	南通	0.9051	79	龙岩	0.8095
52	丽江	0.9029	80	徐州	0.8089
53	佛山	0.9021	81	荆州	0.8089
54	济宁	0.9007	82	沧州	0.8031
55	包头	0.8969	83	遵义	0.8007
56	大同	0.8967	84	安庆	0.8006
57	唐山	0.8915	85	九江	0.7960
58	福州	0.8853	86	景德镇	0.7912
59	秦皇岛	0.8816	87	巢湖	0.7910
60	邯郸	0.8752	88	北海	0.7878
61	乌鲁木齐	0.8725	89	衡阳	0.7841
62	石家庄	0.8724	90	玉溪	0.7743
63	三亚	0.8712	91	湘潭	0.7674
64	株洲	0.8679	92	宝鸡	0.7601
65	珠海	0.8671	93	郴州	0.7517
66	黄山	0.8668	94	鄂尔多斯	0.7509
67	马鞍山	0.8646	95	延安	0.7372
68	葫芦岛	0.8619	96	泰安	0.7331
69	太原	0.8578	97	阜新	0.7302
70	绵阳	0.8481	98	汕头	0.7260
71	长春	0.8422	99	赤峰	0.7247
72	大庆	0.8347	100	克拉玛依	0.6696

资料来源:刘彦平主编:《中国城市营销发展报告(2009—2010):通往和谐与
繁荣》,中国社会科学出版社 2009 年版。

三、政府网站评价指标的信度检验及确认

通过上述方法收集到研究所需的数据之后,本书先是对数据进行了初步整理和筛选,并对数据加以标准化处理,而后进行上述评价指标的信度检验(表6-3)。本书采用克隆巴哈一致性系数 α 来衡量各维度测项间及问卷整体的一致性程度。

表 6-3　单个指标对总体信度的影响和指标的筛选

一级指标	二级指标	问项删除后的 α 值	α 值	项目个数
网站功能	顾客导向	0.734	0.799	4
	服务信息	0.778		
	营销协同	0.781		
	语言选择	0.782		
网站设计	内容丰富性	0.900	0.902	3
	界面友好度	0.827		
	设计美学	0.830		
网站互动	用户粘度	0.644		
	功能互动	0.660	0.692	2
形象展示	形象规范	0.689		
	形象推广	0.578	0.734	2

由表6-3可知,笔者这里使用的评价指标,除网站互动这一维度之外,其他维度上信度都高于0.7,而网站互动这一维度的信度已经非常接近0.7,说明各指标的问项之间一致性较强,各指标的内在可靠性比较理想。另外,从这个表中还可以看出,所有二级指标都不应该删除,因为将单个指标删除后它所对应的 α 值会降低。因此,本书构建的基于城市品牌的政府网站评价指标具有较好的信度,各个维度的测量项目均可以保留。

第三节　城市政府网站测评
数据的分析与讨论

本章旨在从城市品牌的视角出发来探讨政府网站发展模式的问题。这涉及以城市品牌理念为起点,对政府网站的发展类型进行剖析和解构,并深入分析政府网站中影响城市品牌发展的关键要素。为此,本节将分别应用聚类分析方法和回归分析方法来对城市政府网站的测评数据进行分析,并对分析结果的管理意义加以讨论。

一、关于数据分析方法

在对上述测评数据进行分析与讨论时,本部分将首先应用聚类分析方法来探索政府网站的发展类型;其次将在一般政府网站层面和不同类型政府网站层面分别进行回归分析,以探讨政府网站中影响相应城市品牌发展的关键因素。

聚类分析是对多属性统计样本进行定量分类的一种多元统计分析方法。这种方法的基本思想是从一批样本的多个观测指标中,找出度量样本之间或指标之间相似程度或亲疏关系的统计量,构成一个对称的相似性矩阵,在此基础上进一步找寻各样本或变量之间或样本组合之间的相似程度,按相似程度的大小,把样本或变量逐一归类。其中,关系密切的样本或变量聚集到一个小的分类单位,关系疏远的样本或变量聚集到一个大的分类单位,直到所有样本或变量都聚集完毕,形成一个亲疏关系谱系图,用来更加自然和直观地显示分类对象个体或指标的差异和联系。本书正是通过对上述基于城市品牌的政府网站评价指标中的 11 项二级指标数据进行聚类分析,来探寻城市政府网站发展模式的类型及不同模式间的差异。

另外,针对聚类分析获得的政府网站分类,本部分还将以城市品牌指数为因变量,以网站功能、网站设计、网站互动和形象展示为自变量进行多元逐步回归分析,以确定影响各类网站建设的关键因素。

二、聚类分析结果与讨论

这里的聚类分析工作主要是利用统计分析软件 SPSS 15.0 进行计算处理,以欧氏平方衡量组间距离,进行聚类的计算,聚类结果如图 6-1 所示,0-25 的标尺刻度表示类别之间的亲疏距离。

根据聚类分析结果,可以将上述 100 个城市政府网站分成如下六个类型(表 6-4)。

表 6-4　100 个城市政府网站的聚类结果

网站类型	所对应的城市
第一类	安庆、沧州、丹东、鄂尔多斯、阜新、葫芦岛、吉林、焦作、荆州、九江、开封、克拉玛依、龙岩、南宁、乌鲁木齐、芜湖、银川、长沙
第二类	株洲、包头、常州、巢湖、大连、大庆、济南、昆明、丽江、绵阳、宁波、秦皇岛、泉州、三亚、深圳、沈阳、台州、泰安、天津、威海、温州、无锡、西安、烟台、延安、宜宾、宜昌、中山、珠海、遵义
第三类	宝鸡、北海、赤峰、福州、邯郸、合肥、黄山、惠州、乐山、洛阳、南昌、青岛、厦门、石家庄、唐山
第四类	北京、东莞、南京、南通、上海、绍兴、苏州、武汉
第五类	郴州、大同、佛山、贵阳、桂林、哈尔滨、海口、衡阳、呼和浩特、济宁、景德镇、兰州、柳州、汕头、十堰、太原、西宁、湘潭、徐州、扬州、玉溪、长春、郑州
第六类	成都、广州、杭州、马鞍山、潍坊、重庆

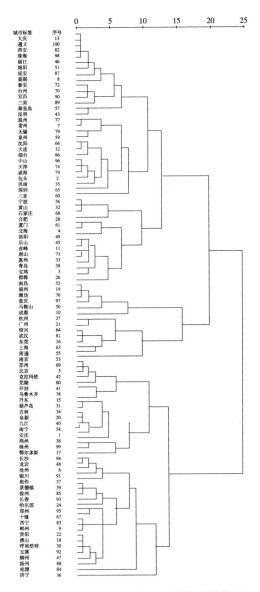

图 6 - 1　100 个城市政府网站的聚类树状图

这六类政府网站的各项指标标准化平均值如表 6 - 5 所示,可见各类别城市政府网站之间存在明显的差别。

表 6 - 5　100 个城市政府网站 11 项指标的标准化平均值

指标	第一类	第二类	第三类	第四类	第五类	第六类
顾客导向	-0.14	0.02	0.22	0.09	0.06	-0.53
服务信息	-0.22	-0.14	0.82	0.14	-0.18	-0.14
营销协同	-0.17	0.01	0.16	0.10	-0.07	0.23
语言选择	-0.32	0.44	-0.12	0.28	-0.38	0.28
内容丰富性	-0.43	0.32	0.01	1.10	-0.40	-0.12
界面友好度	-0.41	0.38	-0.04	1.06	-0.40	-0.31
设计美学	-0.45	0.35	0.03	0.93	-0.38	-0.13
用户黏度	-0.05	0.16	0.01	0.10	-0.17	-0.11
功能互动	-0.22	0.27	-0.25	0.76	-0.27	0.04
形象规范	-0.31	-0.05	-0.36	0.87	0.16	0.36
形象推广	-0.09	-0.05	-0.29	1.00	-0.13	0.41

根据聚类分析的结果,本书将分别针对各个类别政府网站的特征进行网站类型的命名,并深入分析各类政府网站的发展特征。

总的来看,东部及东南沿海经济发达地区的城市政府网站具有较好的用户导向性,并且能够较好地体现城市品牌吸引力。同时,这些城市政府网站通常表现出更强的交互性,并且界面也更加友好,比如大部分的友好交互型网站就集中于东南沿海城市。而内陆地区的城市政府网站则更多地侧重于政府信息公开与发布。具体来说,这六类政府网站的情况描述如下。

第一类涵盖了 19 个城市的政府网站,该类城市政府网站的大部分测评指标都表现得比较平均,城市网站建设未表现出非常鲜明的特色,仍然停留在满足当地政府一般信息发布需要的初期功能的实现上,因此将其命名为信息发布型政府网站。

第二类囊括了深圳、珠海、中山等珠三角经济发达城市的政府网站,无锡、温州等长三角城市的政府网站,天津等区域中心城市的政府网站,昆明、西安等内地省会城市的政府网站以及大庆、大连、宜昌等城市的政府网站。这一类型的政府网站在语言选择、内容丰富性、界面友好度、设计美学以及用户黏度五个指标上的表现要优于其他指标上的表现,这些指标主要反映了这类网站对用户浏览便利性的重视。内容丰富、友好生动、精心设计的网站能够为用户浏览网站带来巨大的便利,因此将这一类型的网站命名为浏览便利型政府网站。

第三类以黄山、洛阳、青岛、厦门等以旅游为特色的城市政府网站为主。该类城市的网站在服务信息指标上的表现比较突出,超过了其他城市政府网站;而在其他指标方面则没有特别突出之处,故将此类网站命名为服务宣传型政府网站。

第四类包括了北京、东莞、南京、南通、上海、绍兴、苏州、武汉八个城市的政府网站。这些城市的社会经济发展水平较好,自然环境和人文环境优美,居住环境舒适,城市内部和对外基础设施比较完善,城市开放度较高。这一类型的政府网站在各项指标的表现上都比较突出,尤其在以下六项指标上表现更为出色:内容丰富性、界面友好度、设计美学、功能互动、形象规范和形象推广。由于该类网站既做到了内容与界面的丰富友好,又具有与访问者有的良好互动,故将其命名为友好交互型政府网站。

第五类主要是一些内地的副省级或地市级城市的政府网站,一共包括 23 个城市。该类网站在各项指标上的表现都比较均匀。与信息发布型网站相比,在形象规范指标上有比较突出的表现,反映出该类网站具有进一步规范形象的意识与举措,故将其命名为形象指向型政府网站。

第六类涵盖成都、广州、杭州、马鞍山、潍坊和重庆六个城市的政府网站。该类网站在营销协同、语言选择、形象规范与形象推广四个指标上的表现相对比较突出，说明该类政府网站既注重自身形象的建设与推广，又兼顾与其他网站的协同关系，故将其命名为形象协同型政府网站。

三、 回归分析结果与讨论

前文已提到，对所搜集数据的回归分析将分别针对六类政府网站逐一展开，以探讨政府网站中影响城市品牌发展的关键因素。这里，本书将以城市品牌指数为因变量，以网站功能、网站设计、网站互动和形象展示为自变量，采用多元逐步回归的方法进行分析，以确定各类政府网站中影响城市品牌建设水平的关键因素。

（一）信息发布型政府网站回归分析的结果与讨论

信息发布型政府网站回归模型的自变量方差膨胀因子均小于 2.5，序列相关检验指标 DW 值为 2.01，因此，多重共线性和序列相关检验的值都在正常范围内。信息发布型政府网站逐步回归分析的结果如表 6-7 所示。

表 6-7　信息发布型网站回归模型的标准化系数表

自变量 模型	网站功能	网站设计	网站互动	形象展示
1	0.124			
2	0.101	0.069 *		
3	0.071	0.076 *	0.114	
4	0.384	0.240 *	−0.110	0.582
R Square	0.015	0.020 *	0.032	0.198
R Square Change	0.015	0.004 *	0.012	0.166

因变量：城市品牌指数

* ：$p < 0.05$

* * ：$p < 0.01$

由表 6－7 可知，以城市品牌指数为因变量，仅有网站功能、网站设计进入回归模型时，回归模型的显著性水平才小于 0.05，而且有且仅有网站设计的回归系数显著。

可见，对于信息发布型政府网站而言，网站设计是影响城市品牌建设水平的重要影响因素。在此基础之上，方可进一步谋划其他政府网站因素的发展。

(二)浏览便利型政府网站回归分析的结果与讨论

浏览便利型政府网站回归模型的自变量方差膨胀因子均小于 2.5，DW 值为 2.13，多重共线性和序列相关检验的值都在正常范围内，逐步回归分析的结果如表 6－8 所示。

表 6－8　浏览便利型网站回归模型的标准化系数表

自变量＼模型	网站功能	网站设计	网站互动	形象展示
1	0.389 *			
2	0.150 *	0.466 *		
3	0.169 *	0.448 *	0.068 *	
4	0.148 *	0.446 *	0.068 *	0.157 *
R Square	0.152 *	0.311 *	0.316 *	0.340 *
R Square Change	0.152 *	0.159 *	0.005 *	0.024 *

因变量:城市品牌指数

* :p<0.05

* * :p<0.01

由表 6－8 可知，以城市品牌指数为因变量，网站功能、网站设计、网站互动、形象功能四个变量均可进入回归模型，模型的显著性水平小于 0.05。四个变量同时进入模型时，R^2 为 0.340，显著性水平小于 0.05，模型解释了自变量变异的 34.0%，具有较好的解释力。四个变量中，解释力水平由高至低依次是网站设计(回归系数为 0.446),形象展示(回归系数为 0.157),网站功能(回归系数为 0.148),网站互动(回归系数为 0.068)。

就回归分析结果而言,对于浏览便利型政府网站来说,网站设计也是影响城市品牌建设水平的最为重要的因素。这一点与该类网站的特征也比较匹配,因为网站用户浏览便利性提高离不开良好网站设计的支持。另外,形象意识与网站功能也会对该类型政府网站影响城市品牌建设水平的过程起到一定的作用。相比之下,网站互动性的作用显得不是很突出,其对城市品牌建设水平的影响比较弱。

(三)服务宣传型政府网站回归分析的结果与讨论

服务宣传型政府网站回归模型的自变量方差膨胀因子均小于 2.5,DW 值为 2.21,多重共线性和序列相关检验的值都在正常范围内,逐步回归分析的结果如表 6-9 所示。

表 6-9 服务宣传型网站回归模型的标准化系数表

自变量＼模型	网站功能	网站设计	网站互动	形象展示
1	0.133 *			
2	0.170 *	0.099		
3	0.489 *	0.149	0.459 *	
4	0.518 *	0.157	0.346 *	0.292 * *
R Square	0.018	0.026	0.144 *	0.212 * *
R Square Change	0.018	0.007	0.117 *	0.068 * *

因变量:城市品牌指数

* :p<0.05

* * :p<0.01

由表 6-9 可知,以城市品牌指数为因变量,网站功能、网站设计、网站互动、形象功能四个变量均进入回归模型时,模型的显著性水平小于 0.05,可以进行回归分析。四个变量同时进入模型时,R^2 为 0.212,显著性水平小于 0.01,模型解释了自变量变异的 21.2%,具有较好的解释力。四个变量中,网站设计的回归系数不显著,其他三个变量解释力水平由高至低依次是网站功能(回归系数为 0.518)、网站互动(回归系数为 0.346)、形象展示(回归系数为 0.292)。

对于服务宣传型政府网站而言,优良的网站功能与较高的网站交互性是高服务意识的表现,同时也能够创造更加优良的服务效果,还可以调动用户的积极性,主动通过网站了解城市的相关资讯,从而达到较好的网站沟通效果。而这两个维度也正是此类政府网站中影响城市品牌建设水平的重要因素。此外,此类政府网站的形象展示维度也对城市品牌建设具有一定的作用。

(四)友好交互型政府网站回归分析的结果与讨论

友好交互型政府网站回归模型的自变量方差膨胀因子均小于 2.5,DW 值为 2.19,多重共线性和序列相关检验的值都在正常范围内,逐步回归分析的结果如表 6 - 10 所示。

表 6 - 10　友好交互型网站回归模型的标准化系数表

模型 ＼ 自变量	网站功能	网站设计	网站互动	形象展示
1	0.032 *			
2	0.355 *	0.190 *		
3	0.431 *	0.257 *	0.193 *	
4	0.608 *	0.356 *	0.404	0.276 *
R Square	0.001 *	0.373 *	0.405 *	0.576 *
R Square Change	0.001 *	0.372 *	0.032 *	0.171 *

因变量:城市品牌指数

* :p＜0.05

* * :p＜0.01

由表 6 - 10 可以得知,以城市品牌指数为因变量,网站功能、网站设计、网站互动、形象功能四个变量均可进入回归模型,模型的显著性水平小于 0.05。四个变量同时进入模型时,R^2 为 0.576,显著性水平小于 0.05,模型解释了自变量变异的 57.6%,具有较好的解释力。四个变量中,解释力水平由高至低依次是网站功能(回归系数为 0.608),网站互动(回归系数为 0.404),网站设计(回归系数为 0.356),网站形象(回归系数为 0.276)。

友好交互型政府网站所在的城市均为总体发展水平比较领先的城市,创建强势的城市品牌已经成为此类城市的重要战略指向。因此,对于这一类政府网站,其良好的网站互动和出色的网站功能与该类网站的总体定位是相匹配的。城市品牌沟通不是单向的,需要激发用户参与的积极性,及时把握并引导用户对城市品牌的认知。因此,对友好交互型政府网站而言,网站功能和网站互动成为影响城市品牌建设水平的重要因素。与此同时,网站互动的实现,网站功能的发挥都需要网站设计的支撑,因此网站设计的作用不容忽视。相比之下,形象展示的意识在该类城市中早已成为共识,因此该类政府网站的形象展示因素在城市品牌建设中的作用不如其他三个因素。

(五)形象指向型政府网站回归分析的结果与讨论

形象指向型政府网站回归模型的自变量方差膨胀因子均小于 2.5,DW 值为 2.08,多重共线性和序列相关检验的值都在正常范围内,逐步回归分析的结果如表 6 - 11 所示。

表 6 - 11　形象指向型网站回归模型的标准化系数表

自变量 模型	网站功能	网站设计	网站互动	形象展示
1	0.109			
2	0.064	0.123		
3	0.062	0.124	0.041	
4	0.269	0.155	0.044	0.492 *
R Square	0.012	0.025	0.027	0.165 *
R Square Change	0.012	0.013	0.002	0.139 *

因变量:城市品牌指数

* :p<0.05

* * :p<0.01

　　由表 6 - 11 可知,以城市品牌指数为因变量,网站功能、网站设计、网站互动、形象功能四个变量均可以进入回归模型,模型的显著性水平小于 0.05。相应的 R^2 为 0.165,显著性水平小于 0.05,模型解释了自变量变异的 16.5%,具有一定的解释力。四个变量中,仅有形象展示的回归系数是显著的。

　　可见,对于形象指向型政府网站而言,形象展示在城市品牌建设中的作用十分重要。这也是该类政府网站区别于信息发布型政府网站的特色所在。突出的形象意识,良好的形象规范,有助于提升该类网站所在城市的品牌形象,促进城市品牌的发展。

(六)形象协同型政府网站回归分析的结果与讨论

　　形象协同型政府网站回归模型的自变量方差膨胀因子均小于 2.5,DW 值为 2.21,多重共线性和序列相关检验的值都在正常范围内,逐步回归分析的结果如表 6 - 12 所示。

表 6 - 12 形象协同型网站回归模型的标准化系数表

模型＼自变量	网站功能	网站设计	网站互动	形象展示
1	0.258 *			
2	0.263 *	0.085		
3	0.357 *	0.144	0.418 *	
4	0.361 *	0.992	0.657 *	0.148 *
R Square	0.067 *	0.074	0.368 *	0.563 *
R Square Change	0.067 *	0.007	0.294 *	0.195 *

因变量:城市品牌指数

* :p＜0.05

* * :p＜0.01

由表 6 - 12 可知,以城市品牌指数为因变量,网站功能、网站设计、网站互动、形象功能四个变量均进入回归模型时,模型的显著性水平小于 0.05。相应的 R^2 为 0.563,显著性水平小于 0.05,模型解释了自变量变异的 56.3%,具有较好的解释力。四个变量中,网页设计回归系数不显著,其他三个变量的解释力水平由高至低依次是网站互动(回归系数为 0.657)、网站功能(回归系数为 0.361)、形象展示(回归系数为 0.158)。

对于形象协同型政府网站而言,网站互动成为该类网站影响城市品牌建设水平的重要因素。良好的网站互动有助于提升网站用户的使用体验,促进用户对整个城市其他网站的浏览热情,进而提升用户对城市良好形象的主观感知。此外,良好的网站功能也是该类网站影响城市品牌建设水平的另一重要因素,因为网站互动的效果离不开网站功能的支持。在该类政府网站中,形象展示因素也会对城市品牌建设水平产生影响,只作用相对于网站互动和网站功能这两个因素要弱一些。这可能是因为形象协同型政府网站中城市网络营销协同所带来的整体形象或许更受关注,而网站自身形象展示因素的影响可能就因此而显得不十分突出。

表6-13汇总六类政府网站对城市品牌发展的主要影响因素。

表6-13　六类政府网站对城市品牌建设水平的主要影响因素

网站类型	网站功能	网站设计	网站互动	形象展示
信息发布型政府网站		√		
浏览便利型政府网站	√	√		√
服务宣传型政府网站	√			√
友好交互型政府网站	√	√	√	
形象指向型政府网站				√
形象协同型政府网站	√		√	

可见,不同类型的政府网站对城市品牌建设水平的影响因素也各有差异。基于城市品牌的视角,这些因素也正好为设计促进各类政府网站的优化,使之更有效地贡献于城市品牌建设的相关策略提供了思考的基点。因此,下一章将围绕六类不同政府网站对城市品牌建设水平的影响因素,分别探讨促进各类政府网站建设的管理策略。

本章小结

影响城市品牌战略的主要管理因素已在前面章节提出的城市品牌飞轮模型中得到了高度凝炼的概括,而政府网站正是其中城市品牌沟通这一影响因素的一个重要方面。本章就城市政府网站中影响城市品牌建设水平的因素展开了深入研究,以期为设计优化政府网站的管理策略提供基础,使城市政府网站更好地为城市品牌的发展服务。

　　本章探讨了政府网站在城市品牌建设中的重要作用：首先，政府网站是传播城市品牌信息的权威渠道；其次，政府网站是城市外部顾客了解城市服务特色的重要媒介；再次，政府网站为城市内部营销提供了平台；最后，政府网站本身是构成城市品牌形象的重要元素之一。因此，有必要运用城市品牌的理念来思考政府网站建设的问题，为政府网站长远发展和全面优化提供一个更加创新而独特的视角。

　　最后，本章提出了政府网站的初始评价指标，并通过收集100个中国城市政府网站的主客观数据对评价指标的信度进行了检验，并在此基础上应用聚类分析和回归分析的方法对数据进行了分析。根据数据分析结果，本章提出了中国主要城市政府网站的六类发展模式：信息发布型政府网站、浏览便利型政府网站、服务宣传型政府网站、友好交互型政府网站、形象指向型政府网站和形象协同型政府网站，分别阐述六类政府网站的发展特色。在此基础上，本章进一步通过逐步回归分析，分别研究了六类政府网站中对城市品牌建设水平的影响因素，为后续章节中有关政府网站建设策略的提出奠定了基础。

第七章 基于城市品牌的
政府信息化策略

城市品牌与政府信息化之间的联系使得在讨论政府信息化问题时,可以从城市品牌的视角获得更加宏观和新颖的理解。如果能够参照城市品牌的相关理念,比如基于城市自身的特色来进行识别和定位,基于共同发展的目标来进行组织与协同,基于城市的需求来进行沟通和传播等,那么政府信息化或许可以在更加宽广的领域得到推崇,并且可能会以更加人性化和富有亲和力的形象展示在社会公众面前。如果能够以城市品牌的理念来思考政府信息化,那么政府信息化推行当中遇到的文化冲突或许会变得更加容易调和,政府信息化实施当中碰到的目标分歧或许会变得更加容易协同,政府信息化开展当中遭遇的管理问题或许会变得更加容易解决。

上一章基于城市品牌的理念,构建了政府信息化中政府网站的评价指标,借助该指标体系对政府网站的发展模式进行了分类,并针对六类不同政府网站探讨了影响城市品牌建设水平的主要因素。本章将重点围绕政府信息化中政府网站的建设策略展开讨论,而之前的研究发现将会为此提供可靠的支持。

第一节　信息发布型政府网站建设策略

由于信息发布型政府网站处于网站建设的初级阶段,各项指标的表现水平都相对较低,因此,网站建设的重点在于网站的基础设计上,居于核心的是政府网站信息内容的组织。网站设计者应对网站发布的信息进行界定和收集、分类和筛选、标引和标识等处理,使信息具有人为的、科学的、合理的结构,使公众能根据特定需要,通过网络检索工具所提供的检索手段,获取所需信息。

政府网站信息内容组织者要对网站信息内容涉及的业务部门、机构、领域等进行详细的解读,权衡与分析网站拥有者和使用者之间的利益,确定网站信息内容的界限范围,收集范围内所有信息内容,对收集到的信息进行去粗取精、分析筛选,并建立起信息内容之间的关联,形成有效获取信息的渠道,实现公众对网站信息的有序化识别和查找。

1.对政府网站信息加以界定和收集。

这类政府网站建设者应通过对政府业务部门信息组织机构、相关信息内容和信息市民(信息的拥有者和使用者)的研究分析,获取原始的、基本的、广泛的信息源。而后,围绕政府网站建设的目标和应用系统中处理的公共事务信息流和政务咨询信息流,通过与相关政府部门的反复审核,确定政府信息资源能够发布的范围,最大化地兼顾政府信息资源安全和市民需求。

2.对政府网站信息进行分类和筛选。

通常政府网站信息的主要内容包括:国家和地方的宏观政策和法规信息、网上办公业务指示与实现信息、定期的公示信息(如批准资助的项目及承担者名单)、相关便民服务信息等。对网站信息内容进行分类和筛选,一般依据上述主要成分进行大类的划分,但这样的分类只能从宏观上界定内容范围,并不能明确直观地反映信息的基本价值以及信息内容的类别和层次关系。只有对每个大类中信息内容的属性或特征进行区分和聚类,并将区分的结果按照一定的次序进行组织,才能使网站信息内容进一步得以明晰。分类和筛选的过程主要分为三个步骤:首先是对信息进行基本价值的判断,如真实性、权威性、时效性、实用性判断等;其次是建立分类体系,如在划分大类的基础上进一步划分出组织机构、宏观动态、政策与法规、办公流程、项目申报、政务公开等细分类别的内容,通过层层划分,建立起一个逐级展开的政府网站信息内容分类体系;最后是对划分的各类信息进行筛选,即进行选择、整理、提炼等工作,形成各种标题、目录和摘要等信息标签,使之成为检索系统中标引和排序的基础。

3.对政府网站信息实施标引和标识。

对政府网站信息实施标引和标识就是对专题内容进行主题分析、综合分析,结合网站容量和公众实际需求,进一步对网站信息进行加工、排序和编制,最终用约定的词汇和规则形成提供检索接口的标识的信息内容处理过程。标引工作所形成的主题概念不仅对形成网站信息内容层次结构起关键作用,还会对为网站推广设计 Meta 标签起到直接作用,直接形成搜索引擎对网站访问的关键词和简要描述。标识则可以直接为建立网站的全文检索服务,同时为建立网站信息内容数据库管理系统提供基础。

4.建立公共服务事项目录并搭建网上办事制度。

除了做好网站的信息组织这一基础性工作之外,基于城市品牌的相关理念,信息发布型政府网站还应努力推动网上办事服务的形成和深化。为此,这类网站急需制定统一的规划,理顺行政审批事项公开制度、网上办理流程,建立统一的公共服务事项的公开目录。设立多元化导航模式,在技术实现方式上,树立以"市民"为中心的理念,并健全网上办理工作制度。相应地,当地政府信息部门应努力协调网站前台受理和业务部门具体办理的工作程序,完善办理与受理的多方面互动渠道,在流程规范上,重点建立并完善办理工作制度、反馈制度、告知制度、年度考评制度和通报制度。

第二节　浏览便利型政府网站建设策略

　　浏览便利型政府网站在语言选择、内容丰富性、界面友好度、设计美学以及用户黏度方面表现出色,这类网站的建设策略应着重于提升市民浏览的便利性,确保市民使用最少的资源损耗获取所需信息,从而形成该类政府网站的特色,促进相应城市品牌的建设。该类型的网站建设重点可以从以下五个方面着手。

　　1.明确网站的功能定位。

　　功能定位是政府网站建设的基础和关键,是确定网站技术功能开发与信息内容设计的重要依据。虽然一些浏览便利型政府网站发展迅速并取得了一定成绩,但总是或多或少存在着定位不清晰、目标不明确、重点不突出等问题,制约其网站功能的充分发挥。政府网站的本质要求是实现政府的公共服务职能,"为民、便民、利民"是建立政府网站的基本出发点。因此,这类政府网站的功能定位应是作为发布政务信息的窗口、畅通政民渠道的桥梁、在线为民办事的平台,全方位实现公众的便利使用。这类政府网站应沿着这一功能定位,不断整合资源,完善服务方式,改进互动方法,调整栏目格局,优化网页总体布局,强化安全保障,创新管理机制,以实现功能定位的精确化和政府管理的人性化,使政府网站真正成为促进政府职能转变、实现管理型政府向服务型政府转变的重要举措,成为提高城市品牌建设水平的重要工具。

2.搭建便利的网站服务架构。

便利的网站服务架构要求政府相关部门的审批、审核等办公事务能够实现互联互通,力争做到无缝连接。因此,便利的网站服务是在充分整合、利用现有网络资源的前提下,采用先进的信息技术,建设标准统一、功能完善、安全可靠的信息网络基础设施和一个跨部门、一体化、支持前台(政府网站)和后台(包括政府内部管理信息系统、电子办公系统、数据库、安全平台和业务平台以及决策支持系统等)无缝集成的智能化综合系统。搭建便利网站服务架构的关键在于实现网上跨部门协同,而这是建立在业务梳理、资源整合、流程优化和信息共享的基础之上的。

3.创建和完善政府网站查询功能。

网站中的查询功能在发达国家和地区城市的政府网站中往往被摆在显眼的位置,大多在主页右上方的图标或在导航栏里。另外,这些政府网站的查询功能设置细微,查询内容广泛,如在美国联邦政府网站中,有一般查询和高级查询,还有查询技巧的帮助提示,其中高级查询功能包括关键词的精确匹配、模糊匹配、查询的语种、查询的文件类型、是否限制在某个网站中,还可选择地域、每页显示数目等,很多选项都是当前大多数中国政府网站查询页面中没有的。再比如,加拿大政府网站的查询功能中还可以输入查询的起止时间,并在查询结果中显示页面的大小和最后修改日期。

查询功能的强大与否,是影响整个网站便利性的重要因素。浏览便利型政府网站要持续提升访问者的使用便利感,并以此来为促进相应城市品牌的发展做出贡献,就必须创建并完善其查询功能。

4.提供高效的搜索引擎和及时的访问帮助。

浏览便利型政府网站要真正实现服务的目的,还要为公众提供高效的搜索服务。公众并不是信息检索专家,难以利用复杂的公式或检索方法来搜索需要的信息,这就要求政府网站提供智能型搜索引擎,在搜索关键词的同时,提供主题相关信息和服务。除了搜索引擎之外,浏览便利型政府网站还要为访问者提供及时的访问帮助。仅提供一个帮助标签来介绍网站的使用方法只能帮助初次来访的公众了解网站的基本情况,无法有效地解决使用中的细节问题。真正及时的访问帮助是要在每个功能模块下设置针对性的帮助标签,并且每个栏目都提供注解和说明,甚至提供即时通信工具,为公众提供实时的咨询服务,让公众在访问政府网站的过程中得到最为便利的体验。

5.提高网站在线服务的集成化。

在线服务是政府网站的一项主要功能。要提升浏览便利型政府网站的便利服务特色,就必须进一步增强在线服务的集成化。首先,要努力构建统一的集成服务界面。目前,政府各职能部门基本上已经建立起相应的网上办公系统,但存在很大的局限性,大多都没有统一的规范和标准且不能与政府网站相互衔接,所以,如何使政府网站与政府职能部门在线服务建立统一规范的服务界面是关键。其次,要进行数据、处理功能以及服务的集成。数据集成是对政务信息系统产生的数据,尤其是对那些已经不在运行状态的所谓遗留数据进行改造,使其可以用一致的方式访问到。处理功能集成的目的是从公众的需求出发,把分散在多个政务信息系统中的处理功能串联起来,形成一个整体化的、面向公众需求目标的系统。服务集成是伴随着技术集成,对办事流程进行简化、规范化和优化,将公众原来办理业务所涉及的多个政务信息系统,通过信息技术去除其中的重复、冗余和人工延迟,变成一个能提供一致、高效服务的应用系统。

第三节 服务宣传型政府网站建设策略

服务宣传型政府网站重在通过提升网站的服务质量,优化网站的宣传效果来扩大相应城市品牌的知名度和美誉度,推动城市品牌建设的深化。具体来说,相关部门和管理机构可以从以下四个方面来重点加强这类网站的建设。

1.注重网站与公众的互动交流及其功能服务的优化。

上一章的研究表明,对于服务宣传型政府网站而言,网站功能和网站互动是其影响相应城市品牌建设水平的重要因素。因此,这类网站的建设重点首先在于对与公众互动交流及功能服务优化的重视。这方面,一些发达国家和地区城市政府网站的做法就非常值得借鉴。这些政府网站很注重与公众的交流,本着公众至上的思想提供服务。比如,在美国联邦政府网站上方的导航栏里,FAQ(常见问题)、帮助、关于我们三个栏目是为方便市民使用网站的,在任何页面,市民对于不太清楚的操作,都可以随时点击"帮助"、"FAQ"或"给我写信"等栏目得到所需信息。如果点击"关于我们",输入要邮箱地址和邮件内容,所有邮件将在两个工作日内回复。再比如,新加坡政府网站有一项统一的接受市民反馈的业务,公众发往政府各个部门的意见、建议、反馈等都通过网站提供的统一格式的表单进行。网页上还有"评价我们的网站"栏目,公众可对网站信息是否容易理解、是否满足市民需求和所提供信息的满意度进行不同程度的评价,通过与公众的互动交流来不断优化网站的功能服务。

2.采取问题导向的场景式服务设计。

为了提升服务质量,服务宣传型政府网站可以针对特定主题、公众群体进行场景式服务设计。网站可以为公众提供多项场景选择,公众可以根据自己的实际境况选择场景进入,以获取高度针对性的服务。以荷兰政府网站为例,该网站以荷兰移民为主题,针对驻留荷兰,设置了五个场景:"我想来荷兰"、"我想带人来荷兰"、"我想成为一个荷兰公民"、"我想留在荷兰"、"我想离开荷兰"。这种问题导向的场景式设计,将着眼点从部门职能转移到公众需求,并主动对公众需求进行界定,以提供高度针对性的服务,极大地方便了公众的使用,提高了网站的服务效率。

3.在信息发布方式上不断细化。

信息发布是政府网站的一项基本功能。对于服务宣传型政府网站而言,在信息发布方面除了做好信息内容的筛选和组织之外,还要将信息发布方式不断细化。这方面,一些发达国家政府网站的做法往往可以给中国城市提供很好的范例。以瑞典政府网站为例,其网站在首页设置了"发布区"、"信息发布"两个栏目,前者将政府各项法律法规、政策文件做了全面的公开发布,后者为公众提供了大量的政府咨询和新闻信息。进入"信息发布"栏目后,访问者会发现它被分为"信息分类"和"信息展示"两个区域,公众可以通过清晰的栏目导航和强大的搜索引擎寻找所需信息。同时,网站还为公众设置了"访问设定"栏目,公众可以根据此项服务提供的功能,从自身的需求出发定制网站的显示方式、设置热键等。此外,网站还考虑到不同群体的信息获取需求差异,专门设置了"听网站"的按钮,通过点击相应的按钮,公众可以自由选择朗读的速度、内容以及进度。

4. 不断提高网站的认知度。

对于以服务信息的发布和宣传见长的服务宣传型政府网站,在不断改进网站自身服务宣传功能的同时,相关政府部门还应采取多种措施来加强对这类网站的宣传推广,以不断增进公众对政府网站的了解,提高网站的认知度。为此,相关机构一方面可以在传统媒体中投放广告以宣传政府网站;另一方面可以采取适当的激励措施,鼓励公众访问政府网站。例如,某城市政府网站曾举办了"关于征集年度政府工作报告建议"的活动,若能采用一定的激励措施,在此类活动中对提交较好建议的市民给予一定的奖励,不仅可以提高市民的参与热情,还能够对政府网站起到很好的宣传作用。此外,可以用专题项目形式,不定期的就当地涉及公众利益的重大事项,开展网上征集、网上听证等活动,在加大公众对区域公共政策制定过程和行政管理过程参与的同时,进一步宣传推广政府网站,增进公众对政府网站的认同和使用。

第四节　友好交互型政府网站建设策略

友好交互型政府网站的建设重点在于强调网站的交互功能,营造良好的互动氛围,促进政府与公众的双向互动,甚至可以尝试提供个性化的网络体验。相应地,政府网站的相关管理机构可以从以下四个方面来提升这类网站的建设工作。

1.建立网站管理的持久机制。

要实现友好交互型政府网站服务水平的不断提高,就需要建立起网站管理的持久机制。一方面,要结合当地的实际情况,从制度、组织、人员和经费等方面对政府网站建设予以保障。例如,北京市政府就设立了"首都之窗"政府网站的运行管理中心,负责北京市政府网站的运行和维护。另一方面,还应设立监督机构,不定期地检查政府网站的更新、维护、管理情况,并将监督结果纳入每年的政府网站绩效评价中,以监督推动网站的建设。总之,上一章的研究表明友好交互型政府网站在各项指标上的表现均位于同类政府网站的前列,因此这类网站要想获得功能品质的不断改进,就需要建立并完善相应的资源投入和监督反馈的持久机制。

2.完善公众意见处理与维护制度。

完善公众意见处理与维护制度是网站互动得以顺畅的根本保障,为此,需要重点把握好三个方面:一是要成立互动栏目的管理团队,明确一线工作人员的职责与权限,做好各个互动栏目与公众的日常交流,尽量使政府的响应更加贴近公众的实际需要;二是要完善受理公众意见部门的交接与处理程序,减少中间层级,使涉及政府各部门的问题能够及时通过互动栏目转接到相关部门,提高网站互动的时效性;三是要设定事项办理的信息反馈周期,并形成相应的责任机制,保证公众的问题和意见在规定的时间内得到及时而有效的处理。

3.持续提高网站的互动性。

互动性是友好交互型政府网站区别于其他类型政府网站的一大差异化优势,因此这类网站应通过应用各类先进的信息技术手段来持续提高其与访问者的互动水平。例如,友好交互型政府网站可以通过采取 Web 2.0 技术的相关应用来有效组织整合各个政府部门网站的信息资源,并使每个访问者在作为政府网站信息获取者的同时也成为网站的信息提供者,从而不断促进政府网站与公众之间的互动,增强公众的参与感。Web 2.0 的服务和应用主要有 blog(博客)、RSS(聚合资讯)、SNS(社会网络)等。如果将博客应用于政府网站,就可以极大提高公众的参与度,增强政府官员与公众的直接交流。比如,一个城市的政府网站可以开通"市长博客",一方面可以将市长的理念、讲话、活动情况用图片、音频、视频等以博客的形式公之于众,另一方面也可以让公众在"市长博客"中发表自己的见解,从而极大调动其参与当地城市品牌管理的积极性。

4.尝试提供个性化的网站在线服务。

个性化服务是以公众满意为中心、为不同的公众提供不同的服务,是一种具有差异性、主动性、动态性的服务。尝试提供个性化的网站在线化服务是进一步提升友好交互型政府网站服务质量和品牌形象的一个重要方面。政府网站在线服务的个性化包括个性化服务模块与个性化服务内容,而内容是个性化在线服务的重点。这方面,一些发达国家和地区城市政府网站的做法可资借鉴。比如,开辟公众个人空间,允许公众注册个人账户,在个人账户中设立个人目录,与政府网站中信息资源目录相应类目建立链接,并可以实现链接的随时更改;为公众定制个性化订阅服务,公众可以针对各自不同的需要,选择恰当的信息订阅频率,订阅自己所需的内容;为公众提供个人储存平台,使市民可以在个人账户里建立"我的政府信息文摘",搜集自己需要的各种信息,并按照自己的分类列入相应的类目,等等。总之,友好交互型政府网站应该重视个性化服系统的研发工作,推广个性化网站在线服务模式,持续提高公众对政府网站服务的满意度和对相应城市品牌的认同水平。

第五节　形象指向型政府网站建设策略

形象指向型政府网站的建设重点应突出品牌形象设计规范化方面的特色,加深公众对相应城市品牌形象的认知,扩大网站的影响力。为此,相关政府部门可以从以下四个方面着手开展该类网站的建设工作。

1.改进网站信息服务方式。

上一章的研究表明,对于形象指向型政府网站而言,形象展示要素是影响网站所在城市品牌建设水平的重要因素。因此,这类网站应通过多种方式积极突显其形象意识,展示其形象规范。在网站信息服务方面,这类政府网站应改进现有的信息服务方式,使之由被动型向主动型转变。比如,通过采用个性化信息推送技术,政府网站可以根据公众不同的信息需求主将个性化信息推送到公众界面,让公众根据自己的喜好去选择和组配。这样既以提供满足大多数访问者的政务需求信息服务,又能够一对一地满足每一个访问者的特定信息需求,从根本上改变"政府提供什么,公众接受什么"的传统信息服务方式,围绕"公众需要什么,政府提供什么"的思想展开信息服务,从而大大提高信息服务内容和方式的主动性。

2.建设区域特色网站。

形象指向型政府网站的建设要突出地方特色和品牌特色,更好地服务于当地社会经济的发展。首先,在网站的形象设计方面,应利用色彩的配合和图形的设计,增加网站的亲和力,给公众良好的视觉体验;其次,在网站功能模块的设置方面,要力求简洁,而不是将信息毫无筛选、杂乱无章地堆放到网站上。比如对于旅游资源丰富的城市,政府网站的功能模块设置就要重点突出城市的人文特色和自然资源,建立并完善相关栏目,以图片、文字、视频等多种形式整合旅游基础信息,全面、详实地介绍旅游线路,健全吃、住、行、游等环节的相关旅游服务事项办理和网上投诉监督反馈机制,真正做到既利用网络推动本地的旅游经济发展,又能便捷、全面地提高旅游管理和服务。

3. 实施栏目品牌化策略。

形象指向型政府网站在品牌意识方面的优势不仅要体现在整个网站本身,更要落实到网站的具体栏目上,实施栏目品牌化策略。事实上,拥有多个品牌栏目的政府网站本身就是一个大品牌。比如武汉建设网的视频建设报道就是品牌栏目,该栏目有自己的播音员,每周上线一期,根据这一周武汉建委系统的所有重大活动,通过视频展示给大家,既生动又直观,一直是该政府网站里点击率最高的栏目。再比如该网站的建设新闻栏目,第一时间反映武汉市的建设新闻,有的新闻发布甚至早于武汉市的主要媒体,成为很多其他媒体转载武汉建设新闻的主要来源。

4. 提升网站硬件资源的活力。

形象指向型政府网站在内容建设方面个性化、特色化、品牌化策略的应用和推进必然会对网站的硬件资源提出更高的要求。为此,这类网站应努力消除长期以来政府在网站建设过程中的资源浪费,提升网站建设中的硬件绩效,保持网站硬件资源的活力。一方面,相关政府部门要配置灵活、可靠以及可升级的网站基础设备,以迎合"成长型"政府网站建设的必然趋势;另一方面,相关政府部门还要及时、定期对网站基础资源进行升级,从根本上保障政府网站系统硬件资源的活化。一般地,网站升级的方法主要有两个:一是以共享或免费软件平台为核心设计政府网站的应用软件,这样既不需要额外增加核心软件的开发人员,而且在升级时可以无成本地转移到其他更优越的平台;二是建立负载平衡机制,使政府网站的各项服务形成一个逻辑系统,在增减或修复某个具体部件时不需要变更整个操作系统。总之,只有为政府网站配置更加灵活可靠且可升级的网站基础设备并及进对网站的基础资源进行升级,形象指向型政府网站才能实现网站硬件资源活力的不断提升。

第六节　形象协同型政府网站建设策略

形象协同型政府网站的建设重点在于促进多个网络平台的营销协同,打造良好的整体形象,提升公众使用网站的便利感和满意度。由此,以下四个方面的工作将是提升这类网站服务绩效的重要内容。

1. 优化网站的组织形式和管理体制。

随着政府网站建设的纵深推进,信息技术参与政府治理已成为必然趋势,与此同时,政府网站的有效组织与管理问题也逐渐引起人们的关注。目前,形象协同型政府网站在组织形式方面还有待进一步明晰:一方面,城市政府网站整体的建设结构比较松散,每个部门都在建设网站,建设成本高,财政负担重;另一方面,由于政府网站前台服务与各部门、机构网站后台数据库之间缺乏有机联系,导致数据格式、技术实现和管理形式不统一,信息资源多元、异构、分散,网站之间不能有效地共享信息,形成了一个个"信息孤岛",信息资源整合难度增加,不利于政府网站的可持续发展。为了提升这类网站的服务效率,有必要进一步理顺政府网站与当地各部门、机构网站的组织关系,将相关机构进行整合,组成推进政府网站建设与管理的专业职能机构。

2.提高政府部门间在线协同处理的能力。

上一章的实证研究表明,对形象协同型政府网站而言,网站功能是对这类网站相关城市品牌形象产生影响的重要因素之一。结合这类网站的特点,其网站功能的改善和提升的关键在于保持其在营销协同方面的优势,核心是是持续提高政府部门间在线协同处理的能力。事实上,在公众心目中,找政府办事的理想方式是不需要了解政府各部门的职能划分,不需要了解政府组织的复杂结构和关系,不需要了解某项事务应由哪个政府部门负责,只需要通过政府网站一站式导航功能,一次性提交办事材料,便可以完成所需办理的事项,或者可以进入到政府的相关部门网站,访问或者检索到各级政府提供的政务信息和服务项目。要实现公众的这一理想,就需要整合信息资源,建设标准规范、入口统一、功能完善、高效快捷、安全可靠的网站应用系统和基础平台。从当前的实践发展来看,为公众提供一个单一的申请渠道,所有要跨部门、跨机关申请办理的事项都由系统自动处理,是大多数发达国家政府网站建设的一个趋势。为此,需要当地政府优化业务流程,整合审批资源,提升跨部门业务的协同与信息共享程度,简化公共服务程序,提高不同政府部门之间的网上协同办公能力,使公众可以更方便地得到政府提供的信息和服务,改善政府的公共服务能力和社会公众的满意程度。

3.实施政府网站群的规划与建设。

营销协同、形象规范、形象推广等方面的突出表现是形象协同型政府网站的特色所在。为了进一步增强这类网站的这些特色优势,特别是持续提升这类网站的营销协同水平,有必要实施政府网站群的规划与建设。建设政府网站群是整合政府信息资源,加强各城市政府网站与当地各部门、机构网站之间信息共享的有效方式。政府网站群的建设是基于对分散的政府信息资源进行有效的整合,通过统一规划、统一部署、统一管理,最终使得政府网站与当地各部门、机构网站之间不再是简单的链接关系。政府网站群的建设关键在于以资源整合为中心,以统一规划、集中与分布相结合的建设模式,在系统分析网站群中各个组成网站的服务对象及相关需求的基础上,建立起政府网站与当地各部门、机构网站之间统一的服务管理与导航机制以及统一的信息资源共享和交换机制。

4.强化网站安全体系的建设。

形象协同型政府网站已有的营销协同意识,以及拟开展的旨在增强不同政府部门、机构之间协同处理能力的一系列组织关系、管理制度方面的优化举措和网站群建设规划,在为这类网站带来区别于其他类型政府网站的差异化服务优势的同时,也使之面临来自互联网和线下环境中日益严峻的安全威胁。因此,为保障这类网站服务品质的稳定,需要进一步强化网站安全体系的建设。一方面,要采用先进的安全技术。政府网站建设与管理机构可以采用关键字过滤技术、安装防病毒网、关互联网涉密信息检查系统等技术手段,做好网站的信息安全保密工作;采用网络安全控制技术,安装防火墙、入侵检测系统等,加固网站服务器部分的网络安全防护。另一方面,还要完善相应的安全管理制度。相关政府部门和管理机构应建立起网站安全保障、信息安全保障、系统安全保障、安全审计、病毒及有害信息防治等配套工作制度,建立并完善预警和应急处理工作机制。总之,近年来网络安全问题日益突出,形象协同型政府网站需要应用更加先进的安全技术,并搭建起相配套的安全管理制度来提升网站的安全水平,为公众提供更加稳定可靠的网站服务,增强公众对安全使用政府网站的信心,促进其对相应城市品牌形象产生更加积极的品牌联想。

本章小结

政府信息化的一个重要目标就是要借助信息技术的应用来实现政府公共服务的无缝提供,而政府网站正是实现这一目标的重要平台。在很大程度上,政府网站的发展状况也由此成为衡量政府信息化水平高低的重要指标。因此,本书对于政府信息化策略的讨论,主要是以其中的政府网站建设为切入点和关注重点。

政府网站建设问题自政府信息化问题出现伊始就为理论界与实务界所津津乐道。一直以来,相关领域的行业专家和学者都从各自的研究领域出发,针对政府网站发展中遇到不同挑战提出过很多精妙的观点和建议。本章基于城市品牌的视角来看待政府信息化中政府网站的建设与发展问题,以政府网站中影响城市品牌建设水平的主要因素为思考基点,分别探讨了信息发布型政府网站、浏览便利型政府网站、服务宣传型政府网站、友好交互型政府网站、形象指向型政府网站和形象协同型政府网站等六类不同发展模式下的政府网站的建设策略。

参考文献

中文文献

陈建新、姜海:《试论城市品牌》,《宁波大学学报》(人文科学版)2004年第2期。

陈韦妢:《地区营销与城市竞争力营造之研究》,立德管理学院地区发展管理研究所硕士论文2003年。

陈莹:《长春市城市品牌塑造中的传播策略研究》,东北师范大学硕士学位论文,2007年。

戴维·阿克:《管理品牌资产》,机械工业出版社2006年版。

但昭强:《高雄市都市营销的实践与展望》,(高雄)中山大学公共事务管理研究所在职专班硕士论文2002年。

丁芸:《首都经济与城市品牌》,《经济与管理研究》2006年第3期。

杜青龙:《中国城市品牌理论与实证分析》,西南交通大学硕士学位论文2004年。

杜青龙、袁光才:《城市品牌定位理论与实证分析》,《西南交通大学学报》(社会科学版)2004年第5期。

杜青龙、袁中华、潘明清:《拉萨市城市品牌化战略浅析》,《经济问题探索》2006年第6期。

樊传果:《城市品牌形象的整合传播策略》,《当代传播》2006年第5期。

范斌:《中国政府信息化发展的障碍分析及对策建议》,《内蒙古民族大学学报》2007年第4期。

方丽:《城市品牌要素指标体系》,《技术与市场》2005年第5期。

菲利浦·科特勒等:《科特勒看中国和亚洲》,海南出版社2002年版。

菲利普·科特勒:《营销管理》,中国人民大学出版社 2002 年版。

菲利普·科特勒:《国家营销》,华夏出版社 2003 年版。

符敏慧、郭琳:《试论政府信息公开与政府网站的良性互动》,《情报科学》2004年第 4 期。

郭国庆、钱明辉:《市场营销学通论》(第三版),中国人民大学出版社 2007 年版。

郭国庆、钱明辉、吕江辉:《打造城市品牌　提升城市形象》,人民日报 2007 年9 月 3 日。

郭志刚:《社会统计分析方法——SPSS 软件应用》,中国人民大学出版社 1999 年版。

韩冰雨:《后奥运北京城市品牌经营》,对外经济贸易大学硕士学位论文 2007年。

洪绫君:《公私协力推动地区营销之研究——以高雄市 1984 及 1985 年都市营销事件为例》,(高雄)中山大学公共事务管理研究所硕士论文 1997 年。

侯杰泰、温忠麟、成子娟:《结构方程模型及其应用》,教育科学出版社 2004 年版。

胡浩、徐薇:《论地区营销中的品牌化战略》,《青岛科技大学学报》(社会科学版)2004 年第 1 期。

黄江松:《塑造中国城市品牌的思考》,《湖北社会科学》2004 年第 9 期。

黄琴、孙湘明:《城市品牌定位的视角探析》,《湖南文理学院学报》(社会科学版)2007 年第 1 期。

黄蔚:《论城市品牌》,《城市发展研究》2005 年第 3 期。

黄志华:《论城市品牌与商品品牌的联系和区别》,《包装工程》2005 年第 4期。

吉福林:《论打造城市品牌》,《商业研究》2004 年第 24 期。

江振娜:《中国区域(城市)品牌研究综述》,《福建行政学院福建经济管理干部学院学报》2005 年第 4 期。

姜智彬:《城市品牌的系统结构及其构成要素》,《山西财经大学学报》2007 年第 8 期。

姜智彬:《以城市品牌为导向的特大活动管理研究》,同济大学博士学位论文 2007 年。

蒋神州:《南宁城市品牌定位的思考》,《商场现代化》2007 年第 2 期。

景奉杰：《市场营销调研》，高等教育出版社 2001 年版。

雷战波、姜晓芳：《中国电子政务绩效评估发展综述》，《情报杂志》2006 年第
　12 期。

李朝明：《城市品牌建设思路探讨》，《商业时代》2006 年第 9 期。

李成勋：《关于城市品牌的初步研究》，《广东社会科学》2003 年第 4 期。

李光明：《企业品牌与城市品牌的异同及互动》，《城市问题》2007 年第 11 期。

李江虹、王方华：《城市品牌的衍生及其内涵》，《市场营销导刊》2006 年第 3
　期。

李俊霖：《武汉城市品牌定位探讨》，《太原城市职业技术学院学报》2007 年第
　1 期。

李银春：《广西首府南宁城市品牌的建设策略与实施》，《广西城镇建设》2005
　年第 7 期。

刘湖北：《中国城市品牌塑造的误区及对策》，《南昌大学学报》（人文社会科学
　版）2005 年第 5 期。

刘佩英：《论城市品牌与品牌城市的打造》，《当代经理人》2006 年第 9 期。

刘泉宝：《政府门户网站建设的若干问题研究》，《信息化建设》2004 年第 7
　期。

刘伟：《BBS 信息及其生产者的马太效应》，《文献信息论坛》2006 年第 3 期。

刘向晖：《破解城市品牌定位的治理难题》，《中国城市经济》2006 年第 1 期。

刘彦平、许峰、钱明辉、李妍嫣：《中国城市营销发展报告（2009－2010）：通往
　和谐与繁荣》，中国社会科学出版社 2009 年版。

刘彦平：《城市营销战略》，中国人民大学出版社 2005 年版。

刘彦平：《城市品牌建设之二：品牌管理》，《国际公关》2006 年第 4 期。

刘彦平：《城市品牌建设之三：品牌传播》，《国际公关》2006 年第 5 期。

刘彦平：《精准定位　奠定城市品牌化坚实基础——爱丁堡城市品牌定位经
　验剖析》，《中国城市经济》2007 年第 6 期。

龙森：《论十六大以来党的网络民主建设思想》，湖南大学师范学院硕士研究
　生论文 2005 年。

娄成武、张雷：《质疑网络民主的现实性》，《政治学研究》2003 年第 3 期。

吕振奎：《当前城市品牌塑造与提升的六个突出问题》，《黑龙江社会科学》
　2004 年第 5 期。

罗月领：《城市品牌的理论初探》，《天水行政学院学报》2007 年第 4 期。

马尔霍特拉:《市场营销研究:应用导向》,电子工业出版社 2006 年版。

马瑞华:《城市品牌与城市竞争力机制研究》,山东大学博士学位论文 2007 年。

马志强:《论区域可持续发展中的区域形象问题》,《商业经济与管理》1999 年第 6 期。

孟丹、姜海:《城市品牌开发研究》,《科技进步与对策》2005 年第 3 期。

倪鹏飞:《中国城市竞争力理论研究与实证分析》,中国经济出版社 2001 年版。

倪鹏飞等:《中国城市竞争力报告 No.5 品牌:城市最美的风景》,社会科学文献出版社 2007 年版。

钱明辉:《国外地区品牌理论研究综述》,《财贸经济》2007 年第 6 期。

沈懿、杨居正:《试论政府网站建设中的互动交流问题》,《信息化建设》2009 年第 7 期。

史建玲:《政府门户网站的功能及在电子政务中的作用》,《科技情报开发与经济》2003 年第 10 期。

孙丽辉、史晓飞:《中国城市品牌产生背景及理论溯源》,《中国行政管理》2005 年第 8 期。

孙琳琳、霍泓:《论城市品牌形象传播中的几个误区》,《理论界》2005 年第 3 期。

孙晓芳:《太原市城市品牌战略研究》,《中共山西省委党校学报》2006 年第 1 期。

斯科特·戴维斯:《品牌资产管理》,中国财政经济出版社 2006 年版。

滕赋骋:《电子治理:电子政务发展的方向与城市先行的机遇》,《公共问题研究》2009 年第 3 期。

汪玉凯:《中国政府门户网站建设及其评价》,《新视野》2003 年第 3 期。

汪玉凯:《2008 年电子政务发展展望》,《数码世界》2008 年第 3 期。

汪向东、姜奇平:《电子政务行政生态学》,清华大学出版社 2007 年版。

王纯:《武汉城市品牌研究》,武汉大学硕士学位论文 2005 年。

王芳:《桥头堡＋中国绿城＋民歌艺术节＋陆桥经济 南宁:一个打造城市品牌的成功范例》,《企业天地》2003 年第 2 期。

王华:《中国政府信息化及其面临的实践问题》,《科学之友》2007 年第 9 期。

王化:《城市旅游与城市形象的结合——打造桂林和谐魅力城市之方略》,《中国科技信息论坛》2005 年第 17 期。

王晖:《城市品牌战略的规划方法刍议——以内蒙古自治区包头市为例》,《经济与管理研究》2006 年第 3 期。

王铁静:《人文、自然与现代化的融合统一——北国江城齐齐哈尔创建城市品牌之路》,《人民论坛》2005 年第 3 期。

文静:《中国政府网站建设的现状与发展策略》,《硅谷》2008 年第 10 期。

吴春晖、蔡晓虹:《"帆船之都"——青岛城市品牌研究》,《设计艺术》(山东工艺美术学院学报)2007 年第 1 期。

吴智良:《论电子治理中公众参与程序的构建和完善》,电子科技大学硕士学位论文 2009 年。

相丽玲、苏君华:《中国政府网站建设中存在的问题与对策》,《中国图书馆学报》2002 年第 2 期。

肖洪莉、谢刚:《电子治理的现状分析与前景展望》,《沈阳工程学院学报》(社会科学版),2008 年第 4 期。

谢婉欣:《体验营销——更为新颖的营销模式》,《市场营销》2003 年第 4 期。

秀儿:《BBS 的用户规则》,《中国青年科技》1998 年第 1 期。

徐敏豪、施向农:《城市品牌营销有讲究》,《中华建设》2006 年第 11 期。

徐晓林:《政府信息化对社会变革的影响》,《光明日报》,2003 年 7 月 18 日。

徐颖:《个性化营销——21 世纪营销创新》,《经济管理》2003 年第 15 期。

许峰:《城市产品理论与旅游市场营销》,社会科学文献出版社 2004 年版。

颜海:《中国政府网站的建设现状及其发展》,《图书情报知识》2002 年第 4 期。

杨木容:《对省级政府网站个性化信息服务建设的调查研究》,《图书馆建设》2008 年第 3 期。

杨玉新:《关于中国城市品牌建设的思考——以大连城市品牌传播实践为例》,《商业经济》2007 年第 11 期。

阳翼、卢泰宏:《中国独生代价值观系统的研究:一个量表的开发与检验》,《营销科学学报》2007 年第 3 期。

尹启华、魏海涛:《城市品牌研究》,《湖南工程学院学报》(社会科学版)2003 年第 4 期。

尹岩凌:《城市政府门户网站建设》,《信息技术》2004 年第 12 期。

于宁:《城市品牌定位研究》,《市场营销导刊)2007 年第 Z1 期。

于秀林、任雪松:《多元统计分析》,中国统计出版社 1999 年版。

余明阳、姜炜:《城市品牌》,广东经济出版社 2004 年版。

余明阳、姜炜:《城市品牌的价值》,《公关世界》2005 年第 3 期。

张夫妮:《论城市旅游品牌的塑造与管理》,山东师范大学硕士学位论文 2004
　年。

张海波:《招远市实施"中国金都"城市品牌战略研究》,对外经济贸易大学硕
　士学位论文 2004 年。

张锐、张燊:《城市品牌理论研究综述》,《商业研究》2007 年第 11 期。

张挺:《区域品牌的价值评估》,复旦大学博士学位论文 2007 年。

张挺、苏勇、张焕勇、曹振华:《论区域品牌的营销》,《管理现代化》2005 年第 6
　期。

张卫宁:《现代城市形象的塑造与营销学理念》,《中南财经政法大学学报》
　2004 年第 3 期。

张文彤:《SPSSⅡ统计分析教程》(高级篇),希望电子出版社 2002 年版。

张燊、张锐:《城市品牌论》,《管理学报》2006 年第 3 期。

张燊、陈颖、张锐:《重庆城市品牌形象调查与分析——基于利益相关者感知
　的观点》,《重庆交通大学学报》(社会科学版)2007 年第 2 期。

张莹、沈文涓:《昆明城市品牌塑造的思考》,《市场周刊》(理论研究)2007 年
　第 11 期。

赵定涛:《区域形象设计的原则与方法》,《科学学与科学技术管理》2000 年第
　6 期。

赵焕芳、朱东化:《信息可视化在技术监测中的应用》,《情报技术》2005 年第
　12 期。

赵珑:《网络经济下——用户体验研究》,《商场现代化》2006 年第 7 期。

支军:《城市品牌定位的比较研究——以青岛、烟台、威海为例》,《江苏商论》
　2007 年第 2 期。

周宏仁:《电子政府:构造信息时代的政府》,《网络与信息》2002 年第 2 期。

周军:《中国政府网站 BBS 的管理研究》,贵州大学硕士研究生学位论文 2007
　年。

周文辉:《城市营销》,清华大学出版社 2004 年版。

周晓英:《万维网信息构建的过程和方法研究》,《情报资料工作》(中国社会科
　学情报学会学报)2005 年第 4 期。

朱至珍、杨力民:《城市营销:宁波未来赢得未来的战略方法》,中国旅游出版社 2006 年版。

庄翰华:《都市行销理论与实务》,建都文化事业股份有限公司 1998 年版。

外文文献

Aaker, D. ,1996. *Building Strong Brands*, New York: Free Press.

Aaker, J. L. ,1997. "Dimensions of Brand Personality", *Journal of Marketing Research*, 1,34: 347 - 356.

Aaker, D. A. and E. Joachimsthaler,2000. "The Brand Relationship Spectrum: Key to the Brand Architecture Challenge", *California Management Review*, 42, 4:8 - 23.

Agrawal, J. and W. A. Kamakura,1999. "Country of Origin: A Competitive Advantage?", *International Journal of Research in Marketing*, 16, 4:255 - 267.

Allan, M. S. ,2004. " Leadership-Key to the Brand of Place", Speech in Business-Forum 2004-Great Leaders Good Leaders, 28 September.

Allen, G. ,2007. "Place Branding: New Tools for Economic Development", *Design Management Review*, 18, 2:60 - 68, 91.

Anderson, B. ,1983. *Imagined Communities*, *Reflections on the Origins and Spread of Nationalism*,London: Polity Press.

Anderson, J. C. and D. W. Gerbing,1998. "Structural Equation Mmodeling in Practice: A Review and Recommended Two-step Approach", *Psychological Bulletin*, 103, 3:411 - 423.

Andersson, M. , 2007. "Region Branding: The Case of the Baltic Sea Region", *Place Branding and Public Diplomacy*, 3, 2:120 - 130.

Anholt, S. ,2002. " Nation Brands: the Value of 'Provenance' in Branding", in Morgan, N. J. ,A. Pritchard and R. Pride, *Destination Branding : Creating the Unique Destination Proposition*, Oxford: Butterworth-Heinemann, 42 - 56.

Anholt, S. , 2003. *Brand New Justice: The Upside of Global Branding*, Oxford: Butterworth-Heinemann.

Anholt, S. , 2005. "Some Important Distinctions in Place Branding", *Place*

Branding, 1, 2:116 - 121.

Anholt, S. and J. Hildreth, 2005. " Let Freedom and Cash Registers Ring: America as a Brand", *Place Branding*, 1, 2:164 - 172.

Anholt, S. ,2006. "The Anholt-GMI City Brands Index How the World Sees the World's Cities", *Place Branding*, 2, 1:18 - 31.

Ashworth, G. and H. Voogd, 1990. *Selling the City*, London: Belhaven.

Asmussen, B. , 2002. " The Brandscape Approach-Developing a Balanced Stakeholder-oriented Approach to Corporate Brand Management", unpublished MA dissertation, London Metropolitan University, UK.

Babbie, E. , *The Practice of Social Research* (*8th Ed*), Belmont: Wadsworth Publishing Company, 1998.

Bagozzi, R. P. ,F. D. Davis and P. R. Warshaw,1992. "Development and a Test of a Theory of Technological Learning and Usage", *Human Relations*, 45, 7:659 - 686.

Scotiabank, 2002. "Bahamas Investment Authority Advertising", Caribbean/ Latin America Profile.

Baum, L. E. ,T. Petrie, G. , Soules, and N. Weiss,1970. "A Maximization Technique Occurring in the Statistical Analysis of Probabilistic Functions of Markov Chains",*The Annuals of Mathematical Statistics*, 4, 1:164 - 171.

Baum, T. ,N. Hearns, and F. Devine, 2008. "Place Branding and the Representation of People at work: Exploring Issues of Tourism Imagery and Migrant Labor in the Republic of Ireland",*Place Branding and Public Diplomacy*, 4, 1:45 - 60.

Bennett, P. D. , 1995. *Dictionary of Marketing Terms* (2nd Ed.), Chicago, Illinois, American Marketing Association.

Bennett, R. and S. Savani, 2003. "The Rebranding of City Places: An International Comparative Investigation", *International Public Management Review Electronic Journal*, 4, 2:70 - 87.

Berkowitz, P. Gjermano, G. , Gomez, L. and G. Schafer, 2007. "Brand China: Using the 2008 Olympic Games to Enhance China's Image", *Place Branding and Public Diplomacy*, 3, 2:164 - 178.

Bernstein, D. , 1984. *Corporate Image and Reality*, Eastbourne, Rinehart and Winston Ltd.

Bianchini, F. and L. Ghilardi, L. 2007. "Thinking Culturally about Place", *Place Branding and Public Diplomacy*, 3, 4:280 - 286.

Bollen, K. A. , 1989. *Structural Equations with Latent Variables*, New York: John Wiley and Sons.

Boyne, S. and D. Hall, 2004. "Place Promotion through Food and Tourism: Rural Branding and the Role of Websites", *Place Branding*, 1, 1:80 - 92.

Braune, J. , 2000. "Consumer Empowerment Creates a Shift in the Marketing Model", *Journal of Brand Management*, 7, 6:395 - 404.

Brown, G. , Chalip, L. , Jago, L. and T. Mules, 2002. "The Sydney Olympics and Brand Australia", in Morgan, N. J. , A. Pritchard, and R. Pride (eds.), *Destination Branding: Creating the Unique Destination Proposition*, Oxford: Butterworth-Heinemann, 163 - 185.

Campbell, D. T. , and D. W. Fiske, 1959. "Convergent and Discriminant Validation by the Multitrait-multimethod Matrix", *Psychological Bulletin*, 56, 2:81 - 105.

Cai, L. A. , 2002. "Cooperative Branding for Rural Destinations", *Annals of Tourism Research*, 29, 3:720 - 742.

Caldwell, N. and J. Freire, 2004. "The Differences between Branding A Country, A Region and A City: Applying the Brand Box Model", *Journal of Brand Management*, 12, 1:50 - 61.

Carmines, E. G. and R. A. Zeller, 1979. *Reliability and Validity Assessment*, California: Sage Publications.

Churchill, G. A. , 1979. "A Paradigm for Developing Better Measures of Marketing Constructs", *Journal of Marketing Research*, 16:64 - 73.

Collins, A. M. and E. F. Loftus, 1975. "A Spreading Activation Theory of Semantic Processing", *Psychological Review*, 82, 6:407 - 425.

Crockett, S. R. and L. J. Wood, 1999. "Brand Western Australia: A Totally Integrated Approach to Destination Branding", *Journal of Vacation Marketing*, 5, 3:276 - 289.

Crockett, S. R. and L. J. Wood, 2002. "Brand Western Australia: 'Holidays of An Entirely Different Nature', in Morgan, N. J. , Pritchard, A. and R. Pride,(eds.),*Destination Branding*: *Creating the Unique Destination Proposition"*, Oxford: Butterworth-Heinemann, 124 – 147.

Cuieford, J. P. , 1965. *Fundamental Statistics in Psychology and Education* (*4*^{*th*} *Ed*), New York: McGraw Hill.

Damjan, J. , 2005. "Development of Slovenian Brands: Oldest Are the Best", *Place Branding*, 1, 4:363 – 372.

de Chernatony, L. and F. Dall'Olmo Riley, 1998. "Defining a 'Brand': Beyond the Literature with Expert Interpretations", *Journal of Marketing Management*, 14, 7:417 – 443.

de Chernatony, L. and M. McDonald, 1998. *Creating Powerful Brands in Consumer*, *Service and Industrial Markets* (2nd Ed), Oxford: Butterworth-Heinemann.

Dematteis, G. , 1994. "Urban Identity, City Image and Urban Marketing", in G. Braun,(ed.), *Managing and Marketing of Urban Development and Urban Life*, Berlin: Dietrich Reimer Verlag.

Devlin, J. , 2003. "Brand Architecture in Services: The Example of Retail Financial Services", *Journal of Marketing Management*, 19, 9/10:1043 – 1065.

Dooley, G. and D. Bowie, 2005. "Place Brand Architecture: Strategic Management of the Brand Portfolio", *Place Branding*, 1, 4:402 – 419.

Douglas, S. P. and S. C. Craig, 1996. "Executive Insights: Global Portfolio Planning and Market Interconnectedness", *Journal of International Marketing*, 4, 1:93 – 110.

Douglas, S. P. and S. C. Craig, 2001. "Executive Insights: Integrating Branding Strategy across Markets: Building International Brand Architecture", *Journal of International Marketing*, 9, 2:97 – 114.

Drucker, P. F. , 1974. *Management: Tasks, Responsibilities, Practices*, New York: Harper and Row.

Duncan, T. , and S. Moriarty, 1997. *Driving Brand Value*, New York: McGraw-Hill Companies.

Durie, A. , Yeoman, I. S. and U. McMahon-Beattie, 2006. "How the History of Scotland Creates A Sense of Place", *Place Branding*, 2, 1:43 – 52.

Dzenovska, D., 2005. "Remaking the Nation of Latvia: Anthropological Perspectives on Nation Branding", *Place Branding*, 1, 2:173 – 186.

Endzia, I. and L. Luneva, 2004. "Development of a National Branding Strategy: the Case of Latvia", *Place Branding*, 1, 1:94 – 105.

Erm, T. and M. Arengu, 2003. "Development of A National Brand: the Case of the Estonian Brand Project", Working Paper.

Flagstad, A. and C. Hope, 2001. "Scandinavian Winter: Antecedents, Concepts and Empirical Observations Underlying a Destination Umbrella Branding Model", *Tourism Review*, 56, 1:5 – 12.

Fornell, C. and D. F. Larcker, 1981. "Evaluating Structural Equation Models with Unobservable Variables and Measurement Error", *Journal of Marketing Research*, *February*, 18:39 – 50.

Freire, J. R., 2005. "Geo-branding, Are We Talking Nonsense? A Theoretical Reflection on Brands Applied to Places", *Place Branding*, 1, 4:347 – 362.

Freire, J. R., 2006. "Other Tourists": A Critical Factor for A Geo-brand-building Process", *Place Branding*, 2, 1:68 – 83.

Gaedeke, R., 1973. "Consumer Attitudes toward Products Made in Developing Countries", *Journal of Retailing*, 49, 2:13 – 24.

Gardner, B. and S. J. Levy, 1955. "The Product and the Brand", *Harvard Business Review*, 33, 3/4:33 – 39.

Gertner, D. and P. Kotler, 2004. "How Can a Place Correct a Negative Image?", *Place Branding*, 1, 1:50 – 57.

Gilmore, F., 2002. "A Country-Can It Be Repositioned? Spain-the Success Story of Country Branding", *Journal of Brand Management*, 9, 4/5:281 –293.

Girard, M., 2002. "States, Diplomacy and Image Making: What Is New? Reflections on Current British and French Experiences", *Journal of Brand Management*, 9, 4/5:241 – 248.

Gnoth, J., 2002. "Leveraging Export Brands through A Tourism Destination

Brand", *Journal of Brand Management*, 9, 4/5:262 – 280.

Gorsuch, R. L. , 1997. "Exploratory Factor Analysis: Its Role in Item Analysis", *Journal of Personality Assessment*, 68, 3:532 – 560.

Grabow, B. , 1998. "Stadtmarketing: Eine Kritische Zwischenbilanz", *Deutsches Institut für Urbanistik*, *Difu Berichte*, 1:2 – 5.

Griffiths, R. , 1998. "Making Sameness: Place Marketing and the New Urban Entrepreneurialism", in N. Oatley, ed. , *Cities Economic Competition and Urban Policy*, London: Paul Chapman Publishing.

Grof, A. , 2001. "Communications in the Creation of Corporate Values", *Corporate Communications: An International Journal*, 6, 4:193 – 198.

Gudjonsson, H. , 2005. "Nation Branding", *Place Branding*, 1, 3:283 – 298.

Hair, J. F. Jr. ,R. E. Anderson, R. L. , Tatham, and W. C. Black, 1995. *Multivariate Data Analysis* (4th Ed), New Jersey: Prentice Hall.

Hall, D. , 1999. "Destination Branding, Niche Marketing and National Image Projection in Central and Eastern Europe", *Journal of Vacation Marketing*, 5:227 – 237.

Hall, D. , 2002. "Brand Development, Tourism and National Identity: The Re-imaging of Former Yugoslavia", *Journal of Brand Management*, 9, 4/5:323-334.

Hankinson, G. , 2001. "Location Branding: A Study of the Branding Practices of 12 English Cities", *Journal of Brand Management*, 9, 2:127 – 142.

Hankinson, G. , 2004. "Relational Network Brands: Towards a Conceptual Model of Place Brands", *Journal of Vacation Marketing*, 10, 2:109 – 121.

Harrison, S. , 2002. "Culture, Tourism and Local Community-the Heritage Identity of the Isle of Man", *Journal of Brand Management*, 9, 4/5: 355 –371.

Hauben, T. ,M. Vermeulen, and V. Patteeuw, 2002. *City Branding: Image Building and Building Images*, Rotterdam: NAI Uitgevers.

Hemingway, W. , 2007. "Placemaking-Cultural Branding", *Place Branding and Public Diplomacy*, 3, 4:332 - 336.

Herstein, R. and E. D. Jaffe, 2008. "The Children's City-The Transition from a Negative to a Positive City Image", *Place Branding and Public Diplomacy*, 4, 1:76 - 84.

Hood, C. , 1991. "A Public Management for all Seasons?", *Public Administration*, 69:3 - 19.

Hu, L. ,and P. M. Bentler, 1998. "Fit Indices in Covariance Structure Modeling: Sensitivity to Uderparameterization Model Misspecification", *Psychological Methods*, 3:424 - 453.

Ikuta, T. ,K. Yukawa, and H. Hamasaki, 2007. "Regional Branding Measures in Japan-Efforts in 12 Major Prefectural and City Governments", *Place Branding and Public Diplomacy*, 3, 2:131 - 143.

Johansson, J. K. , 1993. "Missing a Strategic Opportunity: Managers' Denial of Country-of-Origin Effects", in N. Papadopoulos, and L. Heslop ed. , *Product-Country Images: Impact and Role in International Marketing*, New York: Binghampton, 77 - 86.

Jones, J. P. , 1986. *What's in a Name: Advertising and the Concept of Brands*, New York: Lexington Books.

Julier, G. , 2005. "Urban Designscapes and the Production of Aesthetic Consent", *Urban Studies*, 42:5 - 6, 689 - 888.

Kalandides, A. , 2006. "Fragmented Branding for a Fragmented City: Marketing Berlin", Sixth European Urban & Regional Studies Conference, http://www. geography. dur. ac. uk/ onferences/Urban_Conference/Programme/pdf_files/Ares%20Kalandides. pdf.

Kanter, R. , 1995. "Thriving Locally in the Global Economy", *Harvard Business Review*, 73, 5:151 - 161.

Kapferer, J. N. , 2001. *(Re)inventing the Brand-Can Top Brands Survive the New Market Realities?*, London: Kogan Page.

Kavaratzis, M. , 2004. "From City Marketing to City Branding: Towards a Theoretical Framework for Developing City Brands", *Journal of Place Branding*, 1, 1:58 - 73.

Kavaratzis, M. , 2005. "Place Branding: A Review of Trends and Conceptual

Models", *The Marketing Review*, 5, 4:329 - 342.

Kavaratzis, M. and G. J. Ashworth, 2005. "City Branding: An Effective Assertion of Identity or a Transitory Marketing Trick?", *Tijdschrift voor Economische en Sociale Geografie*, 96, 5:506 - 514.

Kearns, G. and C. Philo, 1993. *Selling Places*, Oxford: Pergamon Press.

Keller, K. L. , 1998. *Strategic Brand Management: Building, Measuring & Managing Brand Equity*, New Jersey: Prentice Hall.

Keller, K. L. , 1999. "Designing and Implementing Brand Strategies", *Journal of Brand Management*, 6, 5:315 - 332.

Kerlinger, F. N. , 1973. *Foundations of Behavioral Research* (2nd Ed), New York: Holt, Rinehart and Winston.

Kerr, G. , 2006. "From Destination Brand to Location Brand", *The Journal of Brand Management*, 13, 4 - 5:276 - 283.

Kerr, G. and S. Johnson, 2005. "A Review of A Brand Management Strategy for A Small Town-Lessons Learnt!", *Place Branding*, 1, 4:373 - 387.

Killingbeck, A. J. and M. Trueman, 2002. "Redrawing the Perceptual Map of A City", Working Paper No. 02/08, Bradford University School of Management, Bradford.

Kotler, P. , D. Haider, and I. Rein, 1993. *Marketing Places, Attracting Investment, Industry and Tourism to Cities, States, and Nations*, New York: Maxwell Macmillan Int. .

Kotler, P. , S. Jatusripitak and S. Maesincee, 1997. *The Marketing of Nations. A Strategic Approach to Building National Wealth*, New York: Free Press.

Kotler, P. , C. Asplund, I. Rein, and D. Heider, 1999. *Marketing Places Europe: Attracting Investments, Industries, Residents and Visitors to European Cities, Communities, Regions and Nations*, London: Pearson Education Ltd.

Kotler, P. and D. Gertner, 2002. "Country as a Brand, Product, and Beyond: A Place Marketing and Brand Management Perspective", *Journal of Brand Management*, 9, 4/5:249 - 261.

Laforet, S. and J. Saunders, 1994. "Managing Brand Portfolios: How the

Leaders Do It", *Journal of Advertising Research*, 34, 5:64 – 76.

Lederer, A. L. and V. Sethi, 1996. "Key Prescriptions for Strategic Information Systems Planning", *Journal of MIS*, 13, 1:35 – 62.

Lodge, C. , 2002. "Success and Failure: the Brand Stories of Two Countries", *Journal of Brand Management*, 9, 4/5:372 – 384.

Louro, M. J. and P. Cunha, V. 2001. "Brand Management Paradigms", *Journal of Marketing Management*, 17, 7/8:849 – 875.

Lynch, K. , 1960. *The Image of the City*, Cambridge: MIT Press.

Malhotra, N. K. , 1999. *Marketing Research: An Applied Orientation (3rd Ed)*, New Jersey: Prentice Hall Inc.

Martinovic, S. , 2002. "Branding Hrvatska——A Mixed Blessing That Might Succeed: The Advantage of Being Unrecognisable", *Journal of Brand Management*, 9, 4/5:315 – 322.

Meer, J. van der,1990. *The Role of City-Marketing in Urban Management*, European Institute for Comparative Urban Research (EURICUR-Erasmus University), Rotterdam.

Morgan, N. A. and Pritchard, 2000. *Advertising in Tourism and Leisure*, Oxford: Butterworth-Heinemann.

Morgan, N. J. , A. Pritchard and R. Pride, 2002, *Destination Branding: Creating the Unique Destination Proposition*, Oxford:Butterworth-Heinemann.

Morgan, N. , A. Pritchard and R. Piggott, 2002. "New Zealand, 100% Pure, the Creation of a Powerful Niche Destination Brand", *Journal of Brand Management*, 9, 4/5:335 – 354.

Nagashima, A. , 1970. "A Comparison of Japan and U. S. Attitudes toward Foreign Products", *Journal of Marketing*, 34, 1:68 – 74.

Nagashima, A. , 1977. "A Comparative 'Made in' Product Image Survey Among Japanese Businessmen", *Journal of Marketing*, 41, 3:95 – 100.

Nasar, J. L. , 1998. *The Evaluative Image of the City*, London: Sage Publications.

Nickerson, N. and R. Moisey, 1999. "Branding A State from Features to Positioning: Making It Simple?" *Journal of Vacation Marketing*, 5, 3:

217 – 226.

Nobili, V. , 2005. "The Role of European Capital of Culture Events within Genoa's and Liverpool's Branding and Positioning Efforts", *Place Branding*, 1, 3:316 – 328.

Nunnally, J. C. , 1987. *Psychometric Theory (2ⁿᵈ Ed)*, New York: McGraw-Hill.

Nuttavuthisit, K. , 2007. "Branding Thailand: Correcting the Negative Image of Sex Tourism", *Place Branding and Public Diplomacy*, 3, 1:21 – 30.

Olins, W. , 1989. *Corporate Identity*, London: Thames and Hudson.

Olins, W. , 1999. *Trading Identities: Why Countries and Companies Are Taking Each Others' Roles*, London: Foreign Policy Centre.

Olins, W. , 2002. "Branding the Nation-The Historical Context", *Journal of Brand Management*, 9, 4/5:241 – 248.

Osborne, D. and T. Gaebler, 1993. *Reinventing Government*, New York: Plume.

Paddison, R. , 1993. "City Marketing, Image Reconstruction and Urban Regeneration", *Urban Studies*, 30, 2:339 – 350.

Palmer, A. , 2002. "Destination Branding and the Web", in Morgan, N. J. , A. Pritchard and R. , Pride, *Destination Branding: Creating the Unique Destination Proposition*, Oxford: Butterworth-Heinemann, 186 – 197.

Pant, D. R. , 2005. "A Place Brand Strategy for the Republic of Armenia: 'Quality of Context' and 'Sustainability' as Competitive Advantage", *Place Branding*, 1, 3:273 – 282.

Papadopoulos, N. , 2004. "Place Branding: Evolution, Meaning and Implications", *Place Branding*, 1, 1:36 – 49.

Park, C. , B. Jaworski and D. MacInnis, October, 1986. "Strategic Brand Concept-image Management", *Journal of Marketing*, 50, 135 – 145.

Parkerson, B. and J. Saunders, 2005. "City Branding: Can Goods and Services Branding Models Be Used to Brand Cities?" , *Place Branding*, 1, 3: 242 – 264.

Patterson, M. , 1999. "Re-appraising the Concept of Brand Image", *Journal of Brand Management*, 6, 6:409 – 426.

Pedhazur, E. J. and L. P. Schmelkin, 1991. *Measurement, Design, and Analysis: An Integrated Approach*, Hillside: Lawrence Erlbaum Associates.

Peel, D. and M. G. Lloyd, 2007. "Towards Another Place? The Regulation of Artwork and Place Re-branding", *Place Branding and Public Diplomacy*, 3, 4:268 - 279.

Peters, M. and B. Pikkemaat, 2002. "Sustainable Management of City Events the Case of 'Bergsilvester' in Innsbruck", Austria, International ATLAS Conference: Vision of Sustainability.

Petromilli, M. , D. Morrison and M. Million, 2002. "Brand Architecture: Building Brand Portfolio Value", *Strategy & Leadership*, 30, 5:22 - 28.

Phillips, E. , 2003. "From Chaos to Constellation: Creating Better Brand Alignment on the Web", *Design Management Journal*, 14, 2:42 - 49.

Pride, R. , 2002. "Brand Wales: Natural Revival", in Morgan, N. J. , A. Pritchard and R. Pride, *Destination Branding: Creating the Unique Destination Proposition*, Oxford: Butterworth-Heinemann, pp. 109 - 123.

Pritchard, A. N. and Morgan, 1998. "Mood Marketing-The New Destination Branding Strategy: A Case Study of 'Wales, The Brand'", *Journal of Vacation Marketing*, 4, 3:215 - 229.

Pryor, S. and S. Grossbart, 2007. "Creating Meaning on Main Street: Towards a Model of Place Branding", *Place Branding and Public Diplomacy*, 3, 4:291 - 304.

Quelch, J. and K. Jocz, 2005. "Positioning the Nation-state", *Place Branding*, 1, 3:229 - 237.

Rainisto, S. K. , 2003. "Success Factors of Place Marketing: A Study of Place Marketing Practices in Northern Europe and the United States", Doctoral Dissertation, Helsinki University of Technology, Institute of Strategy and International Business.

Rajagopal and R. Sanchez, 2004. "Conceptual Analysis of Brand Architecture and Relationships within Product Categories", *Journal of Brand Management*, 11, 3:233 - 247.

Rein, I. , P. Kotler, and M. Stoller, 1987. *High Visibility: How Execu-*

tives, *Politicians*, *Entertainers*, *Athletes*, *and Other Professionals Create*, *Market*, *and Achieve Successful Images*, New York: Dodd, Mead and Company.

Ritchie, J. R. B. and B. H. Smith, 1991. "The Impact of A Mega-event on Host Region Awareness: A longitudinal Study", *Journal of Travel Research*, 30, 1:3 – 10.

Rhodes, R. A. , 1996. "The New Governance: Governing without Government", *Political Studies*, 44, 4: 652 – 667.

Ryan, C. , 2002. "The Politics of Branding Cities and Regions: the Case of New Zealand", in N. J. Morgan, A. Pritchard, and R. Pride, (eds.), *Destination Branding : Creating the Unique Destination Proposition* , Oxford: Butterworth-Heinemann , pp. 66 – 86.

Schooler, R. D. , 1965. "Product Bias in the Central American Common Market", *Journal of Marketing Research* , 2, 4:394 – 397.

Seisdedos, G. , and P. Vaggione, 2005. "The City Branding Processes: the Case of Madrid", 41st ISoCaRP Congress, http://www. isocarp. net/Data/case_studies/658. pdf.

Sharma, S. , 1996. *Applied Multivariate Techniques* , New York: John Wiley & Sons.

Singleton, H. and F. H. McKenzie, 2008. "The Re-branding Imperative for the Western Australian Pilbara Region: Status Quo to Transformative Cultural Interpretations of Local Housing and Settlement for a Competitive Geo-regional Identity", *Place Branding and Public Diplomacy* , 4, 1:8 – 28.

Skinner, H. , 2005. "Wish You Were Here? Some Problems Associated with Integrating Marketing Communications When Promoting Place Brands", *Place Branding* , 1, 3:299 – 315.

Skinner, H. and K. Kubacki, 2007. "Unravelling the Complex Relationship Between Nationhood, National and Cultural Identity, and Place Branding", *Place Branding and Public Diplomacy* , 3, 4:305 – 316.

Smith, H. , 1994. *Marketing the City: the Role of Flagship Development in Urban Regeneration* , London: E & Fn Spon.

Supphellen, M. and I. Nygaardsvik, 2002. "Testing Country Brand Slogans: Conceptual Development and Empirical Illustration of A Simple Normative Model", *Journal of Brand Management*, 9, 4/5:385 – 395.

Travis, D. , 2000. *Emotional Branding : How Successful Brands Gain the Irrational Edge*, Californie: Prima Venture.

Trueman, M. and D. Jobber, 1998. *Competing Through Design*, Long Range Planning, 31, 4:594 – 605.

Trueman, M. ,M. Klemm, A. Giroud, and T. Lindley, 2001. "Bradford in the Premier League? A Multidisciplinary Approach to Branding and Repositioning A City", Paper submitted to European Journal of Marketing, Working Paper, No. 1/4, Bradford University School of Management, Bradford.

Trueman, M. ,M. Klemm, and A. Giroud, 2004. "Can a City Communicate? Bradford as A Corporate Brand", *Corporate Communications*, 9, 4:317 – 330.

Trueman, M. ,D. Cook, and N. Cornelius, 2008. "Creative Dimensions for Branding and Regeneration: Overcoming Negative Perceptions of A City", *Place Branding and Public Diplomacy*, 4, 1:29 – 44.

Upshaw, L. and E. Taylor, 2001. "Building Business by Building A Master Brand", *Journal of Brand Management*, 8, 6:417 – 426.

Urry, J. , 1995. *Consuming Places*, Cornwall: Routledge.

van Gelder, S. , 2003. "Global Brand Strategy——Unlocking Brand Potential Across Countries", *Cultures and Markets*, London: Kogan Page.

van Ham, P. , 2001. "The Rise of the Brand State: the Postmodern Politics of Image and Reputation", *Foreign Affairs*, 80, 5:2 – 6.

van Riel, C. B. M. , 12 May, 2000. "Bradford Breakthrough", unpublished presentation to Erasmus University of Rotterdam, Bradford University School of Management, Bradford.

Vermeulen, M. , 2002. "The Netherlands, Holiday Country", in T. Hauben, M. Vermeulen and V. Patteeuw, *City Branding : Image Building and Building Images*, NAI Uitgevers, Rotterdam.

Wang, J. , 2006. "Localising Public Diplomacy: the Role of Sub-national Actors in Nation Branding", *Place Branding*, 2, 1:32 - 42.

Ward, S. V., 1998. *Selling Places: The Marketing and Promotion of Towns and Cities*, *1850 - 2000*, New York: Routledge.

Warnaby, G., 1998. "Marketing UK Cities as Shopping Destinations: Problems and Prospects", *Journal of Retailing and Consumer Services*, 5, 1: 55 - 58.

West, R., 1997. "Slicker Cities", *Marketing Business*, May, 10 - 14.

Widler, J., 2007. "Nation Branding: With Pride against Prejudice", *Place Branding and Public Diplomacy*, 3, 2:144 - 150.

Wirtz, J. and M. C. Lee, 2003. "An Examination of the Quality and Context-Specific Applicability of Commonly Used Customer Satisfaction Measures", *Journal of Service Research*, May, 5:345 - 355.

Wortzel, R., 1979. "New Life Style Determinants of Woman's Food Shopping Behavior", *Journal of Marketing*, 43, 3:28 - 29.

后　记

日月盈昃，三载求索。历经长时间的艰辛创作，这本倾注了我无限心血的《城市品牌与政府信息化》总算到了搁笔之时。回首这段时光，时而如漫漫长路，艰难跋涉、困苦相随，时而又像江海泛舟，激流勇进，快意在胸。望着眼前的成稿，激动欣慰之余，对一直以来支持和帮助我完成拙作的师长、挚友、家人，感恩之情油然而生。

首先要感谢我的博士导师郭国庆教授和博士后导师杨健教授几年来对我的关心和帮助！没有两位教授的悉心教诲和精心指导，就没有今天的成稿。郭教授博学、豪爽，杨教授的睿智、幽默，他们那孜孜不倦的进取精神，一丝不苟的治学风范，以及对学生热情无私的鼓励和一针见血的点拨，将让我永远铭记于心，将激励我在人生道路上不断奋进！我无法用语言来表达自己的感激，愿我的导师全家，一生平安，永远幸福！

感谢中国人民大学信息资源管理学院赵国俊院长以及众多教授、老师对本书的提点。感谢中国社科院财政与贸易经济研究所刘彦平老师、倪鹏飞研究员，感谢香港城市大学教授 Fanny Sau-Lan Cheung 女士，感谢他们为我提供了研究所需要的重要资料！感谢北京工商大学的李妍嫣老师，中国人民大学的李光明博士、李子南硕士、刘婷婷硕士、张蓝天硕士、贾淼磊硕士，他们对本研究中的资料收集和数据分析工作给予了极大的帮助！很荣幸遇上那么多良师益友，他们出色的才华和友善的帮助，给予了我不断前进的力量，使我这段人生历程增添了很多绚烂光彩。

感谢我的家人，是他们给了我无微不至的关爱和奋发向前的勇气，使我得以全身心地投入到书稿的创作当中。

回首走过的路，要感谢的太多太多，思绪所及，无不油然而生感激之意，唯心中谨记。

作者

2011 年初夏，于北京